Direito Penal
PARTE GERAL

O GEN | Grupo Editorial Nacional – maior plataforma editorial brasileira no segmento científico, técnico e profissional – publica conteúdos nas áreas de concursos, ciências jurídicas, humanas, exatas, da saúde e sociais aplicadas, além de prover serviços direcionados à educação continuada.

As editoras que integram o GEN, das mais respeitadas no mercado editorial, construíram catálogos inigualáveis, com obras decisivas para a formação acadêmica e o aperfeiçoamento de várias gerações de profissionais e estudantes, tendo se tornado sinônimo de qualidade e seriedade.

A missão do GEN e dos núcleos de conteúdo que o compõem é prover a melhor informação científica e distribuí-la de maneira flexível e conveniente, a preços justos, gerando benefícios e servindo a autores, docentes, livreiros, funcionários, colaboradores e acionistas.

Nosso comportamento ético incondicional e nossa responsabilidade social e ambiental são reforçados pela natureza educacional de nossa atividade e dão sustentabilidade ao crescimento contínuo e à rentabilidade do grupo.

COORDENAÇÃO
Renee do Ó **Souza**

AUTORES
Luiz Fernando Rossi **Pipino**
Renee do Ó **Souza**

Direito Penal
PARTE GERAL

2ª EDIÇÃO REVISTA, ATUALIZADA E REFORMULADA

- Os autores deste livro e a editora empenharam seus melhores esforços para assegurar que as informações e os procedimentos apresentados no texto estejam em acordo com os padrões aceitos à época da publicação, e todos os dados foram atualizados pelos autores até a data de fechamento do livro. Entretanto, tendo em conta a evolução das ciências, as atualizações legislativas, as mudanças regulamentares governamentais e o constante fluxo de novas informações sobre os temas que constam do livro, recomendamos enfaticamente que os leitores consultem sempre outras fontes fidedignas, de modo a se certificarem de que as informações contidas no texto estão corretas e de que não houve alterações nas recomendações ou na legislação regulamentadora.

- Fechamento desta edição: *10.01.2022*

- Os Autores e a editora se empenharam para citar adequadamente e dar o devido crédito a todos os detentores de direitos autorais de qualquer material utilizado neste livro, dispondo-se a possíveis acertos posteriores caso, inadvertida e involuntariamente, a identificação de algum deles tenha sido omitida.

- **Atendimento ao cliente: (11) 5080-0751 | faleconosco@grupogen.com.br**

- Direitos exclusivos para a língua portuguesa
  Copyright © 2022 by
  Editora Forense Ltda.
  Uma editora integrante do GEN | Grupo Editorial Nacional
  Travessa do Ouvidor, 11 – Térreo e 6º andar
  Rio de Janeiro – RJ – 20040-040
  www.grupogen.com.br

- Reservados todos os direitos. É proibida a duplicação ou reprodução deste volume, no todo ou em parte, em quaisquer formas ou por quaisquer meios (eletrônico, mecânico, gravação, fotocópia, distribuição pela Internet ou outros), sem permissão, por escrito, da Editora Forense Ltda.

- Esta obra passou a ser publicada pela Editora Método | Grupo GEN a partir da 2ª edição.

- Capa: Bruno Sales Zorzetto

- **CIP – BRASIL. CATALOGAÇÃO NA PUBLICAÇÃO.
  SINDICATO NACIONAL DOS EDITORES DE LIVROS, RJ.**

P735d
2. ed.
v. 1

Pipino, Luiz Fernando Rossi
Direito penal: parte geral, vol. 1 / Luiz Fernando Rossi Pipino, Renee do Ó Souza [coordenação]. – 2. ed. – Rio de Janeiro: Método, 2022.
464 p.; 14 x 21 cm. (Método essencial)

Continua com: Direito penal – parte especial – vol. 2
Inclui bibliografia
ISBN 978-65-5964-317-2

1. Direito penal – Brasil. 2. Serviço público – Brasil – Concursos. I. Souza, Renee do Ó. II. Título. III. Série.

22-75439   CDU: 343.2(81)

Meri Gleice Rodrigues de Souza – Bibliotecária – CRB-7/6439

Sumário

Capítulo 1
Conceitos gerais de Direito Penal 1

1.1 Conceito de Direito Penal 1
1.2 Classificação do Direito Penal 2
1.3 Escolas penais 4
    1.3.1 Escola clássica 5
    1.3.2 Escola positiva (positivismo criminológico) 6
    1.3.3 Escola moderna alemã 7
    1.3.4 *Terza scuola* italiana 7
1.4 Movimentos do Direito Penal 7
    1.4.1 Abolicionismo penal 8
    1.4.2 Garantismo penal 9
    1.4.3 Lei e ordem 9
    1.4.4 Análise econômica do crime 11
    1.4.5 *Compliance* criminal 11
    1.4.6 *Whistleblower* 13
1.5 Velocidades do Direito Penal 16
1.6 História do Direito Penal brasileiro 18

Capítulo 2
Princípios informadores do Direito Penal 20

2.1 Considerações iniciais 20
2.2 Princípios em espécie 21
    2.2.1 Princípio da legalidade 21
    2.2.2 Princípio da anterioridade 22
    2.2.3 Princípio da individualização da pena 23
    2.2.4 Princípio da alteridade (transcendentalidade) 23
    2.2.5 Princípio da confiança 25
    2.2.6 Princípio da adequação social 25

2.2.7 Princípio da intervenção mínima 26
2.2.8 Princípio da proporcionalidade 28
2.2.9 Princípio da ofensividade ou da lesividade 28
2.2.10 Princípio da exclusiva proteção do bem jurídico 29
2.2.11 Princípio da responsabilidade penal do fato 29
2.2.12 Princípio da personalidade 30
2.2.13 Princípio da responsabilidade penal subjetiva (ou da culpabilidade) 30
2.2.14 Princípio do *ne bis in idem* 31
2.2.15 Princípio da insignificância ou da bagatela 31

Capítulo 3
Fontes do Direito Penal 34

3.1 Fontes do Direito Penal 34

Capítulo 4
Teoria Geral da Lei Penal 36

4.1 Conceito 36
4.2 Classificação 36
4.3 Lei penal em branco 38
4.4 Características 40
4.5 Interpretação 40
   4.5.1 Considerações iniciais 40
   4.5.2 Classificação 41
      4.5.2.1 Quanto à origem (às fontes) 41
      4.5.2.2 Quanto aos meios 42
      4.5.2.3 Quanto ao resultado 42
4.6 Analogia 43

Capítulo 5
Esfera temporal da lei penal 46

5.1 Considerações iniciais 46
5.2 Conflito de leis penais no tempo 47
5.3 Leis penais de vigência temporária 51

5.4 Conflito aparente de leis penais 52
   5.4.1 Princípio da especialidade 52
   5.4.2 Princípio da subsidiariedade 52
   5.4.3 Princípio da consunção 53
   5.4.4 Princípio da alternatividade 56

Capítulo 6
Tempo e lugar do crime 57

6.1 Tempo do crime 57
6.2 Lugar do crime 58

Capítulo 7
Esfera espacial da lei penal 61

7.1 Considerações iniciais 61
7.2 Conceito de território brasileiro 62
7.3 Extraterritorialidade 64
7.4 Pena cumprida no estrangeiro 67

Capítulo 8
Considerações finais a respeito da aplicação da lei penal .. 69

8.1 Eficácia da sentença estrangeira 69
8.2 Da contagem de prazo 71
8.3 Frações não computáveis da pena 72
8.4 Legislação especial 73

Capítulo 9
Introdução à teoria geral do crime 75

9.1 Introito 75
9.2 Conceito de crime 75
   9.2.1 Definição legal 75
   9.2.2 Definição dogmática 78
9.3 Sujeitos do crime 81
9.4 Objetos do crime 82

9.5 Elementos do crime 83
9.6 Classificação doutrinária dos crimes 83
   9.6.1 Crimes material, formal e de mera conduta 83
   9.6.2 Crimes instantâneo, instantâneo de efeito permanente e permanente 85
   9.6.3 Crimes comum, próprio e de mão própria 85
   9.6.4 Crimes mono-ofensivo e pluriofensivo 86
   9.6.5 Crimes monossubjetivo e plurissubjetivo 87
   9.6.6 Crimes de subjetividade passiva única e de dupla subjetividade passiva 88
   9.6.7 Crimes unissubsistente e plurissubsistente 89
   9.6.8 Crimes de espaço mínimo, plurilocal e de espaço máximo 89
   9.6.9 Crimes do colarinho branco e do colarinho azul 90
   9.6.10 Crimes de fato transeunte e de fato permanente 91
   9.6.11 Crime de ensaio 91
   9.6.12 Crime vago 92
   9.6.13 Crime de ímpeto 92
   9.6.14 Crime de plástico 92
   9.6.15 Crime parasitário 93
   9.6.16 Crime famulativo 93
   9.6.17 Crime de atentado 94
   9.6.18 Crime a prazo 94
   9.6.19 Crime de catálogo 95
   9.6.20 Crime obstáculo 96
   9.6.21 Crime de mera suspeita 96
   9.6.22 Crime falho 97
   9.6.23 Crime liliputiano 97
   9.6.24 Crime gratuito 98
   9.6.25 Crime de opinião 98
   9.6.26 Crime aberrante 98
   9.6.27 Crime digital ou virtual 99
   9.6.28 Crime de dano, crime de perigo abstrato e crime de perigo concreto 99

Capítulo 10

Fato típico 101
   10.1 Introito 101

10.2 Conduta 101
　10.2.1 Teorias explicativas da conduta 101
　　10.2.1.1 Teoria causalista (naturalista, mecanicista ou clássica) 102
　　10.2.1.2 Teoria finalista da ação 103
　　10.2.1.3 Teoria social da ação (ou da ação socialmente adequada) 105
　　10.2.1.4 Teorias funcionalistas 105
　　10.2.1.5 Teoria da ação significativa 106
　10.2.2 Hipóteses excludentes de conduta 108
　10.2.3 Formas de conduta 109
10.3 Resultado 112
10.4 Nexo de causalidade 113
　10.4.1 Conceito 113
　10.4.2 Teorias 114
　　10.4.2.1 Teoria da equivalência dos antecedentes causais .. 114
　　10.4.2.2 Teoria da causalidade adequada 115
　　10.4.2.3 Teoria da imputação objetiva 121
10.5 Tipicidade 123
　10.5.1 Conceitos gerais 123
　10.5.2 As fases da tipicidade 124
　10.5.3 Tipo penal 126
　　10.5.3.1 Considerações gerais 126
　　10.5.3.2 Funções do tipo penal 128
　　10.5.3.3 Classificação do tipo penal 128
　　10.5.3.4 Tipicidade conglobante 129

Capítulo 11

Teoria geral do dolo e da culpa 131

11.1 Teoria geral do dolo 131
　11.1.1 Considerações iniciais 131
　11.1.2 Teorias explicativas 131
　11.1.3 Espécies de dolo 133
　11.1.4 Elementos subjetivos do tipo distintos do dolo 139
11.2 Teoria geral da culpa 139
　11.2.1 Considerações iniciais 139
　11.2.2 Elementos do crime culposo 140

11.2.3 Espécies de culpa 144
11.2.4 Causas excludentes da culpa 146
11.2.5 Considerações pontuais sobre os crimes culposos 146
11.3 Crime preterdoloso (ou preterintencional) 147

Capítulo 12

Erro de tipo 149

12.1 Erro sobre elementos do tipo (ou erro de tipo essencial) .. 149
    12.1.1 Conceito 149
    12.1.2 Espécies e consequências 150
12.2 Descriminante putativa por erro de tipo (ou erro de tipo permissivo) 152
    12.2.1 Conceito 152
    12.2.2 Espécies 153
    12.2.3 Consequência 154
12.3 Erro provocado por terceiro 155
12.4 Erro de tipo acidental 156
    12.4.1 Conceito 156
    12.4.2 Hipóteses 156

Capítulo 13

Iter criminis 163

13.1 Conceito 163
13.2 Fases 163
    13.2.1 Fase interna 163
    13.2.2 Fase externa 163
        13.2.2.1 Preparação 164
        13.2.2.2 Execução 164
        13.2.2.3 Consumação 166
13.3 Tentativa (*conatus* ou crime manco) 168
    13.3.1 Considerações conceituais 168
    13.3.2 A punição da tentativa 170
    13.3.3 Classificação da tentativa 171
    13.3.4 Das infrações penais que não admitem a tentativa 172
13.4 "Ponte de Ouro" do Direito Penal 175
    13.4.1 Considerações conceituais 175

13.4.2 Requisitos 176
13.4.3 Natureza jurídica 178
13.4.4 Considerações conclusivas 178
13.5 "Ponte de Prata" do Direito Penal 178
13.5.1 Considerações conceituais 178
13.5.2 Requisitos 179
13.5.3 Critério para a redução da pena 183
13.6 Crime impossível (ou tentativa inidônea ou crime oco ou quase crime) 184

Capítulo 14

Antijuridicidade (ilicitude) 188

14.1 Conceito 188
14.2 Causas de exclusão da ilicitude 188
14.3 Estado de necessidade 190
   14.3.1 Conceito 190
   14.3.2 Requisitos 190
   14.3.3 Classificação 195
14.4 Legítima defesa 196
   14.4.1 Conceito 196
   14.4.2 Requisitos 197
   14.4.3 Excesso 200
   14.4.4 Classificação 202
   14.4.5 Legítima defesa *versus* estado de necessidade 204
14.5 Estrito cumprimento de dever legal 205
   14.5.1 Conceito 205
   14.5.2 Requisitos 205
14.6 Exercício regular de direito 206
   14.6.1 Conceito 206
   14.6.2 Casuísticas 207

Capítulo 15

Culpabilidade 210

15.1 Conceito 210
15.2 Teorias conceituais 210
   15.2.1 Teoria psicológica 210

15.2.2 Teoria normativa (ou psicológico-normativa)................ 211
15.2.3 Teoria normativa pura....................................... 211
15.3 Elementos... 212
15.4 Imputabilidade.. 212
   15.4.1 Conceito... 212
   15.4.2 Causas excludentes da imputabilidade....................... 213
      15.4.2.1 Menoridade... 213
      15.4.2.2 Doença mental ou desenvolvimento mental incompleto ou retardado... 214
      15.4.2.3 Embriaguez acidental completa............................ 215
   15.4.3 Causas não excludentes da imputabilidade.................... 216
      15.4.3.1 Semi-imputabilidade...................................... 217
      15.4.3.2 Emoção e paixão.. 217
      15.4.3.3 Embriaguez não acidental (completa ou incompleta)...217
      15.4.3.4 Embriaguez acidental incompleta......................... 218
   15.4.4 Critérios de identificação da inimputabilidade............. 218
15.5 Potencial consciência da ilicitude............................. 220
   15.5.1 Conceito... 220
   15.5.2 Causa excludente da potencial consciência da ilicitude..... 221
      15.5.2.1 Erro de proibição.. 221
15.6 Exigibilidade de conduta diversa................................ 224
   15.6.1 Conceito... 224
   15.6.2 Causas excludentes da exigibilidade de conduta diversa...224
      15.6.2.1 Coação moral irresistível............................... 225
      15.6.2.2 Obediência hierárquica.................................. 226
15.7 Teoria da coculpabilidade....................................... 226
15.8 Teoria da coculpabilidade às avessas........................... 227

Capítulo 16
Concurso de pessoas (codelinquência)............................ 229

16.1 Conceito... 229
16.2 Modalidades (ou formas).. 229
   16.2.1 Teorias conceituais... 229
   16.2.2 Autoria... 232
      16.2.2.1 Autoria imediata (ou direta) e autoria mediata (ou indireta).. 232
      16.2.2.2 Autoria colateral ou coautoria imprópria................ 234

16.2.2.3 Autoria incerta 235
16.2.2.4 Autoria desconhecida 235
16.2.2.5 Autoria de escritório 236
16.2.3 Participação 236
16.2.3.1 Espécies 237
16.2.3.2 Natureza jurídica 237
16.2.3.3 Participação em cadeia (ou participação mediata)... 240
16.2.3.4 Participação sucessiva 240
16.2.3.5 Participação inócua ou coautoria fracassada 240
16.2.3.6 Participação de menor importância 241
16.2.3.7 Participação negativa 241
16.3 Requisitos 242
16.4 Consequência jurídica 244
16.5 Cooperação dolosamente distinta 246
16.6 Comunicabilidade de elementares e circunstâncias 247

Capítulo 17
Da pena (conceitos introdutórios) 251

17.1 Conceito 251
17.2 Princípios 252
17.3 Finalidades 254
17.4 Espécies 255

Capítulo 18
Pena privativa de liberdade 256

18.1 Conceito 256
18.2 Espécies 256
18.3 Regimes de cumprimento 257
18.4 Fixação do regime inicial de cumprimento da pena 261
18.5 Progressão de regime 263
18.6 Detração penal 268
18.6.1 Conceito 268
18.6.2 Competência 269
18.6.3 Detração penal versus prisão provisória em processo distinto 270

18.6.4 Detração penal em penas restritivas de direitos e de multa 270
18.6.5 Detração penal e cômputo do prazo prescricional 271

Capítulo 19

Pena restritiva de direito 273

19.1 Conceito 273
19.2 Espécies 273
19.3 Características 274
19.4 Classificação 275
19.5 Duração 276
19.6 Requisitos para a substituição 276
19.7 Regras para a substituição 278
19.8 Reconversão em pena privativa de liberdade 279
19.9 Penas restritivas de direitos em espécie 281
    19.9.1 Prestação pecuniária 281
    19.9.2 Perda de bens e valores 281
    19.9.3 Prestação de serviço à comunidade ou a entidades públicas 282
    19.9.4 Interdição temporária de direitos 283
    19.9.5 Limitação de fim de semana 283

Capítulo 20

Pena de multa 284

20.1 Conceito 284
20.2 Critério adotado para a pena de multa 284
20.3 Aplicação da pena de multa 284
20.4 Cumprimento da pena de multa 286
20.5 Descumprimento da pena de multa 286
20.6 Cumulação de multas 288
20.7 Multa *versus* prestação pecuniária 289

Capítulo 21

Aplicação da pena privativa de liberdade 290

21.1 Sistemas de aplicação 290

21.2 Regras gerais do sistema trifásico 291
21.3 Circunstâncias judiciais (pena-base) 293
  21.3.1 Culpabilidade 293
  21.3.2 Antecedentes 294
  21.3.3 Conduta social 295
  21.3.4 Personalidade 296
  21.3.5 Motivos do crime 296
  21.3.6 Circunstâncias do crime 297
  21.3.7 Consequências do crime 297
  21.3.8 Comportamento da vítima 298
21.4 Agravantes e atenuantes (pena intermediária) 299
  21.4.1 Agravantes 299
    21.4.1.1 Reincidência 300
    21.4.1.2 Ter o agente cometido o crime 306
    21.4.1.3 Agravantes no caso de concurso de pessoas 312
  21.4.2 Atenuantes 314
    21.4.2.1 Ser o agente menor de 21 (vinte e um), na data do fato, ou maior de 70 (setenta) anos, na data da sentença 314
    21.4.2.2 O desconhecimento da lei 315
    21.4.2.3 Ter o agente cometido o crime por motivo de relevante valor social ou moral 316
    21.4.2.4 Ter o agente procurado, por sua espontânea vontade e com eficiência, logo após o crime, evitar-lhe ou minorar-lhe as consequências, ou ter, antes do julgamento, reparado o dano 316
    21.4.2.5 Ter o agente cometido o crime sob coação a que podia resistir, ou em cumprimento de ordem de autoridade superior, ou sob a influência de violenta emoção, provocada por ato injusto da vítima 317
    21.4.2.6 Ter o agente confessado espontaneamente, perante a autoridade, a autoria do crime 319
    21.4.2.7 Ter o agente cometido o crime sob a influência de multidão em tumulto, se não o provocou 320
    21.4.2.8 Atenuante inominada 320
  21.4.3 Concurso de circunstâncias agravantes e atenuantes ... 321
21.5 Causas de aumento e de diminuição de pena 322
  21.5.1 Concurso de causas de aumento e de diminuição 323
21.6 Considerações finais 325

Capítulo 22
Concurso de crimes 326

22.1 Conceito 326
22.2 Espécies 326
22.3 Concurso material 326
    22.3.1 Conceito 326
    22.3.2 Espécies 327
    22.3.3 Sistema de aplicação da pena 328
22.4 Concurso formal 328
    22.4.1 Conceito 328
    22.4.2 Espécies 329
    22.4.3 Sistema de aplicação da pena 330
22.5 Crime continuado 332
    22.5.1 Conceito 332
    22.5.2 Requisitos 333
    22.5.3 Classificação 335
    22.5.4 Sistema de aplicação da pena 336
    22.5.5 Crime continuado e conflito de leis penais no tempo ... 337
22.6 Multas no concurso de crimes 337
22.7 Limite das penas 338
22.8 Concurso de infrações 339

Capítulo 23
Suspensão condicional da pena ("sursis") 340

23.1 Conceito 340
23.2 Sistemas 340
23.3 Requisitos legais 342
23.4 Espécies 344
23.5 Condições 345
23.6 Período de prova 345
23.7 Revogação 346
    23.7.1 Causas de revogação obrigatória 347
    23.7.2 Causas de revogação facultativa 348
23.8 Cassação 349
23.9 Prorrogação do período de prova 350

23.10 Extinção da pena 350
23.11 Suspensão condicional da pena ("sursis") *versus* suspensão condicional do processo ("sursis" processual) 351

Capítulo 24
Livramento condicional 353

24.1 Conceito 353
24.2 Requisitos legais 354
24.3 Competência e legitimação 357
24.4 Condições 357
    24.4.1 Condições obrigatórias 357
    24.4.2 Condições facultativas 357
24.5 Revogação 358
    24.5.1 Causas de revogação obrigatória 358
    24.5.2 Causas de revogação facultativa 359
24.6 Suspensão 360
24.7 Prorrogação do período de prova 361
24.8 Extinção da pena 362

Capítulo 25
Efeitos da condenação 363

25.1 Considerações iniciais 363
25.2 Classificação 364
25.3 Efeitos da condenação 366
    25.3.1 Efeito principal 366
    25.3.2 Efeitos secundários 366
        25.3.2.1 Efeitos secundários de natureza penal 366
        25.3.2.2 Efeitos secundários de natureza extrapenal ... 366

Capítulo 26
Reabilitação 373

26.1 Conceito 373
26.2 Requisitos 374
26.3 Competência, legitimação e processamento 375

26.4 Revogação 375
26.5 Reabilitação e reincidência 376

Capítulo 27
Medida de segurança 377

27.1 Conceito 377
27.2 Periculosidade 378
27.3 Espécies 379
27.4 Prazo de duração 380
27.5 Conversão da medida de segurança restritiva em detentiva 381
27.6 Prescrição 382
27.7 Extinção da punibilidade 382
27.8 Direitos do internado 383

Capítulo 28
Extinção da punibilidade 384

28.1 Introito 384
28.2 Causas extintivas da punibilidade 385
   28.2.1 Conceito 385
   28.2.2 Classificação 385
   28.2.3 Espécies 386
      28.2.3.1 Morte do agente 386
      28.2.3.2 Anistia 387
      28.2.3.3 Indulto 389
      28.2.3.4 Graça 390
      28.2.3.5 Abolitio criminis 391
      28.2.3.6 Decadência 393
      28.2.3.7 Perempção 394
      28.2.3.8 Renúncia 394
      28.2.3.9 Perdão do ofendido 396
      28.2.3.10 Retratação do agente 398
      28.2.3.11 Perdão judicial 398
   28.2.4 Autonomia 399
   28.2.5 Causas extintivas da punibilidade versus escusas absolutórias 400

Capítulo 29

Prescrição penal 401
29.1 Conceito 401
29.2 Natureza jurídica 401
29.3 Espécies 402
29.4 Prescrição da pretensão punitiva 402
   29.4.1 Considerações iniciais 402
   29.4.2 Termo inicial do prazo prescricional 404
   29.4.3 Causas suspensivas do prazo prescricional 405
   29.4.4 Causas interruptivas do prazo prescricional 408
   29.4.5 Comunicabilidade das causas interruptivas 411
   29.4.6 Espécies 412
29.5 Prescrição da pretensão executória 414
   29.5.1 Considerações iniciais 414
   29.5.2 Termo inicial do prazo prescricional 415
   29.5.3 Causas suspensivas do prazo prescricional 417
   29.5.4 Causas interruptivas do prazo prescricional 418
   29.5.5 Incomunicabilidade das causas interruptivas 419
29.6 Prescrição das penas restritivas de direito 419
29.7 Prescrição da pena de multa 419
29.8 Prescrição virtual (em perspectiva, projetada ou antecipada) .. 420
29.9 Prescrição da medida de segurança 420
29.10 Prescrição da medida socioeducativa 421
29.11 Prescrição e concurso de crimes 421

Capítulo 30

Ação penal 422
30.1 Conceito 422
30.2 Classificação 422
30.3 Ação penal pública 424
   30.3.1 Introito 424
   30.3.2 Ação penal pública incondicionada (ou plena) 424
   30.3.3 Ação penal pública condicionada (ou semipública) 425
      30.3.3.1 Representação criminal 425
      30.3.3.2 Requisição do Ministro da Justiça 430

30.4 Ação penal privada 432
    30.4.1 Introito 432
    30.4.2 Legitimidade 432
    30.4.3 Espécies 434
    30.4.4 Prazo 436
30.5 Ação penal nos crimes complexos 436

Referências 440

1

Conceitos gerais de Direito Penal

1.1 Conceito de Direito Penal

É o ramo do direito público (porque destinado a cuidar dos interesses gerais da coletividade) que define as condutas humanas (ação ou omissão) infracionais (crime ou contravenção penal) com a consequente cominação das sanções (pena ou medida de segurança), além de estabelecer, ainda, os comandos e os princípios orientativos da aplicação (e interpretação) da lei penal e reguladores do exercício do direito de punir do Estado.

Na lição abalizada de Claus Roxin: "O Direito Penal se compõe na soma de todos os preceitos que regulam os pressupostos ou consequências de uma conduta cominada com uma pena ou com uma medida de segurança e correção" (ROXIN, 1997).

Pode-se entender também o direito penal, em uma perspectiva sociológica, como sendo o principal instrumento de controle social, cujo propósito é assegurar a harmônica convivência dos membros da sociedade.

As expressões "Direito Penal" e "Direito Criminal" são equivalentes e devem ser entendidas como sinônimas. Tem-se preferido doutrinariamente o uso da expressão "Direito Penal", no entanto, por duas principais razões: *i)* porque a expressão está assim consagrada no texto da Constituição da República (CF, art. 22, inciso I); e *ii)* porque o Decreto-lei nº 2.848/1940 instituiu o "Código Penal" (e não o "Código Criminal").

Atenção!

Há jurisprudência usando a expressão "pergaminho penal" para referir-se ao Código Penal (TJ/BA – Conflito de Jurisdição nº 0019701-39.2017.8.05.0000 – Relator Desembargador Mário Alberto Simões – Publicado em 09.11.2017).

1.2 Classificação do Direito Penal

O Direito Penal pode ser dividido em:

a) **objetivo e subjetivo**: o primeiro é o direito positivado (são as leis penais em vigência); já o segundo é o direito de punir do Estado (*jus puniendi*). O direito de punir em abstrato se dá a partir da criação da norma penal incriminadora (preceito geral destinado a todos indistintamente para que se abstenham de praticar ou para que desenvolvam um determinado comportamento). E o direito de punir em concreto se dá a partir da prática da infração penal. De fato, uma vez violada a norma penal incriminadora, nasce então para o Estado o poder punitivo. E o direito de punir, frise-se, é de **titularidade exclusiva do Estado**, pelo que não se permite e/ou tolera a justiça privada.

> **Atenção!**
>
> O art. 57 do Estatuto do Índio é exemplo de delegação por parte do Estado do direito de punir a um ente não estatal, já que o dispositivo permite que os grupos tribais, de acordo com as suas instituições próprias, apliquem sanções penais ou disciplinares contra os seus membros, proibidas somente as penas cruéis, infamantes e de morte.

> **Atenção!**
>
> Nas ações penais privadas, não há qualquer delegação por parte do Estado do direito de punir ao particular. Nesse caso, o Estado apenas entrega ao ofendido a legitimidade para promover a persecução penal (dar início à ação), conservando consigo, todavia, a exclusividade do *jus puniendi*.

b) **substantivo e adjetivo**: o primeiro é o direito material (que é o Direito Penal propriamente dito); já o segundo é o direito processual penal.

c) **comum e especial**: o primeiro é aquele que tem aplicação a todas as pessoas indistintamente (são de Direito Penal comum, portanto, o Código Penal e diversas leis penais especiais); já o segundo é aquele destinado a uma classe específica de indivíduos, por conta de uma especial qualidade (são de Direito Penal especial, portanto, o Código Penal Militar e a Lei do *Impeachment* – Lei Federal nº 1.079/1950).

d) **do fato e do autor**: o primeiro é aquele atrelado à ideia de punir alguém pelo que efetivamente fez (e não pelo que é), ou seja, pune-se o indivíduo por conta de um comportamento desenvolvido. A gravidade da conduta praticada é o termômetro para medir o *quantum* de pena. É o

Direito Penal compatível com o Estado Democrático de Direito, pois que alicerçado em um dos fundamentos da República (dignidade da pessoa humana). Já o segundo está vinculado à proposição de punir alguém pelo que é e/ou representa (e não exatamente pelo que fez). Pune-se o indivíduo, assim, muito mais pelo seu estilo de vida, por suas ideias, por suas crenças etc. É o grau de periculosidade do agente que norteia o rigor da resposta estatal.

e) **coletivo**: teorizado pelo sociólogo alemão *Ulrich Beck*, possui relação com o Direito Penal na sociedade de risco e decorre das transformações sociais, econômicas e tecnológicas vivenciadas nas últimas décadas que influenciaram o sistema penal, adaptado para a sociedade atual, caracterizada pela existência marcante de riscos (permitidos, toleráveis ou proibidos). Em razão disso, o Direito Penal passou a tutelar bens jurídicos supraindividuais e coletivos. O uso do Direito Penal em novas áreas proporcionou a chamada **"expansão do Direito Penal"**, caracterizada pela ampliação do âmbito de incidência de leis com conteúdo punitivo, o que resultou na denominada **"desmaterialização" ("espiritualização", "dinamização" ou "liquefação") do bem jurídico**, criado sem qualquer substrato material, distanciado da lesão perceptível dos interesses dos indivíduos.

1.3 Escolas penais

Conforme leciona *Aníbal Bruno*, as escolas penais nada mais são do que "corpos de doutrinas mais ou menos coerentes sobre os problemas em relação com o fenômeno do crime e, em particular, sobre os fundamentos e objetos do sistema penal" (BRUNO, 1967). Em apertada síntese: são as correntes filosófico-jurídicas de pensamento que buscaram estudar, além da disciplina "Direito Penal", os institutos e os fenômenos aí correlacionados (o crime, o criminoso, a pena, o direito de punir etc.). Vejamos, pois, as principais Escolas Penais.

1.3.1 Escola clássica

Os mais famosos intelectos dessa corrente foram os italianos *Cesare Beccaria, Francesco Carrara* e *Giovanni Carmignani* e o alemão *C. J. A. Mittermaier*. Com raízes entre o final do século XVIII e a metade do século XIX, essa Escola era alicerçada nos pilares do jusnaturalismo (Direito Natural) e do contratualismo (o Estado é resultado de um contrato firmado entre os homens, cujos membros cedem parcela de sua liberdade em favor de um todo). Pregava, dentre outras, a ideia de que era necessário construir um arcabouço normativo anterior e superior ao próprio Estado, tudo como forma de combater a tirania e o totalitarismo. Entendia-se que o criminoso, no exercício de seu livre-arbítrio, violava a norma de conduta imposta pelo Estado, pelo que deveria ser castigado (pena). As suas premissas fundamentais podem ser assim sintetizadas: *a)* o crime é um ente jurídico; *b)* o homem é um ser racional dotado de livre-arbítrio; *c)* a pena é tida como uma retribuição ao mal causado pelo crime (função retributiva); e *d)* método lógico-dedutivo.

Atenção!

O positivista *Enrico Ferri* fora o criador da expressão "Escola clássica". Ou seja: foi um representante da "Escola positiva" quem batizou essa primeira escola de "Escola clássica" (e assim o fez em tom irônico e pejorativo).

1.3.2 Escola positiva (positivismo criminológico)

A Escola positiva nasceu no início do século XIX, quando o Estado absolutista (aquele marcado por uma relação autoritária entre o "governante" e o "povo") passou a ruir. A partir do nascimento de um Estado Liberal (marcado por defender as liberdades individuais e alicerçado na ideia de que o cidadão possui direitos naturais e inalienáveis), as principais preocupações do direito penal já não eram mais aquelas relacionadas à necessidade de combater o arbítrio e a violência estatal, senão o próprio criminoso, já que a criminalidade, por conta de uma justiça criminal mais humanizada, tornava-se crescente. O foco central do Direito Penal, estudado a partir de método indutivo-experimental, passou a ser, pois, a pessoa do criminoso e a sua periculosidade social. Nessa perspectiva positivista, entendia-se que o criminoso não praticava o ilícito penal por livre-arbítrio, mas por falta de outras opções, sob o argumento de que era produto do próprio corpo social. Acreditava-se, ainda, que o criminoso se inclinava ao crime por atavismo (por razões hereditárias). Portanto, o foco se direcionava mais ao delinquente do que propriamente ao fato ilícito cometido, razão pela qual a pena assumia uma função eminentemente preventiva (e não retributiva), para que fosse aplicada de acordo com a sua utilidade.

Os seus principais expoentes foram:

a) **Cesare Lombroso** (fase antropológica): publicou em 1876 a obra *O homem delinquente* e idealizou a "teoria do criminoso nato".

b) **Enrico Ferri** (fase sociológica): autor da obra *Sociologia criminal* (1892), insistiu na ideia de que o homem não é dotado de livre-arbítrio e que a pena é instrumento de prevenção geral.

c) *Rafael Garófalo* (fase jurídica): autor da obra *Criminologia* (1885), foi o responsável pela abordagem jurídica da Escola positiva. Criou o conceito de periculosidade e sustentou a necessidade de uma outra forma de sanção penal (medida de segurança).

1.3.3 Escola moderna alemã

Teve como principal expoente o jurista alemão *Franz Eduard Ritter von Liszt*. As suas premissas fundamentais podem ser assim sintetizadas: *a)* o crime é um fenômeno humano, social e jurídico; *b)* a pena é tida como uma forma de prevenção especial (função preventiva); e *c)* método indutivo-experimental.

1.3.4 *Terza scuola* italiana

Trata-se de uma corrente eclética de pensamento, já que buscou conciliar as proposições firmadas pelas Escolas clássica e positiva. Os seus principais intelectos foram os italianos *Manuel Carnevale* e *Bernardino Alimena*. Os seus postulados fundamentais podem assim ser resumidos: *a)* o crime é um fenômeno social e individual; *b)* a pena tem por finalidade a defesa social; e *c)* diferenciação entre imputabilidade e inimputabilidade.

1.4 Movimentos do Direito Penal

Os movimentos penais nada mais são do que a forma de pensar o Direito Penal e os seus propósitos. Vejamos, pois, os principais movimentos do Direito Penal.

1.4.1 Abolicionismo penal

É o movimento filosófico que propala a ideia de que o Direito Penal e o aprisionamento do indivíduo devem ser abolidos. Representa uma ruptura com a política criminal punitiva ao entender que o criminoso não deve ser privado do convívio social por meio da prisão, senão recuperado por intermédio de sanções penais alternativas e substitutivas (compensação, conciliação, terapia, educação etc.). Acredita-se que as unidades prisionais, além de não recuperarem o delinquente (são desumanas e fontes de violência), ainda destroem a sua personalidade e, assim, estimulam a reincidência. Em síntese: é um modelo diferente de se pensar o Direito Penal, pelo que se questiona, e em muito, o significado e os propósitos da pena de prisão.

O movimento abolicionista do direito penal é criticado pela doutrina porque não apresenta soluções para os conflitos existentes no mundo moderno. Para Hassemer:

> (...) à medida em que os abolicionistas querem abolir o Direito Penal em geral, eles se tornam perigosamente ingênuos. Isto se mostra, desde logo, quando se observa o direito penal no contexto do controle social, no qual ele está... não se pode abolir o controle social; em todo caso pode-se ir pessoalmente ao encontro dele, o qual é retirado dos grupos e da sociedade. Se não se quiser – ou puder – fazer isto, então se estará agindo com as expectativas dos outros, as quais podem ser frustradas e os quais podem também faticamente ficar desapontados com as convicções sobre a boa e má conduta em relação a si mesmos ou aos outros, com as lesões causadas e imaginadas, coo o medo diante da ameaça, com os mecanismos de acusação e punição, de justificação e de exculpantes, de responsabilidade e casualidade, de intenção e frivolidade (HASSEMER, 2005).

1.4.2 Garantismo penal

É o movimento que propala a ideia de que o Direito Penal deva seguir e observar, à risca, os direitos fundamentais inscritos na Constituição da República.

Nesse contexto, fala-se em "Direito Penal Mínimo". O maior expoente desse movimento é o italiano Luigi Ferrajoli, jurista que, em sua clássica obra *Direito e razão – teoria do garantismo penal* (FERRAJOLI, 2002), cravou os princípios mínimos que devem ser garantidos ao acusado, conhecidos como **axiomas do Direito Penal (ou implicações deônticas)**, assim sintetizados:

- Não há pena sem crime;
- Não há crime sem lei;
- Não há lei penal sem necessidade;
- Não há necessidade de punir sem que haja ofensa (lesão ou perigo de lesão) a um bem jurídico;
- Não há ofensa (lesão ou perigo de lesão) a um bem jurídico sem conduta;
- Não há conduta sem culpa;
- Não há culpa sem o devido processo legal;
- Não há devido processo legal sem acusação formal;
- Não há acusação válida sem lastro probatório;
- Não se admitem provas sem o exercício de defesa.

1.4.3 Lei e ordem

É o movimento que propala a ideia de que o Direito Penal é a *prima ratio* (e não a *ultima ratio*). O poder punitivo estatal deve ser atuante e efetivo, mesmo diante de infrações penais leves. Acredita-se que os crimes mais graves são cometidos por aqueles que, antes, já praticaram pequenos delitos, de modo que o Estado deve atuar desde o princípio. O fim do Direito Penal é a própria restauração da ordem com a consequente diminuição da criminalidade. Nesse contexto, fala-se em "Direito Penal Máximo". Esse movimento foi inspirado na política criminal implementada na cidade de Nova Iorque (Estados Unidos), no final do século passado (popularmente conhecida como "política de tolerância zero").

Atenção!

A **teoria das janelas quebradas ou partidas** (*broken windows theory*) apregoa na direção de que os pequenos delitos, se não forem reprimidos e punidos, conduzirão necessariamente ao cometimento de infrações penais mais graves, diante do descaso estatal. Os criadores desse teorema, *James Q. Wilson* e *George Kelling*, explicam que uma janela quebrada de um edifício, se não for consertada rapidamente, estimulará um comportamento de maior destruição por parte de delinquentes, que, fundamentados na crença do descaso, quebrarão tantas outras janelas desse edifício (a desordem gera mais desordem). Essa teoria foi desenvolvida a partir dos estudos e de um experimento social feitos em 1969 pelo professor *Phillip Zimbardo* (Universidade de Stanford). Dois veículos automotores foram abandonados na via pública (da mesma cor, marca e modelo): um no *Bronx* (região pobre da cidade de Nova Iorque) e outro em *Palo Alto* (cidade rica do Estado da Califórnia). O automóvel deixado no *Bronx* passou a ser deteriorado em poucas horas (foram subtraídos os pneus, o motor etc.), enquanto o veículo abandonado em *Palo Alto* permaneceu intacto mesmo após o transcurso de uma semana. Como forma de dar seguimento ao experimento social, os responsáveis pelos estudos quebraram uma das janelas do veículo deixado naquela região de maior riqueza. A partir daí, obtiveram o mesmo resultado já verificado na região pobre: a violência e o vandalismo tomaram conta e o veículo fora rapidamente destruído. Isso porque um vidro quebrado transmitiria a ideia de deterioração, despreocupação e descaso, rompendo-se, assim, uma espécie de código de convivência por parte das pessoas. Um vidro partido, pois, desencadeou todo um processo de vandalismo, mesmo numa região rica. Não se tratava, pois, de pobreza, mas, sim, de psicologia humana e relações sociais.

1.4.4 Análise econômica do crime

Pode-se afirmar que a análise econômica do crime surgiu com a publicação, em 1968, do artigo "*Crime and punishment: an economic approach*" ou "Crime e punição: uma abordagem econômica", em tradução livre, de autoria do economista americano Gary Becker. Esse movimento ensina que a decisão pela prática de um crime é tomada a partir de um juízo racional de custo-benefício. O agente tende a praticar o ilícito quando o fluxo de seus benefícios for maior que os custos, que inclui os recursos gastos para praticar a conduta (por exemplo, ferramentas de roubo, confecção de documentos falsos), os custos de se evitar a captura (destruição de evidências, pequenas corrupções), os custos de oportunidade, os custos esperados da punição criminal (o que inclui a severidade e a celeridade na aplicação da pena).

A partir dessa premissa central, a análise econômica do crime visa, a partir de um olhar das teorias econômicas, criar instrumentos econométricos aptos a desencorajar os indivíduos a praticarem crimes. Daí que seu foco é na dissuasão e não na retribuição penal.

1.4.5 *Compliance* criminal

O programa de integridade ou *compliance* é fruto da tendência gerencialista e colaborativa da política criminal atual, em que o Estado credita ao meio privado mecanismos aptos a evitar, detectar, apurar e remediar a prática de ilícitos de que o particular toma conhecimento. Essa participação do cidadão na elucidação de infrações em geral encontra arrimo no direito fundamental à segurança pública, previsto no art. 5º, 6º e 144 da Carta Constitucional vigente.

Embora esteja ligado essencialmente a criminalidade econômica, o *compliance*, ainda que contingentemente, pode produzir os efeitos inibitórios a outros desvios de conduta, pelo que observa seu uso expansivo para outros tipos de crimes. Como já sustentado por um dos autores em outro trabalho, pode ser entendido como "Conjunto de ações e planos adotadas facultativamente por pessoas jurídicas, visando garantir que cumpram todas as exigências legais e regulamentares do setor ou segmento econômico em que atuam, inclusive preceitos éticos e de boa governança administrativa, visando evitar, detectar, punir e remediar adequadamente fraudes e atos de corrupção em geral" (SOUZA, 2020).

Essa execução rotineira dos planos e ações, regulações e procedimentos previstos no programa, moldado à luz das regulamentações normativas do segmento em que atuam as pessoas jurídicas, permite pautar a conduta de todos os agentes por ele alcançados, o que provoca também um controle adequado apto a gerenciar e controlar os riscos relevantes de prática de infrações penais.

Por isso, para parte da doutrina brasileira, o *compliance* criminal pode servir para aferir se determinada conduta se manteve dentro dos riscos permitidos previamente estabelecidos, de forma a excluir ou não imputação do tipo objetivo ou se, ao ultrapassar esses limites, incrementou riscos proibidos, de maneira a manter necessária sua responsabilização causal. Eventualmente, o *Compliance* criminal pode produzir outros efeitos penais com menor intensidade como servir de critério para aferição do dolo visto que sua adoção indica o repúdio aos delitos que margeiam determinadas atividades, bem como a caracterização da atenuante inominada do art. 65 do Código Penal. Além disso, dele decorre um efeito facilitador para celebração de acordos de colaboração premiada e acordos de leniência, especialmente nos casos em que a prática de infração é descoberta pela própria pessoa que o adota e que, depois de corrigirem o desvio de conduta, a comunicam às autoridades e remediam seus efeitos.

1.4.6 Whistleblower

De um modo geral, a atividade investigativa sempre contou com a colaboração de pessoas desvinculadas do aparato estatal, motivadas pelo sentimento de solidariedade, pertencimento e zelo para com a comunidade em que convivem. Esse tipo de auxílio ocorre com testemunhas, vítimas e informantes que fornecem informações fidedignas sobre o ato ilícito, tais como, autoria, paradeiro do suspeito e de provas, materialidade do delito, detalhes acerca do cometimento etc. É nesse contexto que se insere o *whistleblower*, introduzido na legislação brasileira pela Lei 13.608/2018, ainda que timidamente. A dinâmica participação do cidadão na atividade persecutória é estratégia adequada para permitir que a sofisticação de algumas categorias delitivas seja mais bem compreendida e alcançadas pela ação estatal, visto que as informações prestadas pelos cidadãos que tomam conhecimento desses atos têm como mérito, além da proximidade temporal, a precisão dos dados por quem, de dentro, conhece as entranhas do ilícito cometido.

Deve-se compreender *whistleblower*, segundo Ramon Ragués i Vallès, como aqueles membros ou antigos membros de uma determinada organização pública ou privada, que denunciam práticas ilícitas – ou pouco éticas – levadas a cabo pela própria organização ou por sujeitos que dela são parte, trazendo à luz tais fatos, conforme o caso, aos seus superiores, autoridades ou terceiros (RAGUÉS I VALLÈS, 2013). A expressão *whistleblower* remonta a junção de duas palavras de origem inglesa, quais seja, "*blow*" e "*whistle*", que, traduzidas, significam soprar o apito. A construção linguística remete à metáfora de árbitro esportivo que ao identificar alguma transgressão à regra, sopra o apito para paralisar o jogo. Não existe uma tradução exata para a expressão, inclusive no Brasil, mas o instituto também é conhecido como **informantes do bem, alertadores do bem, reportante do bem** ou **de boa-fé** ou **informantes confidenciais.**

A principal característica do *whistleblower*, que é a posição de íntimo conhecedor do ato porque mantém (ou manteve) algum vínculo com a entidade em que o ilícito é cometido, seja administração pública, seja em meio a estrutura de uma corporação que atue no setor privado. A segunda grande característica da política *whistleblowing* é a recompensa oferecida em razão da informação útil prestada para a prevenção, repressão e apuração de crimes ou ilícitos administrativos, o que situa o instituto na categoria do direito premial em que a relação normativa não é estabelecida em razão do sancionamento de um comportamento ilícito, mas em razão da premiação e incentivo de comportamentos desejados pelo Estado.

Importa ainda observar que o parágrafo único do art. 4°-A da Lei 13.608/2018 prevê a existência de imunidade material cível e penal ao informante, salvo se tiver apresentado, de modo consciente, informações ou provas falsas. A imunidade deve ser entendida como causa de isenção de responsabilidade (civil ou penal) que se destina à proteção do *whistleblower* contra represálias. Há alguma semelhança com a imunidade material prevista no art. 142 do Código Penal, visto que ligadas essencialmente a uma função instrumental estimulante e tranquilizante àquele que profere o relato. Diferem, todavia, na medida que a imunidade ora criada é mais ampla e abrange calúnias, difamações e injúrias, além da responsabilidade cível.

A ressalva final se refere aos casos em que o Reportante apresenta, conscientemente, informações ou provas falsas. Trata-se de uma importante restrição que parte da ideia de que a imunidade não é absoluta, o que permite que a responsabilidade penal e civil do *whistleblower* mentiroso. A ressalva, porém, exige que ele tenha agido de modo consciente e de que as informações ou provas sejam falsas. Observe-se que o dispositivo não utiliza a mesma redação do crime de denunciação caluniosa (CP, art. 339) que, dado emprego da frase "de que o sabe inocente" exige, para a caracterização do crime, o dolo direto do agente. Ao condicionar a quebra da imunidade à apresentação consciente de informações ou provas falsas, o dispositivo contempla o chamado erro honesto, e desloca a análise da questão para a consciência da ilicitude do Reportante, de modo que não haverá abuso quando não lhe era possível, nas circunstâncias do caso concreto, ter conhecimento sobre a falsidade das informações ou das provas. Ao contrário, no caso de lhe ser possível conhecer a aleivosia probatória ou da informação, restará quebrada a imunidade legal. Por outro lado, a quebra da imunidade implica a possibilidade de o informante de má-fé ser responsabilizado pelas ofensas propaladas, civilmente (CC, art. 953) e penalmente (crimes contra a honra, falsa comunicação de crime e denunciação caluniosa, conforme o caso).

1.5 Velocidades do Direito Penal

Desenvolvida pelo professor espanhol Jesús-Maria Silva Sánchez, essa ideia de "velocidades" do Direito Penal diz respeito ao tempo e à forma com que o Estado pune o autor de uma infração penal (SILVA SÁNCHEZ, 2002).

São quatro as velocidades do direito penal, a saber:

a) **primeira velocidade**: diz respeito à punição do indivíduo com pena privativa de liberdade. Por estar em xeque o direito de ir e vir do cidadão, impõe-se um procedimento mais demorado e garantista, com a observância de todos os direitos fundamentais. É a pura e simples essência do Direito Penal. Representada pelo Direito Penal "da prisão", é a velocidade, via de regra, adotada pelo Direito Penal brasileiro.

b) **segunda velocidade**: diz respeito à punição do indivíduo com penas alternativas. Justamente por não interferir no direito de liberdade do cidadão, tem-se um procedimento menos burocrático e mais simplificado, com a mitigação de garantias legais. É a velocidade, excepcionalmente, adotada pelo Direito Penal brasileiro. Exemplo: Lei Federal nº 9.099/1995.

c) **terceira velocidade**: diz respeito à punição do indivíduo com pena privativa de liberdade, sem a observância, porém, de todos os direitos e garantias fundamentais. É a mescla entre as duas primeiras velocidades (imposição da pena de prisão da primeira velocidade com a relativização das garantias legais da segunda velocidade). Trata-se de resposta estatal severa e rápida. Neste contexto, fala-se em **"Direito Penal do Inimigo"** (também chamado de **"Direito de Emergência"** (ou **"Direito de Exceção"**). De acordo com o doutrinador alemão *Gunther Jakobs*, considera-se inimigo o indivíduo que cognitivamente e de forma habitual não aceita se submeter às regras elementares de convívio social. Há, portanto, dois direitos. O Direito Penal do cidadão (respeita-se as garantias legais e constitucionais) e o Direito Penal do inimigo (com a flexibilização ou eliminação de garantias constitucionais). O inimigo é o não cidadão, pelo que não pode ser tratado como pessoa pelo Estado. Para o professor espanhol Jesús-Maria Silva Sánchez, a transição de condição de cidadão para a de inimigo é representada pela reincidência, habitualidade, delinquência profissional e integração em organizações delitivas estruturadas (SILVA SÁNCHEZ, 2002). O Direito Penal do Inimigo se apoia na ideia de que o Direito Penal deve incidir com uma repressão mais forte em face daqueles que perderam o status de cidadão, visto que decidiram reiteradamente desobedecer a norma e o sistema imposto, o que enseja a necessidade de reafirmação da vigência das normas e do sistema (funcionalismo sistêmico). No Brasil, costuma-se citar como exemplo de Direito Penal do Inimigo a disposição inscrita no art. 303, § 2º, da Lei Federal nº 7.565/1986 (redação acrescida pela Lei Federal nº 9.614/1998), cujo dispositivo autoriza, depois de esgotados os meios coercitivos legalmente previstos, a destruição de aeronave classificada como hostil, o que resultará na morte do piloto. Uma das críticas a essa teoria se funda no critério dotado de subjetivismo para definir esse inimigo, o que permitiria interpretações muito amplas, violando, pois, a segurança jurídica.

Atenção!

O regime disciplinar diferenciado (LEP, art. 52) é uma forma especial de cumprimento de pena no regime fechado, em que o preso permanece em cela individual e com limitações aos direitos de visitação e de saída da cela. Pergunta-se: **o Regime Disciplinar Diferenciado (RDD) é medida correspondente a qual velocidade do Direito Penal?** Entendemos que não pode ser classificado como de terceira velocidade, pois há uma priorização da pena privativa de liberdade com a observância de garantias legais e processuais, pelo que é medida, assim, atinente à primeira velocidade do direito penal.

d) **quarta velocidade**: essa velocidade é conhecida como **"neopunitivismo"**, tendo sido desenvolvida pelo professor argentino *Daniel Pastor*. Está relacionada ao Direito Penal internacional. Destaca-se como um movimento do **"panpenalismo"** (é o aumento do poder punitivo estatal, inclusive de maneira arbitrária e abusiva). Fala-se em **"Direito Penal Absoluto"**. Surgiu no contexto dos ataques terroristas internacionais, como forma de preservação da soberania estatal, e está no âmbito de atuação do Tribunal Penal Internacional (TPI), que tem competência para apurar crimes de lesa-humanidade (genocídio, crimes contra a humanidade, crimes de guerra e de agressão).

1.6 História do Direito Penal brasileiro

No período colonial – "Brasil Colônia" (espaço de tempo compreendido entre a chegada dos primeiros portugueses, em 1500, até a proclamação da independência, em 1822) –, vigorou o direito português (país colonizador), cujos diplomas normativos foram os seguintes: a) Ordenações Afonsinas (promulgadas em 1446, por Dom Afonso V, vigoraram até 1514); b) Ordenações Manuelinas (promulgada em 1514, por Dom Manuel, o Venturoso); e *c)* Ordenações Filipinas (editadas em 1603, pelo rei Filipe II, vigoraram até 1830). Podemos apontar como traço marcante e comum dessas legislações: a) previsão de penas de caráter cruel; b) inobservância da amplitude de defesa; e c) arbitrariedade do julgador no instante da dosimetria da pena.

A partir da proclamação da independência, em 7 de setembro de 1822 ("Brasil Império" e depois, já em 1889, "Brasil Republicano"), o Direito Penal brasileiro foi assim regulamentado: a) Código Criminal do Império, de 1830; b) Código Criminal da República, de 1890; e c) Código Penal, de 1940 (é ainda o Código Penal vigente, muito embora já tenha sido alterado por várias leis desde então).

Atenção!

O Código Criminal da República, de 1890, foi um diploma normativo criado e editado às pressas, muito por conta da necessidade de adequar a legislação penal aos anseios republicanos. Por conta disso, mesmo depois de tão pouco tempo em vigência, passou a sofrer sensíveis modificações por meio de leis extravagantes. Tivemos, assim, a **Consolidação das Leis Penais de 1932**, que nada mais exteriorizou do que uma simples compilação do Código Criminal de 1890, com a legislação extravagante reformadora. **Não representou, portanto, um novo diploma normativo criminal, senão uma organização da legislação penal vigente à época.**

2

Princípios informadores do Direito Penal

2.1 Considerações iniciais

Os preceitos penais são compostos por regras e princípios, espécies normativas dotadas de imperatividade, mas aplicadas de formas distintas. De acordo com Robert Alexy, as regras são normas de conduta que definem o limite entre o lícito e o ilícito, aplicadas ao tudo ou nada. Já os princípios são mandados de otimização, aplicados no sentido de uma máxima efetividade possível (ALEXY, 1993).

De acordo com a clássica definição de Celso Antônio Bandeira de Mello: "O princípio é um mandamento nuclear de um sistema, verdadeiro alicerce dele, disposição fundamental que se irradia sobre diferentes normas compondo-lhes o espírito e servindo de critério para a sua exata compreensão e inteligência, exatamente para definir a lógica e racionalidade do sistema normativo, no que confere a tônica que lhe dá sentido harmônico" (MELLO, 1991).

2.2 Princípios em espécie

Os principais princípios do Direito Penal são:

2.2.1 Princípio da legalidade

Preceito principiológico inscrito expressamente na Constituição da República (CF, art. 5°, inciso XXXIX) e no Código Penal (art. 1°), também denominado de princípio da reserva legal ou da estrita legalidade, é no sentido de que não há crime sem lei que o defina, nem pena sem cominação legal. Somente a lei (ordinária) pode criar infrações penais e cominar as respectivas sanções penais. Consagrado pela primeira vez na Carta Magna Inglesa, editada em 1215 pelo Rei João Sem Terra (art. 39), este postulado representa uma efetiva limitação do poder punitivo estatal, já que protege o indivíduo contra o poder arbitrário de punir do Estado. Trata-se de uma das cláusulas pétreas da Constituição Federal, cuja finalidade é dispensar segurança jurídica aos cidadãos, porquanto a lei anuncia a todos o que está proibido e o que está permitido.

Atenção!

A Constituição da República de 1988 ("Constituição Cidadã"), seguindo o exemplo de algumas constituições europeias, protegeu determinados bens jurídicos, pelo que impôs ao legislador ordinário, assim, a obrigatoriedade de criminalizar as condutas humanas que ofendessem esses interesses. Por força dos **mandados de criminalização**, o legislador penal tornou-se obrigado a criar leis com vistas a proteger os bens jurídicos tutelados constitucionalmente. E os mandados de criminalização podem ser: *a)* expressos (ou explícitos), a exemplo do art. 5°, incisos XLII e XLIII (ordem direta para a criminalização do racismo, tortura, tráfico ilícito de drogas e terrorismo); ou *b)* tácitos (ou implícitos), a exemplo da necessidade de combater a corrupção.

> **Atenção!**
>
> É vedada a edição de medida provisória sobre matéria de Direito Penal, por força do que estabelece o art. 62, § 1°, inciso I, alínea "b", da Constituição da República. O Supremo Tribunal Federal, no entanto, já decidiu na direção de que a medida provisória pode versar sobre Direito Penal não incriminador, desde que em benefício do agente (STF – RE 254818/PR – Tribunal Pleno – Relator Ministro Sepúlveda Pertence – Publicação em 19.12.2002).

2.2.2 Princípio da anterioridade

Princípio também previsto explicitamente na Constituição Federal (CF, art. 5°, inciso XXXIX) e no Código Penal (CP, art. 1°), é no sentido de que a infração penal e a respectiva sanção devem estar definidas em lei antes da prática do fato cuja punição se pretende.

A lei penal produz os seus efeitos a partir de sua entrada em vigor e não pode retroagir, a não ser em benefício do réu. Trata-se, pois, do **princípio da retroatividade da lei penal mais benéfica**, cujo preceito está expressamente inscrito no art. 5°, inciso XL, da Constituição da República. A lei penal mais benéfica ao agente, frise-se, é regida pelo **princípio da extra-atividade**, já que possui os efeitos retroativo e ultra-ativo. Com efeito, na hipótese de *novatio legis in mellius*, é certo que essa norma retroagirá para alcançar fatos pretéritos à sua vigência (retroatividade) e continuará a produzir os seus efeitos para alcançar os fatos praticados durante a sua vigência, mesmo depois de revogada por lei penal mais gravosa (ultra-atividade).

> **Atenção!**
>
> É vedada a aplicação da lei penal aos fatos praticados durante o período de sua vacância (período de *vacatio legis*). De acordo com o art. 1° da Lei

de Introdução às Normas do Direito Brasileiro (LINDB), "*salvo disposição contrária, a lei começa a vigorar em todo o país quarenta e cinco dias depois de oficialmente publicada*".

2.2.3 Princípio da individualização da pena

Previsto constitucionalmente (CF, art. 5º, inciso XLVI), orienta no sentido de que deve ser dispensado ao agente exatamente a resposta que lhe caiba e na proporção do comportamento desenvolvido. Por isso é também chamado de **princípio da personalização gradativa da pena**. Deve ser observado em três distintas fases, a saber:

a) **fase legislativa**: o legislador estabelece o balizamento punitivo em abstrato, além de fixar as causas de aumento e diminuição, as circunstâncias agravantes e atenuantes e ainda os regimes de cumprimento de pena;

b) **fase judicial**: o julgador deve aplicar a sanção de acordo com o sistema trifásico (CP, art. 68); e

c) **fase administrativa**: é a fase executiva da pena, devendo o Estado zelar pelos direitos do condenado.

2.2.4 Princípio da alteridade (transcendentalidade)

Idealizado pelo jurista alemão Claus Roxin, é no sentido de que o Direito Penal só pode incriminar um comportamento humano que ofenda bem jurídico alheio, ou seja, ninguém pode ser punido por causar mal apenas a si mesmo (ROXIN, 1997).

Atenção!

Por força desse princípio é que o suicídio e a automutilação (ação de acabar com a própria vida ou de cortar-se) não são considerados um comportamento criminoso. Registramos, no entanto, que a conduta de induzir ou instigar alguém a se suicidar ou a praticar automutilação, ou prestar-lhe auxílio material para que o faça, é típica, cujo crime está definido no art. 122 do Código Penal (com a redação que lhe foi dada pela Lei Federal nº 13.968/2019).

Atenção!

Como dito alhures, o Direito Penal não pune a autolesão. Cuidado, todavia, com os crimes definidos no: *a)* art. 171, § 2º, inciso V, do Código Penal (prática de autolesão para fraudar recebimento de indenização ou valor de seguro), pois o bem jurídico tutelado pela norma não é a integridade física ou corporal, mas, sim, o patrimônio do segurador; e *b)* art. 184 do Código Penal Militar (prática de autolesão para inabilitação ao serviço militar), cujo bem jurídico protegido pela norma é a regularidade do serviço militar.

Atenção!

E o crime de porte de drogas para consumo pessoal (art. 28, *caput*, da Lei Federal nº 11.343/2006)? O uso de drogas, por si só, não constitui crime, já que o comportamento desenvolvido não coloca em risco o bem jurídico tutelado (saúde pública), já que o agente, ao consumir o entorpecente, faz mal apenas a si mesmo. Em nome do princípio da alteridade, o legislador não tipificou as condutas de *usar* ou *consumir* drogas, senão as ações de *adquirir, guardar, ter em depósito, transportar* ou *trazer consigo* substância entorpecente para consumo pessoal em desacordo com determinação legal ou regulamentar. A criminalização das condutas descritas no art. 28 da Lei de Drogas não viola, portanto, o princípio da alteridade, pois os comportamentos ali veiculados facilitam a circulação da droga e, assim, colocam em xeque e em perigo a saúde pública.

2.2.5 Princípio da confiança

De um modo geral, as relações sociais são desenvolvidas em meio a atividades regradas por meio de códigos de boa conduta revestidos de fidelidade e crença de que todos irão agir de acordo com essas regras. Em razão disso, todos devem esperar, por parte das demais pessoas, ações responsáveis e de acordo com as regras positivadas. Aquele que observa as regras da vida em sociedade cria a legítima expectativa (direito de confiar) de que as demais pessoas também respeitarão tais regras. O princípio da confiança, portanto, serve de balizamento ao dever de cuidado e está ligado, principalmente, à teoria da imputação objetiva.

2.2.6 Princípio da adequação social

Idealizado pelo alemão *Hanz Welzel*, nada mais é do que uma ferramenta utilizada para afastar a tipicidade material de determinada conduta sob o fundamento de sua aceitação pela sociedade em geral. O comportamento humano, ainda que tipificado em lei, não deve ser considerado criminoso se não afrontar o sentimento social de justiça. Uma conduta socialmente aceita, tolerada e admitida pela coletividade não pode ser interpretada como um ilícito penal, ainda que assim seja formalmente por lei definida. Exemplo comumente apontado em doutrina é o "trote acadêmico" (uma espécie de "ritual de passagem" do período estudantil ao universitário do aluno "calouro", em que são praticados pequenos atos de zombaria e violência física por parte dos alunos "veteranos").

Este postulado é muito questionado por duas principais razões, a saber:

a) violação ao princípio da continuidade das leis (LINDB, art. 2º, § 1º), pois este princípio possibilita, pelo menos em tese, que um costume revogue uma lei penal incriminadora; e

b) violação ao princípio da separação dos poderes (CF, art. 2°), pois o Poder Judiciário, com fundamento neste princípio, acaba por deixar de considerar criminosa uma conduta humana que fora definida como tal pelo Poder Legislativo.

Atenção!

De acordo com o posicionamento firmado pelos Tribunais Superiores (STF e STJ), **não se aplica o princípio da adequação social** aos crimes de: *a)* **manutenção de casa de prostituição** (CP, art. 229), pois protege bens jurídicos de elevada importância social, tais como a moralidade sexual e os bons costumes (STF – HC 104467/RS – 1ª Turma – Relatora Ministra Cármen Lúcia – Julgamento em 08.02.2011 – Publicação em 09.03.2011; e STJ – AgRg no REsp 1508423/MG – 6ª Turma – Relator Ministro Ericson Maranho – Desembargador convocado do TJ/SP – Julgamento em 01.09.2015 – Publicação em 17.09.2015); e *b)* **violação do direito autoral** (CP, art. 184, § 2°), pois a prática rotineira da pirataria é sim uma conduta relevante do ponto de vista jurídico-social. Eis a **Súmula n° 502 do Superior Tribunal de Justiça**: *"Presentes a materialidade e a autoria, afigura-se típica, em relação ao crime previsto no art. 184, § 2°, do CP, a conduta de expor à venda CDs e DVDs piratas".*

2.2.7 Princípio da intervenção mínima

O Direito Penal deve ser a *ultima ratio*, ou seja, o último mecanismo e/ou instrumento para a proteção de determinado bem jurídico. Assim, acaso o restabelecimento da ordem jurídica possa ser feito por medidas civis ou administrativas, essas é que devem ser empregadas, e não as penais. Esse princípio tem como destinatário principal o próprio Poder Legislativo, sugerindo ao legislador, pois, cautela e moderação no instante de escolher as condutas que serão incriminadas.

Há posicionamento doutrinário no sentido de que alguns comportamentos incriminados no Estatuto do Torcedor (Lei Federal n° 10.671/2003) atentam contra o princípio da intervenção mínima, como, por exemplo, aquele de *"promover tumulto, praticar ou incitar a violência num raio de 5.000 (cinco mil) metros ao redor do local de realização do evento esportivo, ou durante o trajeto de ida e volta do local da realização do evento"* (art. 41-B, § 1°, inciso I). De fato, esse tipo de lei penal incriminadora acaba por gerar um crescimento patológico da legislação penal ("inflação legislativa" e proliferação de leis penais). Muito por conta e para satisfazer os apelos popular e midiático, o legislador acaba por usar e abusar do direito penal como instrumento de controle social, cujo fenômeno é conhecido por **"nomorreia penal" ("hipertrofia penal" ou "panpenalismo")**, provocando o descrédito do sistema criminal como um todo, já que essas infrações penais sequer acabam sendo apuradas e/ou perseguidas pelo Estado.

Desse postulado decorrem outros dois princípios, a saber:

a) **princípio da fragmentariedade**: o Direito Penal é fragmentário, ou seja, composto por fragmentos de ilicitude. Apenas as condutas selecionadas pelo legislador são tipificadas.

b) **princípio da subsidiariedade**: o Direito Penal é subsidiário, ou seja, somente deve atuar quando os outros ramos do Direito se revelarem impotentes e/ou insuficientes para o controle social. O Direito Penal é, pois, um "soldado de reserva".

Atenção!

O que se entende por **"fragmentariedade às avessas"**? Ocorre quando o comportamento até então típico deixa de interessar ao Direito Penal (*abolitio criminis*), porém continua tutelado por um outro ramo do direito. Como exemplo, podemos citar o já revogado art. 240 do Código Penal (o adultério, muito embora tenha deixado de ser um ilícito penal desde o advento da Lei Federal nº 11.106/2005, continua sendo um ilícito de natureza civil).

2.2.8 Princípio da proporcionalidade

O Direito Penal deve respeitar as premissas da adequação, da necessidade e da proporcionalidade em sentido estrito. A pena a ser imposta em desfavor do sujeito deve guardar equivalência à ofensa praticada, ou seja, deve haver uma relação de equilíbrio entre o meio e o fim.

Esse princípio, frise-se, deve ser encarado sob duas perspectivas, a saber:

a) **proibição do excesso (garantismo negativo)**: não se deve cominar (prever abstratamente) ou fixar (no caso concreto) penas em doses exageradas.

b) **proibição da proteção deficiente (garantismo positivo)**: os bens jurídicos fundamentais à própria preservação da sociedade não podem, de maneira alguma, estar desprotegidos e/ou expostos.

2.2.9 Princípio da ofensividade ou da lesividade

Somente há se falar em infração penal se o comportamento humano desenvolvido causar lesão efetiva ou ao menos oferecer perigo de lesão ao bem jurídico tutelado, sob pena de ser considerado atípico. Ausente o perigo de lesão ao bem jurídico, o fato deve ser interpretado como um irrelevante penal.

Atenção!

Por força desse princípio é que parcela da doutrina entende serem inconstitucionais os crimes de perigo abstrato ou presumido. Contudo, a doutrina e a jurisprudência, em sua maioria, posicionam-se no sentido da constitucionalidade dos crimes de perigo abstrato, sob o fundamento de que determinadas ações incriminadas são perigosas à luz da experiência cotidiana, pelo que justificada está a construção legal.

2.2.10 Princípio da exclusiva proteção do bem jurídico

O Direito Penal não se destina a proteger valores morais, religiosos, ideológicos ou éticos, mas tão somente aqueles bens jurídicos fundamentais para a preservação do ser humano e do corpo social.

2.2.11 Princípio da responsabilidade penal do fato

Não se admite um "Direito Penal do autor", mas, sim, um "Direito Penal do fato". O Direito Penal só pode incriminar condutas humanas objetivamente consideradas (fatos). Não se admite a punição de alguém pelo que é ou por conta de seu estilo de vida, crença etc.

Atenção!

O Superior Tribunal de Justiça já decidiu reiteradamente na direção de que a agravante genérica da reincidência não é resquício de um "direito penal do autor", pois é circunstância que justifica uma maior reprovação da conduta pelo cometimento de um novo crime.

2.2.12 Princípio da personalidade

Anunciado expressamente no texto constitucional (CF, art. 5º, inciso XLV), é também chamado de princípio da responsabilidade pessoal (ou da intranscendência). Apregoa no sentido de que ninguém pode ser responsabilizado por fato cometido por outra pessoa, ou seja, a pena não pode passar da pessoa do condenado. A responsabilidade penal é personalíssima e, portanto, intransmissível.

2.2.13 Princípio da responsabilidade penal subjetiva (ou da culpabilidade)

O agente somente pode ser responsabilizado se atuou com dolo ou culpa. Fala-se em "Direito Penal da culpa". Para a responsabilização do agente, é indispensável, pois, a presença do elemento subjetivo. É bem verdade que, modernamente, a culpabilidade não é mais compreendida como um vínculo subjetivo entre a conduta do agente e o resultado, mas, sim, como um juízo de censurabilidade e de reprovação do comportamento, motivo pelo qual possui relevância: *a)* para aferir a existência do crime (não basta que a conduta seja típica e antijurídica, mas deve também ser culpável e atribuível ao agente); e *b)* como critério para determinar a aplicação da pena (função de medição da pena).

Por força deste princípio é que não se admite a responsabilidade penal objetiva, muito embora o ordenamento jurídico pátrio ainda apresente alguns resquícios dessa espécie de responsabilidade, a saber:

a) crime de rixa qualificada (CP, art. 137, parágrafo único): mesmo que não tenha concorrido para o resultado morte, o agente que participou da rixa terá a pena qualificada.

b) teoria da *actio libera in causa*: cometimento de infração penal em estado de embriaguez voluntária ou culposa.

2.2.14 Princípio do *ne bis in idem*

O ordenamento jurídico pátrio proíbe a dupla punição pelo mesmo fato, por força do princípio do *ne bis in idem*. Ninguém pode ser processado duas vezes pela prática do mesmo crime. Impede-se, pois, a dupla valoração do mesmo fato. Está previsto no art. 8, n° 4, da Convenção Americana de Direitos Humanos de 1969 (Pacto de San José da Costa Rica, inserido no ordenamento jurídico brasileiro por meio do Decreto n° 678/1992).

Atenção!

Com fundamento neste postulado, o **Superior Tribunal de Justiça** editou a **Súmula n° 241**: "*A reincidência penal não pode ser considerada como circunstância agravante e, simultaneamente, como circunstância judicial*".

Atenção!

De acordo com a tranquila jurisprudência do Supremo Tribunal Federal, a circunstância agravante da reincidência não ofende o princípio do *ne bis in idem*.

2.2.15 Princípio da insignificância ou da bagatela

O Direito Penal não pode (e nem deve) se ocupar com as condutas que não causam efetiva lesão nem geram perigo de lesão ao bem jurídico tutelado. Esse postulado funciona como verdadeira **causa de exclusão da tipicidade material**. Trata-se, pois, de interpretação restritiva do tipo penal.

De acordo com o Supremo Tribunal Federal, são quatro os **requisitos objetivos** que autorizam a aplicação do princípio da insignificância, a saber: *a)* mínima ofensividade da conduta do agente; *b)* nenhuma periculosidade social da ação; *c)* reduzidíssimo grau de reprovabilidade do comportamento; e *d)* inexpressividade da lesão jurídica provocada. Além desses requisitos de ordem objetiva, também devem ser considerados os **requisitos subjetivos**, tais como a condição econômica da vítima, o valor sentimental do bem e as circunstâncias da infração penal. Para o STJ também a reincidência habitual, além da reiteração e maus antecedentes impedem a aplicação da insignificância, sobretudo em crimes de furto.

Atenção!

Aplica-se o princípio da insignificância nos crimes praticados contra a **Administração Pública?** A respeito da temática, o **Superior Tribunal de Justiça** editou a **Súmula nº 599**: *"O princípio da insignificância é inaplicável aos crimes contra a Administração Pública"*. Isso porque a norma penal busca proteger não só o patrimônio, mas também a moral administrativa. Há julgados do Supremo Tribunal Federal, no entanto, em sentido contrário, cujo posicionamento encontra apoio de parcela da doutrina.

Atenção!

Não se aplica o princípio da insignificância nos crimes praticados com emprego de violência ou grave ameaça à pessoa, ainda que o bem não possua valor econômico significativo.

Atenção!

Aplica-se o princípio da insignificância nos crimes inscritos na Lei de Drogas? Entende-se majoritariamente que não, já que os delitos de tráfico ilícito de drogas e de porte para consumo pessoal são de perigo abstrato e protegem a saúde pública, sendo desimportante a quantidade de entorpecente apreendida.

Atenção!

Pode o Delegado de Polícia Judiciária Civil valorar o caso concreto e aplicar o princípio da insignificância, deixando, assim, de lavrar o flagrante? Há dois posicionamentos, a saber: *a)* a autoridade policial pode sim valorar o postulado no caso concreto, já que o princípio está umbilicalmente vinculado à própria tipicidade do comportamento humano. Se não há tipicidade material, não há que se falar em crime, pelo que não é cabível a prisão em flagrante (MASSON, 2020); e *b)* a autoridade policial não pode aplicar o princípio no caso concreto, pois a Constituição Federal confiou ao Ministério Público, com exclusividade, a promoção da ação penal (CF, art. 129, inciso I).

3

Fontes do Direito Penal

3.1 Fontes do Direito Penal

Como a própria nomenclatura induz, fonte é o local de onde brota o Direito Penal. É o seu nascedouro. São duas as fontes do Direito Penal, a saber:

a) **material (substancial ou de produção)**: é aquela que diz respeito à produção da norma, ou seja, ao órgão encarregado da criação da lei penal. Por força constitucional, a fonte material do Direito Penal é a União, já que é o ente a quem compete privativamente legislar sobre a matéria (CF, art. 22, inciso I). Excepcionalmente, porém, também pode ser o Estado-membro, desde que sobre questão específica de Direito Penal e autorizado por Lei Complementar. Trata-se, pois, de competência legislativa suplementar (CF, art. 22, parágrafo único).

b) **formal (cognitiva ou de conhecimento)**: é aquela que diz respeito à revelação do Direito Penal. É a forma pela qual o próprio Direito Penal é exteriorizado. Pode ser:
- **imediata:** é a lei, já que somente a lei pode criar infrações penais e cominar as respectivas sanções, por força do que dispõe o princípio da reserva legal (CF, art. 5º, inciso XXXIX; e CP, art. 1º).

- **mediata (secundária):** são a Constituição Federal, a jurisprudência, a doutrina, os tratados e convenções internacionais de direitos humanos, os costumes, os princípios gerais do direito, os atos administrativos e a analogia *in bonam partem*.

Atenção!

A doutrina penal mais moderna, a exemplo de Rogério Sanches Cunha, rompendo com a tradicional classificação trazida pela doutrina em geral, também tem apontado como **fontes imediatas** do Direito Penal a Constituição Federal, os tratados e convenções internacionais de direitos humanos, a jurisprudência (por conta das súmulas vinculantes), os princípios e os complementos da norma penal em branco (CUNHA, 2020).

Atenção!

Os costumes não podem criar infrações penais, por força do que dispõe o princípio da reserva legal (CF, art. 5º, inciso XXXIX; e CP, art. 1º). Não se admite, pois, o "costume incriminador".

Atenção!

Na acepção do termo, de acordo com o nosso dicionário, fala-se em **desuetudo** "quando uma lei deixa de ser aplicada por já não corresponder à realidade em que se insere" (desuso). Trata-se, pois, do **costume *contra legem* (negativo)**, ou seja, aquele contrário à própria lei. Exemplo apontado em doutrina é a contravenção penal do jogo do bicho (LCP, art. 58). Não se admite, no entanto, que um costume possa revogar uma lei ("costume abolidor"), já que, por incidência do princípio da continuidade das leis, somente uma lei pode revogar outra lei (LINDB, art. 2º, § 1º).

4

Teoria Geral da Lei Penal

4.1 Conceito

Conforme os ensinamentos de *Luiz Regis Prado:*

> A lei, em sentido técnico-jurídico, deve ser entendida como uma fonte do Direito positivo, um meio ou instrumento, com caracteres específicos, de produção de normas jurídicas. É ela um modo de revelação ou de exteriorização da norma. Nesse contexto, anote-se ser a lei *formal* a principal fonte normativa na área penal, sendo, inclusive, a única em se tratando de norma incriminadora (que cria o injusto penal e fixa-lhe a sanção correspondente) e de norma que de qualquer forma agrave a pena ou seja prejudicial ao réu (art. 5º, XXXIX, CF; art. 1º, CP) (PRADO, 2019).

4.2 Classificação

Fonte formal imediata do Direito Penal, a lei penal pode ser assim classificada:

a) **incriminadora**: é aquela que cria uma infração penal e comina a respectiva sanção. A lei penal incriminadora é estruturada em duas partes, a saber: *a)* preceito primário (descrição da conduta); e *b)* preceito secundário (sanção penal). Exemplo: o art. 121, *caput*, do Código Penal, é uma lei penal incriminadora que define o delito de homicídio simples: "matar alguém" (preceito primário – descrição do comportamento humano); e "reclusão, de 6 (seis) a 20 (vinte) anos" (preceito secundário – pena).

b) **não incriminadora:** é toda aquela que não cria infração penal nem comina sanção. Trata-se, pois, de conceito obtido por exclusão. Pode ser subdivida em:

- **permissiva:** é aquela que autoriza a prática de determinada conduta típica. Como exemplos dessa espécie de lei penal, podemos citar o art. 23 (causas excludentes de ilicitude) e o art. 128 (não punição do aborto praticado por médico em determinadas e específicas hipóteses) do Código Penal.
- **exculpante**: é aquela que exclui a culpabilidade do agente. Exemplo de uma lei penal não incriminadora exculpante é o art. 26 do Código Penal, que assim estabelece: *"É isento de pena o agente que, por doença mental ou desenvolvimento mental incompleto ou retardado, era, ao tempo da ação ou da omissão, inteiramente incapaz de entender o caráter ilícito do fato ou de determinar-se de acordo com esse entendimento".*
- **interpretativa**: é aquela que traduz e também aclara o significado de outra lei penal. Como exemplo, podemos indicar: *a)* art. 150, § 4º, do Código Penal, cujo dispositivo veicula como deve ser entendida a expressão "casa"; e *b)* art. 327 do Código Penal, que consagra, para os efeitos penais, o conceito de "funcionário público".
- **complementar**: é aquela que determina e delimita o alcance de validade da lei penal incriminadora. Como exemplo, podemos destacar o art. 2º (lei penal do tempo) e o

art. 5º (lei penal no espaço) do Código Penal.
- **diretiva:** é aquela que consagra expressamente um postulado principiológico. Exemplo largamente apontado em doutrina é o art. 1º do Código Penal, cujo comando consagra expressamente os princípios da reserva legal e da anterioridade.
- **de extensão (ou integrativa):** é aquela que promove a denominada adequação típica mediata e viabiliza a tipicidade de alguns fatos, sem o que, as condutas seriam atípicas. Exemplos são as normas atinentes à tentativa (CP, art. 14, inciso II) e à participação (CP, art. 29).
c) **completa:** é aquela em que todos os elementos da conduta criminosa estão revelados no tipo. Não há qualquer necessidade de complementação. É a chamada **"lei penal em preto"**. Exemplo: art. 155 do Código Penal (crime de furto).
d) **incompleta:** é aquela em que a conduta criminosa, para ser exatamente entendida, depende de complementação que, frise-se, pode decorrer de uma outra lei ou de um ato administrativo. É a chamada **"lei penal em branco"**. Exemplo: o art. 33, *caput*, da Lei Federal nº 11.343/2006, define o crime de tráfico ilícito de entorpecentes. Essa lei penal incriminadora, após veicular os 18 (dezoito) verbos nucleares, usa a expressão "drogas", cujas substâncias estão elencadas (e definidas) em uma Portaria editada pela Agência Nacional de Vigilância Sanitária (ANVISA).

4.3 Lei penal em branco

A **"lei penal em branco"**, também denominada de **"lei cega"** ou **"lei aberta"**, é aquela lei penal incriminadora de preceito primário incompleto, embora seja completo o seu preceito secundário.

Divide-se em:

a) **homogênea (ou em sentido amplo)**: o complemento do preceito primário provém de uma outra lei, ou seja, ambas possuem a mesma natureza jurídica. Se essa lei complementadora estiver no mesmo diploma normativo da lei a ser complementada, fala-se em **"lei penal em branco homogênea homovitelina"**. Se estiver em outro diploma normativo, fala-se em **"lei penal em branco homogênea heterovitelina"**. Exemplo: o art. 237 do Código Penal reclama a complementação do art. 1.521 do Código Civil.

b) **heterogênea (ou em sentido estrito)**: o complemento do preceito primário provém de um ato administrativo (o complemento possui natureza jurídica diversa). Exemplo: os crimes inscritos na Lei Federal nº 11.343/2006 são complementados por uma Portaria da Agência Nacional de Vigilância Sanitária (ANVISA).

Atenção!

O que se entende por **"lei penal em branco inversa (ao avesso)"**? É a lei penal incriminadora cujo preceito primário é completo, porém o preceito secundário reclama complementação. Nessa hipótese, o complemento deve vir obrigatoriamente de outra lei, por força do que dispõe o princípio da reserva legal, já que somente a lei pode prever e veicular sanção penal. Exemplo: Lei Federal nº 2.889/1956 (Lei do Genocídio).

Atenção!

O que se entende por **"lei penal em branco ao quadrado"**? É aquela que exige complementos sucessivos e que se integram continuadamente. Em síntese: é a lei duplamente em branco. Exemplo: crime de dispensa indevida de licitação (art. 337-E do Código Penal, introduzido pela Lei Federal nº 14.133/2021, cuja infração penal depende da análise de dois complementos. Com efeito, deve-se analisar, por primeiro, a norma básica que estabelece os limites para a dispensa da licitação (Lei Federal nº 14.133/2021, arts. 74 e 75), para, somente depois, analisar a extrapolação dos limites dos valores fixados anualmente pelo Executivo.

4.4 Características

A lei penal possui as seguintes características:

a) **exclusividade**: só a lei penal pode criar infração penal e prever a respectiva sanção penal.

b) **imperatividade**: a lei penal é de observância obrigatória. Tanto assim que o seu descumprimento acarreta a imposição de sanção penal (pena ou medida de segurança).

c) **generalidade**: a lei penal é geral, ou seja, destina-se a todos indistintamente.

d) **impessoalidade:** a lei penal é impessoal, ou seja, direciona-se abstratamente para alcançar fatos futuros (e não para punir determinado indivíduo).

4.5 Interpretação

4.5.1 Considerações iniciais

Interpretar a lei é determinar e alcançar o seu preciso significado. Via de regra, a lei é clara e não reclama qualquer trabalho interpretativo, ou seja, o seu significado é obtido por intermédio da própria literalidade de seus termos, cuja ideia é sintetizada pelo brocardo latino *lex clara non indiget interpretatione* ("a lei clara não necessita de interpretação"). Acontece, porém, que, por ser abstrata, pode ser que a lei precise, por vezes, ser sim interpretada, máxime quando o legislador peca na redação no texto (imperfeições, falta de técnica, conceitos vagos ou porosos, ambiguidade ou textura aberta da linguagem etc.).

De acordo com *Washington de Barros Monteiro*, interpretar uma lei "é determinar-lhe com exatidão seu verdadeiro sentido, descobrindo os vários elementos significativos que entram em sua compreensão e reconhecendo todos os casos a que se estende sua aplicação" (MONTEIRO, 1979). E bem adverte *Nelson Hungria* no sentido de que, "como toda norma jurídica, a norma penal não pode prescindir do processo exegético, tendente a explicar-lhe o verdadeiro sentido, o justo pensamento, a real vontade, a exata razão finalística, quase nunca devidamente expressos com todas as letras" (HUNGRIA; FRAGOSO, 1976).

4.5.2 Classificação

A comunidade jurídica tem classificado a interpretação da lei penal a partir de distintos critérios. Vejamos, pois.

4.5.2.1 *Quanto à origem (às fontes)*

A interpretação pode ser:

a) **autêntica**: é aquela dada pela própria lei, ou seja, a intervenção interpretativa provém do legislador. Exemplo: art. 150, §§ 4º e 5º, do Código Penal (conceito de "casa").

b) **doutrinária**: é aquela feita pelos juristas e estudiosos do direito por meio de suas obras, palestras etc.

c) **jurisprudencial**: é aquela feita pelos juízes e tribunais por meio de seus julgamentos, cuja interpretação pode ter efeito meramente persuasivo ou até mesmo vinculante (CF, art. 103-A).

4.5.2.2 Quanto aos meios

A interpretação pode ser:

a) **gramatical (literal ou filológica)**: é aquela feita por meio de uma simples análise literal e morfológica do texto normativo.

b) **teleológica**: é aquela feita com vistas a descobrir os fins a que se destina a norma, a ordem jurídica e as instituições. Busca-se verificar e extrair a própria "vontade objetiva da lei", voltada a proteção do bem jurídico.

c) **sistemática**: é aquela feita por meio da integração e harmonização da norma com todo o sistema jurídico (a norma é parte integrante de um sistema único).

d) **histórica**: é aquela feita com fundamento nos antecedentes históricos e nos motivos que conduziram à expedição da norma. Trata-se de analisar, pois, a discussão levada a efeito pelo legislador por ocasião da aprovação do texto legal.

4.5.2.3 Quanto ao resultado

A interpretação pode ser:

a) **declarativa**: é aquela em que a literalidade da lei encontra exata correspondência com o pensamento do legislador. Ou seja: o texto da lei expressa exatamente aquilo que o legislador pretendia dizer.

b) **extensiva (ampliativa)**: é aquela em que a letra da lei é mais estreita do que o pensamento do legislador e, bem por isso, em razão de uma notória irracionalidade, há necessidade de ampliar as hipóteses de alcance do texto normativo, a fim de evitar o escândalo interpretativo, como bem apregoam Eugenio Raúl Zaffaroni e José Henrique Pierangeli. Ou seja: o texto da lei expressa menos do que o legislador pretendia dizer. Exemplo: o art. 235 do Código Penal, ao tipificar o crime de bigamia, também alcançou, por óbvio, a poligamia.

c) **restritiva**: é aquela em que a letra da lei é mais ampla do que o pensamento do legislador e, assim, é necessário reduzir as hipóteses de alcance do texto normativo. Ou seja: o texto da lei expressa mais do que o legislador pretendia dizer.

4.6 Analogia

Analogia nada mais é do que uma forma de integração da lei (e não uma forma de interpretação). Trata-se de aplicar a uma hipótese não contemplada em lei um dispositivo legal regulamentador de um caso semelhante. A analogia tem por fim, pois, preencher as lacunas da lei, fundamentando-se no brocardo *ubi eadem ratio, ibi eadem jus* (onde existe a mesma razão, aí se aplica o mesmo direito). Em Direito Penal, **permite-se apenas a analogia *in bonam partem*** (em benefício do agente), **restando-se absolutamente proibida, pois, a analogia *in malam partem*** (em prejuízo do agente). Daí porque não se admite o recurso da analogia em lei penal incriminadora, pois que, além de configurar hipótese de analogia *in malam partem*, estar-se-ia ferindo de morte o princípio da reserva legal (não há crime sem lei que o defina).

> **Atenção!**
>
> O art. 37 da Lei de Drogas tipifica como crime a conduta de "*colaborar, como informante, com grupo, organização ou associação destinados à prática de qualquer dos crimes previstos nos arts. 33, caput e § 1º, e 34 desta Lei*". O legislador criminaliza neste tipo penal o comportamento desenvolvido pelo "fogueteiro" (aquele responsável por disparar fogos de artifício ou empinar pipas com o propósito de sinalizar a chegada de agentes policiais ao morro). Anote-se que a lei penal incriminadora se utiliza da expressão "grupo, organização ou associação", nada mencionando a respeito da colaboração, como informante, com um único traficante. Nesse caso, o "fogueteiro" responderia, pelo menos em tese, pelo crime de tráfico ilícito de drogas, por força da norma de extensão inscrita no art. 29 do Código Penal (concurso de pessoas). Acontece, porém, que, para evitar tratamento penal mais gravoso àquele que desenvolve o mesmíssimo comportamento contemplado em lei para situação semelhante, a jurisprudência tem entendido que **é perfeitamente possível a aplicação da analogia *in bonam partem*,** com a conclusão de que o crime descrito no art. 37 da Lei de Drogas alcança também a conduta daquele que colabora, como informante, com o traficante individual (TJ/SC – Apelação Criminal nº 0001592-34.2017.8.24.0004 – 2ª Câmara Criminal – Relator Desembargador Sérgio Rizelo – Julgamento em 21.08.2018).

> **Atenção!**
>
> Analogia e interpretação analógica (*intra legem*) são conceitos distintos e inconfundíveis.
> Para Ordeig, "a delimitação entre ambas se faz, efetivamente, quando se pensa no 'sentido literal possível'. Na interpretação analógica se trata de determinar o que diz o Direito Penal em relação a uma questão duvidosa recorrente à comparação com outras figuras delitivas ou

instituições penais similares. A interpretação analógica pode estender ou restringir o comportamento punível. Porém, tanto restringindo como estendendo deve manter-se sempre dentro do marco do 'sentido literal possível'. Assim sendo, este tipo de interpretação não viola o princípio da legalidade. A analogia (proibida), ao contrário, viola esse princípio, pois, também com base na comparação com figuras penais similares, chega-se a um resultado que excede os limites impostos pela letra da lei" (GIMBERNAT ORDEIG, 2002). Assim, fala-se em **interpretação analógica** toda vez que o legislador, após lançar mão de uma fórmula exemplificativa, adota uma expressão genérica, autorizando uma interpretação da norma até o sentido literal possível e encaixar nela outras hipóteses concretas. Exemplo: o art. 121, § 2º, inciso I, define que o crime de homicídio será qualificado quando praticado mediante paga, promessa de recompensa ou por qualquer outro motivo torpe (essa última expressão genérica deve ser interpretada analogicamente, pelo que devem ser considerados como "torpe" todos aqueles motivos equivalentes aos mencionados exemplificativamente).

5

Esfera temporal da lei penal

5.1 Considerações iniciais

"*A lei começa a vigorar em todo o país quarenta e cinco dias depois de oficialmente publicada*" (LINDB, art. 1º). E depois que a lei penal ingressa no ordenamento jurídico, vigora até que seja revogada (total ou parcialmente; e expressa ou tacitamente) por uma outra lei, por força do que dispõe o princípio da continuidade das leis (LINDB, art. 2º).

Como regra geral, aplica-se a lei penal que estava em vigor no exato instante da prática do comportamento criminoso (*tempus regit actum*). Porém, por conta da sucessão de leis penais no tempo, e em atenção aos mandamentos constitucional e legal pertinentes (CF/88, art. 5º, inciso XL; e CP, art. 2º e art. 3º), situações excepcionais há em que se aplica uma lei a um fato praticado sob a égide de uma outra lei. A regra geral, portanto, é a denominada "atividade" da lei, ou seja, uma lei é aplicada a todos os fatos cometidos durante o período de sua vigência. Excepcionalmente, todavia, fala-se na chamada "extra-atividade" da lei, ou seja, uma lei é aplicada a fatos cometidos antes de sua entrada em vigor ("retroatividade") ou depois de cessada a sua vigência ("ultra-atividade").

5.2 Conflito de leis penais no tempo

O Direito Penal intertemporal busca justamente equacionar, por intermédio de suas regras e princípios, o conflito de leis penais no tempo.

Vejamos, pois, as seguintes hipóteses:

a) **a lei penal posterior extingue uma figura criminosa (*abolitio criminis*):** trata-se de hipótese em que uma lei posterior deixa de considerar como infração penal um comportamento que até então era tipificado pela lei anterior, ou seja, é a lei posterior extintiva de um crime ou de uma contravenção penal (lei supressiva de incriminação). Daí falar-se em descriminalização. Por ser uma lei mais benéfica, possui efeito retroativo, cuja consequência é a extinção da punibilidade (CP, art. 107, inciso III). De acordo com o art. 2º, *caput*, do Código Penal, "ninguém pode ser punido por fato que lei posterior deixa de considerar crime, cessando em virtude dela a execução e os efeitos penais da sentença condenatória". Vale dizer: uma vez operada a *abolitio criminis*, todos os efeitos penais da condenação (principal e secundários) são extintos (apagados), remanescendo, contudo, os efeitos secundários de natureza extrapenal. Exemplo: o crime de adultério, tipificado no art. 240 do Código Penal, foi abolido pela Lei Federal nº 11.106/2005, cuja conduta, desde então, não é mais considerada um ilícito penal.

Atenção!

Abolitio criminis e continuidade normativo-típica são fenômenos jurídicos inconfundíveis, senão vejamos. Na ***abolitio criminis***, a conduta é descriminalizada (suprimida material e formalmente do ordenamento jurídico). O comportamento humano deixa de ser considerado como sendo uma infração penal. Exemplo: crimes de rapto consensual e adultério. Na **continuidade normativo-típica**, a conduta não é descriminalizada, ou seja, não é suprimida do ordenamento jurídico. O que ocorre é apenas uma mudança do "endereço" da tipicidade, de modo que o conteúdo normativo (penal) é preservado e deslocado para outro dispositivo legal. O já revogado art. 214 do Código Penal criminalizava o crime de atentado violento ao pudor, cujo comportamento, a partir do advento da Lei Federal nº 12.015/2009, passou a encontrar adequação típica no art. 213 do mesmo diploma legal (alteração apenas da "ilha de tipicidade"). A Lei Federal nº 13.654/2018 não descriminalizou o roubo com emprego de arma de fogo, já que essa conduta, antes tipificada no art. 157, § 2º, inciso I, do Código Penal, agora está criminalizada no § 2º-A do mesmo dispositivo legal, cujo comando fora adicionado pela referida legislação. Não há falar-se, portanto, em *abolitio criminis* no que se refere ao roubo com o emprego de arma de fogo, mas, sim, em continuidade normativa típica, já que a conduta permaneceu sendo considerada criminosa por força de outro dispositivo legal.

b) **a lei penal posterior é de alguma forma mais benéfica ao agente (*novatio legis in mellius*)**: trata-se de hipótese em que uma lei posterior favoreça a posição jurídica do agente de qualquer forma (***lex mitior***). Por ser uma lei mais benéfica, possui efeito retroativo. Nos termos do que apregoa o art. 2º, parágrafo único, do Código Penal, "*a lei posterior, que de qualquer modo favorecer o agente, aplica-se aos fatos anteriores, ainda que decididos por sentença condenatória transitada em julgado*". Diferencia-se da *abolitio criminis*, uma vez que aqui não é a conduta, mas, sim, outras circunstâncias que são modificadas pela nova lei, como penas, minorantes, tempo de prescrição etc.

Atenção!

A aplicação da lei penal posterior nessas duas primeiras hipóteses (*abolitio criminis* e *novatio legis in mellius*) será feita pelo: *a)* juízo competente para o julgamento da causa, se a respectiva ação penal ainda estiver em trâmite (antes do trânsito em julgado); ou *b)* juízo da execução penal, se o édito condenatório for definitivo (depois do trânsito em julgado), por força da orientação persuasiva inscrita na **Súmula n° 611 do Supremo Tribunal Federal**: *"Transitada em julgado a sentença condenatória, compete ao juízo das execuções a aplicação de lei mais benigna".*

Atenção!

É possível a combinação de leis penais (*lex tertia*) com o fim de beneficiar o agente? A questão é polêmica e espinhosa. Há entendimento doutrinário no sentido de que seria sim possível, pois o julgador, podendo o todo, poderia escolher apenas a parte mais benéfica desse todo (não se trata da criação de uma terceira lei, senão uma integração normativa), por força do princípio da extra-atividade da *lex mitior*. **Prevalece a posição, no entanto, de que não é possível a combinação de leis**, sob pena de admitir-se a criação, pelo julgador, de uma terceira lei. E o Poder Judiciário não pode criar uma "lei mista", sob pena de ofensa ao princípio da separação dos poderes. É o entendimento adotado pelo **Superior Tribunal de Justiça**, que, ao enfrentar a temática, editou a **Súmula n° 501**: *"É cabível a aplicação retroativa da Lei n. 11.343/2006, desde que o resultado da incidência das suas disposições, na íntegra, seja mais favorável ao réu do que o advindo da aplicação da Lei n. 6.368/1976, sendo vedada a combinação de leis".*

Atenção!

Na hipótese de sucessão de leis penais, e se o magistrado não conseguir identificar qual é a mais benéfica para o réu? De acordo com Nelson Hungria, citando dispositivos dos Códigos mexicano e espanhol, em caso de dúvida sobre qual seja a lei mais favorável, o réu deverá ser ouvido a respeito (HUNGRIA, 1958).

c) **a lei penal posterior é de alguma forma mais prejudicial ao agente (*novatio legis in pejus*)**: trata-se de hipótese em que uma lei posterior agrava a situação jurídica do agente de qualquer forma (*lex gravior*). Por ser uma lei mais gravosa, não possui efeito retroativo. Nesse caso, a lei anterior (*lex mitior*) continuará alcançando todos os fatos praticados durante o período de sua vigência (efeito ultra-ativo).

Atenção!

Em se tratando de **crime permanente**, acaso a execução delitiva se inicie sob a égide de uma lei e continue se prolongando até que vigore uma outra lei, aplicar-se-á ao caso concreto essa última lei, ainda que mais gravosa ao agente. O mesmo raciocínio deve ser aplicado aos crimes praticados em continuidade delitiva (**crime continuado**). A respeito da temática, **editou o Supremo Tribunal Federal a Súmula n° 711**: "*A lei penal mais grave aplica-se ao crime continuado ou ao crime permanente, se a sua vigência é anterior à cessação da continuidade ou da permanência*".

Atenção!

De acordo com o Supremo Tribunal Federal, a lei nova que agrava a aplicação do regime de pena para o réu é considerada norma material e, portanto, não terá aplicação retroativa.

---

d) **a lei penal posterior cria uma nova figura criminosa (*novatio legis* incriminadora)**: trata-se de hipótese em que uma lei posterior cria uma nova infração penal ao tipificar um determinado comportamento humano que até então era indiferente à luz do Direito Penal. Por ser uma lei mais gravosa, não possui efeito retroativo. Exemplo: a Lei Federal n° 13.718, de 24 de setembro de 2018, criou o crime de "divulgação de cena de estupro ou de cena de estupro de vulnerável, de cena de sexo ou de pornografia" (CP, art. 218-C).

5.3 Leis penais de vigência temporária

O art. 3º do Código Penal dispõe que a *"lei excepcional ou temporária, embora decorrido o período de sua duração ou cessadas as circunstâncias que a determinaram, aplica-se ao fato praticado durante sua vigência"*. "Lei penal de vigência temporária", portanto, é gênero que comporta duas espécies, a saber:

a) **lei temporária:** é aquela que tem o período/prazo certo para sua vigência previamente estabelecido, ou seja, já possui uma data final certa em que será revogada. Exemplo: art. 36 da Lei Federal nº 12.663/2012 (os tipos penais ali previstos tiveram vigência até o dia 31 de dezembro de 2014).

b) **lei excepcional**: é aquela editada para vigorar apenas durante um determinado período de anormalidade, como guerra, surto epidêmico etc.

c) E por força expressa, essas leis de vigência temporária são dotadas de:

d) **efeito ultra-ativo**, pois serão sempre aplicadas aos fatos praticados durante o período em que vigoraram, mesmo que já tenham sido revogadas e ainda que mais gravosas ao agente (mitigação do princípio da retroatividade da lei penal mais benéfica); e

e) **autorrevogabilidade**, eis que perdem a sua vigência de forma automática, ou seja, sem que sejam revogadas por uma outra lei (mitigação do princípio da continuidade das leis). A lei temporária se autorrevoga no dia estipulado em seu texto normativo; e a lei excepcional, quando cessado o período de anormalidade.

5.4 Conflito aparente de leis penais

Fala-se em conflito aparente de leis quando há duas ou mais normas (pluralidade) que, a princípio e aparentemente, regulam um mesmo comportamento ilícito, cuja conduta, em verdade, é disciplinada por apenas um desses dispositivos legais. E esse conflito aparente é equacionado por intermédio de quatro princípios. Vejamos, pois:

5.4.1 Princípio da especialidade

A lei especial prevalece sobre a geral (*lex specialis derrogat generali*). Considera-se como especial aquela norma que, além de possuir todos os elementos da norma geral, ainda contém alguns outros elementos, de natureza objetiva ou subjetiva (os denominados "especializantes"). Trata-se de uma valoração feita abstratamente (simples comparação entre as normas feita no plano abstrato, a fim de averiguar qual delas possui elementos especiais), em nada se relacionando com a maior ou menor gravidade do crime. Exemplo: o crime de infanticídio (CP, art. 123), além de possuir os elementos do delito de homicídio (CP, art. 121), ainda contém elementos "especializantes" ("sob a influência do estado puerperal, o próprio filho, durante o parto ou logo após"). Nota-se que a pena prevista em abstrato para o crime de infanticídio é menor do que aquela prevista para o delito de homicídio (e nem por isso deixa de ser considerada uma norma especial nessa comparação).

5.4.2 Princípio da subsidiariedade

A lei primária ou principal prevalece sobre a lei secundária ou subsidiária (*lex primaria derrogat subsidiariae*). A norma subsidiária é aquela que descreve um comportamento menos amplo e menos grave que, não obstante esteja tipificado de forma autônoma, encontra-se inserido como parte integrante de um comportamento mais amplo e mais grave definido como crime por uma outra lei (norma principal). A norma subsidiária, por ser menos ampla, funciona como um "soldado de reserva" (terminologia consagrada por Nélson Hungria), aplicando-se apenas àqueles fatos que não se encaixaram na norma de maior amplitude (principal). Trata-se, pois, de uma apreciação feita concretamente (e não no plano abstrato).

E a subsidiariedade pode ser:

a) **expressa ou explícita:** o próprio texto normativo já acusa o seu caráter subsidiário, pelo que consagra expressamente a ideia de que somente terá aplicação se o fato não constituir infração mais grave. Exemplo: art. 132 do Código Penal.

b) **tácita ou implícita**: o texto normativo é silente, cabendo ao intérprete verificar a subsidiariedade no caso concreto (relação de conteúdo e continente). Exemplo: o crime de constrangimento ilegal (CP, art. 146) é uma das partes integrantes do crime de roubo (CP, art. 157), pelo que ficará então por esse absorvido.

5.4.3 Princípio da consunção

Fala-se em consunção quando um comportamento definido como crime funciona como preparação, execução ou mero exaurimento (*post factum*) de uma outra infração mais ampla e mais grave, restando-se, assim, por essa absorvida (*lex consumens derogat legi consumpta*).

Atenção!

Na **subsidiariedade**, como já dito alhures, **comparam-se as normas** (a mais ampla absorve a de menor amplitude). Já **na consunção**, diferentemente, **comparam-se os fatos** (o mais amplo consome o de menor amplitude).

São três as hipóteses de aplicação do princípio da consunção, a saber:

a) **crime progressivo**: fala-se em crime progressivo quando o agente, desejando desde o princípio a produção do resultado mais grave, pratica diversos e sucessivos atos direcionados à violação cada vez maior do bem jurídico tutelado. Exemplo: o agente, com a intenção de matar, desfere vários golpes de faca contra o ofendido. Note-se que as diversas lesões corporais (crime de passagem) ficam consumidas pelo resultado mais grave (morte), pelo que responderá o agente, portanto, apenas pelo delito de homicídio.

b) **progressão criminosa**: comporta três diferentes espécies, a saber:

- **progressão criminosa em sentido estrito:** fala-se em progressão criminosa *stricto sensu* quando o agente, inicialmente, quer e deseja um resultado menos grave, porém, depois de alcançá-lo, muda de ideia (alteração do dolo) e decide continuar violando o bem jurídico tutelado até a produção de um resultado mais grave. Exemplo: o agente, com a intenção de provocar apenas lesão corporal, dispara com arma de fogo e atinge o pé da vítima, porém, ao vê-la caída, altera o seu dolo e decide matá-la, pelo que dispara por tantas outras vezes na cabeça do ofendido, provocando-lhe, assim, a sua morte.

Atenção!

No **crime progressivo**, há unidade de elemento subjetivo (desde o início o agente quer a produção do resultado mais grave) e pluralidade de atos (o agente pratica apenas um crime por intermédio de vários atos). Já **na progressão criminosa em sentido estrito**, diferentemente, há pluralidade de elementos subjetivos (no início o agente deseja a produção do resultado menos grave e, depois de já produzido esse resultado, passa a atuar com vistas a provocar o resultado mais grave) e pluralidade de fatos (o agente pratica efetivamente dois crimes).

- **fato anterior não punível (*ante factum* impunível)**: fala-se em *ante factum* impunível para referir-se àquele fato anterior de menor gravidade praticado pelo agente como meio necessário para o cometimento de outro de maior gravidade, ficando, pois, por esse consumido. Note-se que o crime anterior menos grave integra a fase de preparação ou de execução do crime posterior mais grave.

Atenção!

A **Súmula nº 17 do Superior Tribunal de Justiça** é assim ementada: *"Quando o falso se exaure no estelionato, sem mais potencialidade lesiva, é por este absorvido"*. Grande parte da doutrina critica esse verbete por evidente equívoco jurídico, já que prevê hipótese de absorção do crime mais grave (falso) pelo crime menos grave (estelionato).

- **fato posterior não punível (*post factum* impunível)**: fala-se em *post factum* impunível para referir-se àquele novo ataque ao mesmo bem jurídico (e da mesma vítima) feito pelo agente depois de já tê-lo violado anteriormente. Esse fato posterior é mero exaurimento da conduta mais grave praticada anteriormente. Exemplo: o agente, depois de já ter subtraído uma motocicleta, decide atear fogo nesse veículo automotor, causando, pois, dano considerável (o crime de dano é consumido pelo delito de furto).

c) **crime complexo**: entende-se por crime complexo como sendo aquele resultante da união de dois ou mais crimes autônomos. Esses delitos autônomos, que funcionam como elementares ou circunstâncias do crime complexo, ficam por esses absorvidos, já que juntos passam a compor essa outra figura criminal unitária complexa. Exemplo: o crime de latrocínio (CP, art. 157, § 3º, II) nada mais é do que a fusão dos crimes de roubo (CP, art. 157) e homicídio (CP, art. 121).

5.4.4 Princípio da alternatividade

A bem da verdade, esse princípio não se presta a solucionar um conflito aparente de normas, senão um conflito dentro de uma mesma e única norma. Esse princípio tem aplicação aos denominados "tipos mistos alternativos" (ou "crimes de ação múltipla" ou "crimes de conteúdo variado" ou "crimes plurinucleares"), assim entendidos aqueles em que a lei penal incriminadora descreve em seu texto diversas condutas (núcleos do tipo) separadas pela conjunção alternativa "ou", bastando um ou outro comportamento para que o crime seja considerado praticado. Tem-se hipótese de crime único se o agente praticar, no mesmo contexto fático, duas ou mais condutas descritas em lei. Exemplo: art. 122 do Código Penal (o agente comete um único crime se, logo depois de instigar a vítima, ainda lhe presta auxílio para o ato de autodestruição).

6

Tempo e lugar do crime

6.1 Tempo do crime

A fixação do tempo em que o crime se reputa praticado é de suma importância jurídica, pois interfere na definição a respeito da aplicação da lei penal (legislação mais ou menos benéfica para o agente), da imputabilidade penal do sujeito etc.

A respeito do momento do crime, há três teorias explicativas, a saber:

a) **teoria da atividade**: o crime reputa-se praticado no momento da conduta humana (ação ou omissão), ainda que outro seja o momento do resultado.

b) **teoria do resultado**: o crime reputa-se praticado no momento da produção do resultado.

c) **teoria da ubiquidade**: o crime reputa-se praticado tanto no momento da conduta humana (ação ou omissão) quanto no momento da produção do resultado.

O art. 4º do Código Penal cuida justamente do "tempo do crime", assim dispondo: "*Considera-se praticado o crime no momento da ação ou omissão, ainda que outro seja o momento do resultado"*. **Acolheu o Direito Penal brasileiro, portanto, a teoria da atividade.** E os reflexos práticos decorrentes da adoção desta teoria pela legislação penal podem ser assim exemplificados: *a)* o sujeito, um dia antes de completar 18 anos, desfere tiros contra a vítima, que somente vem a falecer depois de uma semana. Nesse caso, o agente não poderá ser responsabilizado criminalmente, pois, por ocasião da conduta, ainda era menor de idade e, portanto, inimputável; e *b)* o sujeito, um dia antes de completar 18 anos, sequestra a vítima, que somente vem a ser liberada depois de uma semana. Nesse caso, o agente será responsabilizado criminalmente, pois, por ocasião da conduta, já era maior de idade e, portanto, imputável (trata-se, aqui, de crime permanente, cujo momento consumativo se prolonga no tempo por vontade do infrator, ou seja, enquanto não cessada a situação danosa, o crime continua sendo considerado praticado).

6.2 Lugar do crime

A fixação do lugar em que o crime se reputa praticado também é de muita importância jurídica, porquanto interfere na definição a respeito da lei de qual país será aplicada.

A respeito do lugar do crime, também há três teorias explicativas, a saber:

a) **teoria da atividade**: o crime reputa-se praticado no local em que a conduta humana (ação ou omissão) desenvolveu-se.

b) **teoria do resultado**: o crime reputa-se praticado no local em que o resultado fora produzido ou então deveria produzir-se.

c) **teoria da ubiquidade**: o crime reputa-se praticado tanto no local em que a conduta humana (ação ou omissão) desenvolveu-se quanto naquele em que o resultado fora produzido ou então deveria produzir-se.

O art. 6º do Código Penal trata exatamente do "lugar do crime", assim dispondo: *"Considera-se praticado o crime no lugar em que ocorreu a ação ou omissão, no todo ou em parte, bem como onde se produziu ou deveria produzir-se o resultado"*. **O Direito Penal brasileiro adotou, portanto, a teoria da ubiquidade** (a adoção desta teoria serve para a definição da competência da justiça brasileira, embora, em virtude de convenções, tratados e regras de direito internacional, seja possível que o Brasil deixe de aplicar a sua lei penal aos crimes cometidos no território nacional).

Atenção!

O tema possui relevância apenas no que diz respeito aos denominados **"crimes a distância"** (ou **"crimes de espaço máximo"**), que são aqueles em que a conduta humana é praticada em um país com o resultado sendo produzido em um outro (exige-se, pois, a pluralidade de países). Exemplo: o agente dispara com arma de fogo e atinge a vítima na cidade de Porto Esperidião/MT, que vem a morrer dois dias depois na cidade boliviana de San Matías. Por força do art. 6º do Código Penal, o crime é considerado praticado tanto no Brasil quanto na Bolívia, pelo que é possível, assim, a aplicação da lei brasileira (princípio da territorialidade temperada ou mitigada adotado como regra). Os "crimes a distância" (ou "crimes de espaço máximo") não podem ser confundidos com os chamados **"crimes plurilocais"**. Aqui, a conduta humana é desenvolvida numa comarca e o resultado produzido em outra (exige-se, pois, pluralidade de comarcas, porém situadas no mesmo país). Estão sujeitos às regras de fixação de competência, cujas normas estão definidas no Código de Processo Penal (CPP, art. 69 e seguintes). Exemplo: o agente, imbuído de *animus necandi*, desfere pauladas na vítima na cidade de São

José do Rio Claro/MT, que vem a morrer alguns dias depois na cidade de Cuiabá/MT.

Atenção!

Para melhor memorizar as teorias adotadas pelo Código Penal a respeito do lugar e tempo do crime, a comunidade jurídica tem usado a seguinte expressão: **"LUTA" (Lugar = Ubiquidade / Tempo = Atividade)**.

7

Esfera espacial da lei penal

7.1 Considerações iniciais

Como parte essencial da soberania de um país, aplica-se em seu território a lei penal nele vigente. O território delimita a jurisdição que um Estado soberano tem para processar e julgar os crimes. Contudo, em alguns casos, há a necessidade de que a lei penal ultrapasse os seus limites territoriais para regular fatos ocorridos além de sua soberania. Neste contexto, fala-se em "lei penal no espaço" para referir-se ao estudo do campo de aplicação da lei penal. E antes de mais nada, como forma de melhor compreender a temática, é importante anotar três conceitos distintos, a saber:

a) **territorialidade**: diz respeito à aplicação da lei brasileira aos crimes praticados no território nacional.

b) **extraterritorialidade**: diz respeito à aplicação da lei brasileira aos crimes praticados em território estrangeiro.

c) **intraterritorialidade**: diz respeito à aplicação da lei estrangeira aos crimes praticados no território nacional.

O Código Penal adotou, como regra, o **princípio da territorialidade temperada (ou mitigada)**, de modo que, salvo as exceções previstas em lei, a lei brasileira será aplicada a todos os crimes que forem praticados no território nacional. Esta regra funda-se na soberania política do Estado. Frise-se, porém, que não há falar-se em territorialidade absoluta, justamente porque há ressalvas legais (e excepcionais) autorizadoras da aplicação da lei estrangeira ainda que o crime tenha sido praticado em território brasileiro **(princípio da intraterritorialidade)**, quando assim definir uma convenção ou um tratado de direito internacional (CP, art. 5°). Excepcionalmente, ainda, acolheu o Código Penal o **princípio da extraterritorialidade**, exatamente porque há hipóteses em que interessa ao Brasil punir o autor de uma infração penal praticada em território estrangeiro (CP, art. 7°).

7.2 Conceito de território brasileiro

O território brasileiro pode ser definido sob três diferentes aspectos, a saber:

a) **jurídico**: entende-se como sendo território nacional todo aquele espaço sujeito à soberania do Estado Brasileiro.

b) **físico (ou material)**: de acordo com as lições de *Paulo Bonavides*, entende-se como sendo território nacional "a terra firme, com as águas aí compreendidas, o mar territorial, o subsolo e a plataforma continental, bem como o espaço aéreo". Nota-se que, conforme dispõe o art. 1° da Lei Federal n° 8.617/1993, *"o mar territorial brasileiro compreende uma faixa de doze milhas marítima de largura, medidas a partir da linha de baixa-mar do litoral continental e insular".*

c) **extensivo (ou flutuante)**: nos termos do que apregoa o art. 5°, § 1°, do Código Penal, consideram-se como extensão do território nacional:

- as embarcações e aeronaves brasileiras, de natureza pública ou a serviço do governo brasileiro, onde quer que se encontrem; e
- as aeronaves e embarcações brasileiras, mercantes ou de propriedade privada, que se achem, respectivamente, no espaço aéreo correspondente ou em alto-mar.

Atenção!

Como já dito alhures, as embarcações e as aeronaves brasileiras, de natureza pública ou a serviço do governo brasileiro, são consideradas extensão do território nacional, onde quer que se encontrem. De igual forma, as embarcações e as aeronaves estrangeiras, de natureza pública ou a serviço do governo estrangeiro, são consideradas extensão do território estrangeiro. Decorrência, pois, do **princípio da reciprocidade**.

Atenção!

O art. 5°, § 2°, do Código Penal, ainda dispõe ser "*aplicável a lei brasileira aos crimes praticados a bordo de aeronaves ou embarcações estrangeiras de propriedade privada, achando-se aquelas em pouso no território nacional ou em voo no espaço aéreo correspondente, e estas em porto ou mar territorial do Brasil*". Exemplo: uma aeronave de companhia aérea privada italiana está em pouso no Aeroporto Internacional de São Paulo/Guarulhos "Governador André Franco Montoro", quando, então, um passageiro sueco mata um passageiro australiano com golpes de caneta. Nesse caso, aplicar-se-á a lei brasileira.

Atenção!

As **embaixadas**, não obstante sejam invioláveis (Convenção de Viena, art. 22, 1 – promulgada pelo Decreto Federal n° 56.435, de 08 de junho de 1965), **não são consideradas como extensão do território do país que representam**. Exemplo: a embaixada japonesa sediada no Brasil é território brasileiro. Assim, se um funcionário japonês matar ali um outro servidor, será aplicada a lei brasileira (princípio da territorialidade temperada ou mitigada adotado como regra geral), a não ser que haja alguma convenção ou algum tratado de direito internacional dispondo em sentido contrário (princípio da intraterritorialidade adotado como exceção).

Atenção!

O que se entende por direito de passagem inocente? A Lei Federal nº 8.617/1993, em seu art. 3º, reconhece "aos navios de todas as nacionalidades o direito de passagem inocente no mar territorial brasileiro". E a "passagem será considerada inocente desde que não seja prejudicial à paz, à boa ordem ou à segurança do Brasil, devendo ser contínua e rápida" (art. 3º, § 1º). Assim, se um crime ocorrer a bordo de uma embarcação privada estrangeira que esteja no mar territorial brasileiro, e essa embarcação estiver apenas de passagem (ou seja: usando o mar territorial brasileiro apenas como caminho para o seu destino final), não há falar-se em aplicação da lei brasileira, muito embora, frise-se, seja ali considerado território nacional (princípio da intraterritorialidade adotado como exceção).

7.3 Extraterritorialidade

Como já alhures, a extraterritorialidade nada mais é do que a aplicação da lei brasileira aos crimes praticados em território estrangeiro, cujas hipóteses encontram-se elencadas no art. 7º do Código Penal e podem assim ser sintetizadas:

a) **extraterritorialidade incondicionada (CP, art. 7°, inciso I)**: a lei brasileira será aplicada **independentemente de qualquer condição** e ainda que o agente infrator tenha sido absolvido ou condenado no estrangeiro (CP, art. 7°, § 1°), nos crimes: *a)* contra a vida ou a liberdade do Presidente da República (princípio da proteção ou da defesa); *b)* contra o patrimônio ou a fé pública da União, do Distrito Federal, de Estado, de Território, de Município, de empresa pública, sociedade de economia mista, autarquia ou fundação instituída pelo Poder Público (princípio da proteção ou da defesa); *c)* contra a administração pública, por quem está a seu serviço (princípio da proteção ou da defesa); e *d)* de genocídio, quando o agente for brasileiro ou domiciliado no Brasil (princípio da justiça universal).

b) **extraterritorialidade condicionada (CP, art. 7°, inciso II)**: a lei brasileira será aplicada **desde que presentes determinadas condições**, nos crimes: *a)* que, por tratado ou convenção, o Brasil obrigou-se a reprimir (princípio da justiça universal); *b)* praticados por brasileiro (princípio da nacionalidade ativa); e *c)* praticados em aeronaves ou embarcações brasileiras, mercantes ou de propriedade privada, quando em território estrangeiro e aí não sejam julgados (princípio da representação ou da bandeira ou do pavilhão). E as **condições** para a aplicação da lei brasileira são as seguintes (CP, art. 7°, § 2°): *a)* entrar o agente no território nacional; *b)* ser o fato punível também no país em que foi praticado; *c)* estar o crime incluído entre aqueles pelos quais a lei brasileira autoriza a extradição; *d)* não ter sido o agente absolvido no estrangeiro ou não ter aí cumprido a pena; e *e)* não ter sido o agente perdoado no estrangeiro ou, por outro motivo, não estar extinta a punibilidade, segundo a lei mais favorável. Essas condições, na verdade, têm a natureza jurídica de **condições objetivas**

de punibilidade, de forma que, na ausência de qualquer uma delas, não há falar-se em fato punível no Brasil e, consequentemente, na incidência da lei brasileira.

c) **extraterritorialidade hipercondicionada (CP, art. 7°, § 3°):** a lei brasileira será aplicada ao crime praticado por estrangeiro contra brasileiro fora do Brasil (princípio da nacionalidade passiva), **desde que presentes, além das condições já mencionadas anteriormente relacionadas à extraterritorialidade condicionada, outras duas mais**, a saber: *a)* não tiver sido pedida ou ter sido negada a extradição; e *b)* houver requisição do Ministro da Justiça.

Atenção!

Caso muito famoso é aquele atinente ao "barco holandês abortador", cuja embarcação que percorre as águas do mundo com o propósito de praticar o aborto, cuja conduta não é tipificada nem punida pelo Direito Penal daquele país. Se essa embarcação privada atracar em altomar bem perto de nossas águas, numa distância pouco superior a 12 milhas do continente (logo, território holandês, por força do princípio da representação ou da bandeira ou do pavilhão), e para lá deslocaremse mulheres grávidas brasileiras e consentirem para que terceiros provoquem o aborto, não há falar-se em aplicação da lei brasileira. Expliquemos melhor. Essas mulheres, de acordo com a lei brasileira, praticaram o crime de aborto previsto no art. 124 do Código Penal. Consabido é que ficam sujeitos à lei brasileira, mesmo que cometidos no estrangeiro, os crimes praticados por brasileiros (CP, art. 7°, inciso II, alínea *b*). Acontece, porém, que é hipótese de extraterritorialidade condicionada, pelo que somente seria aplicada a lei brasileira se presentes determinadas e específicas condições. E, nesse caso, ausente uma das condições legais, já que o fato não é punível no país em que o crime foi praticado (CP, art. 7°, § 2°, alínea *b*).

7.4 Pena cumprida no estrangeiro

Como decorrência da extraterritorialidade, pode ser que o agente infrator seja processado e condenado pela aplicação da lei brasileira e também pela aplicação da lei estrangeira. Por isso é que o Código Penal, em seu art. 8°, prevê uma espécie de detração, e assim estabelece: "*A pena cumprida no estrangeiro atenua a pena imposta no Brasil pelo mesmo crime, quando diversas, ou nela é computada, quando idênticas*". A partir desse dispositivo legal, é possível a conclusão no sentido de que:

a) se as penas forem idênticas, ou seja, da mesma natureza (privativa de liberdade e privativa de liberdade, por exemplo), o *quantum* de pena cumprido no país estrangeiro será abatido do montante a ser cumprido aqui no Brasil. Exemplo: um brasileiro praticou o crime de genocídio na cidade de Toronto e, por isso, fora condenado a uma pena privativa de liberdade de 20 anos no Canadá. Tendo sido aqui também processado (CP, art. 7°, inciso I, alínea "d" – extraterritorialidade incondicionada), suportou uma condenação de 30 de anos de pena privativa de liberdade. Abatidos os 20 anos de pena já cumpridos no Canadá, deverá o infrator cumprir aqui no Brasil apenas o período remanescente da pena, ou seja, mais 10 anos.

b) se as penas não forem idênticas, ou seja, de natureza distinta (privativa de liberdade e pecuniária, por exemplo), o juiz deverá abrandar a pena aqui imposta em consideração à pena já cumprida no país estrangeiro. Exemplo: um brasileiro condenado no estrangeiro a uma pena privativa de liberdade de 02 anos. Pela mesma prática criminosa, fora condenado pela Justiça Brasileira a uma pena pecuniária no patamar de 50 salários-mínimos. Nesse caso, deverá o julgador considerar aquela sanção já cumprida no estrangeiro e diminuir o montante da pena pecuniária a ser cumprida aqui no Brasil.

Atenção!

A **extraterritorialidade da lei penal brasileira flexibiliza o princípio da proibição do *bis in idem***, já que o agente poderá ser processado, julgado e condenado duas vezes pela prática do mesmo crime (pela aplicação da lei estrangeira onde o crime fora praticado e também pela aplicação da lei brasileira).

8

Considerações finais a respeito da aplicação da lei penal

8.1 Eficácia da sentença estrangeira

Como a sentença judicial é um ato de soberania do Estado, os seus efeitos, via de regra, ficam adstritos aos limites territoriais do Estado em que foi proferida. Excepcionalmente, a fim de conferir maior eficiência no enfrentamento à prática de fatos criminosos, a sentença penal estrangeira pode produzir alguns efeitos em território brasileiro, desde que homologada, de modo a torná-la um verdadeiro título executivo nacional, ou independentemente de prévia homologação, caso em que lhe será dado caráter de fato jurídico relevante.

De qualquer modo, não se homologa sentença penal estrangeira para a imposição de pena a ser cumprida no Brasil. Assim, é inadmissível o cumprimento, em território nacional, de pena criminal determinada em outro Estado, seja em razão da ausência de previsão legal, seja porque ninguém será processado ou sentenciado e nem preso ou mantido preso senão por ordem fundamentada de autoridade judiciária competente (CF, art. 5°, incisos LIII e LXI).

Dessa forma, conforme prevê o art. 9° do Código Penal, o que a legislação brasileira aceita é a homologação de sentença estrangeira para fins de: *a)* obrigar o condenado à reparação do dano causado à vítima (CP, art. 9°, inciso I); e *b)* sujeitar o inimputável à medida de segurança (CP, art. 9°, inciso II). E a competência para a homologação da sentença penal estrangeira é do Superior Tribunal de Justiça (CF, art. 105, inciso I, alínea "i"), ou por seu Presidente, nos casos em que não há contestação (STJ, Resolução n° 09/2005, art. 2°), ou pela Corte Especial, quando há impugnação (STJ, Resolução n° 09/2005, art. 9°, § 2°).

Atenção!

Os requisitos para a homologação da sentença penal estrangeira estão elencados no art. 788 do Código de Processo Penal. Presentes esses requisitos legais, deve o Superior Tribunal de Justiça proferir decisão homologatória, não podendo analisar em nada o mérito da causa. Trata-se assim de mero exame formal (juízo de prelibação).

Atenção!

Para fins de caracterização da reincidência, não é necessário que a sentença criminal condenatória definitiva estrangeira seja homologada (basta apenas a existência desse édito condenatório).

8.2 Da contagem de prazo

A respeito da contagem do prazo penal, assim dispõe o art. 10 do Código Penal: "*O dia do começo inclui-se no cômputo do prazo. Contam-se os dias, os meses e os anos pelo calendário comum*". Esse dispositivo legal apresenta duas distintas partes, a saber:

a) **o prazo de natureza penal é contado com a inclusão do dia do começo.** Exemplo: por força de cumprimento de mandado de prisão temporária de 5 dias, o agente é recolhido no cárcere às 23h50m do dia 03.06.2019. Por estar incluído no cômputo do prazo o dia do começo, deverá o agente ser colocado em liberdade no dia 07.06.2019. Anote-se, ainda, que **o prazo penal é improrrogável** (ou seja, pode expirar num sábado, domingo ou feriado), **não obstante possa ser suspenso ou interrompido**.

Atenção!

O prazo processual penal segue uma outra sistemática. Com efeito, conforme a legislação de regência, **no prazo de natureza processual não é computado o dia do começo, incluindo-se, porém, o do vencimento** (CPP, art. 798, § 1º). Exemplo: tendo recebido os autos de inquérito policial, estando o agente preso por crime de roubo, no dia 06.06.2019, deve o promotor de justiça oferecer a peça denunciativa até o dia 11.06.2019 (o prazo para oferecimento de denúncia, estando o agente preso, via de regra, é de 5 dias, conforme dispõe o art. 46 do Código de Processo Penal). Registre-se, ademais, que **o prazo processual é prorrogável**. Ou seja: é prorrogado ao primeiro dia útil subsequente acaso expire num sábado, domingo ou feriado, conforme a regra inscrita no art. 798, § 3º, do Código de Processo Penal; ou então começará a fluir a partir desse primeiro dia útil se o seu início estiver marcado para um sábado ou um feriado, nos termos do que orienta a **Súmula n° 310 do Supremo Tribunal Federal** (*"Quando a intimação tiver lugar na sexta-feira, ou a publicação com efeito de intimação for feita nesse dia, o prazo judicial terá início na segunda-feira imediata, salvo se não houver expediente, caso em que começará no primeiro dia útil que se seguir"*).

Atenção!

O prazo será considerado penal quando referir-se diretamente ao direito de liberdade do cidadão, como, por exemplo, a contagem da decadência, do cumprimento da pena, da prescrição etc.

b) **para efeitos penais, os dias, os meses e os anos são contados pelo calendário comum (gregoriano)**. Ou seja: os meses e os anos são considerados em si mesmos (pouco importa o número de dias de cada mês ou se o ano é ou não bissexto). Exemplo: o agente, condenado a cumprir uma pena de 1 mês de reclusão, é recolhido ao cárcere no dia 01.02.2019. Essa sanção penal estará toda cumprida no dia 28.02.2019 (e se fosse um ano bissexto, a pena estaria cumprida no dia 29.02.2019).

8.3 Frações não computáveis da pena

De acordo com o art. 11 do Código Penal: *"Desprezam-se, nas penas privativas de liberdade e nas restritivas de direitos, as frações de dia, e, na pena de multa, as frações de cruzeiro"*. Este dispositivo legal também apresenta duas partes distintas, a saber:

a) **nas penas privativas de liberdade e nas restritivas de direitos, as frações de dia (ou seja, as horas) devem ser desconsideradas**. Exemplo: se uma pena de 15 dias tiver de ser aumentada pela ½ (metade), teremos uma pena definitiva no patamar de 22 dias, e não 22 dias e 12 horas (exemplo de Nélson Hungria).

b) **na pena de multa, as frações de "real" (ou seja, os centavos) devem ser desconsideradas.** O Código Penal, porquanto datado de 1940, usou da expressão "cruzeiro" (moeda oficial à época de sua promulgação). Por evidente, leia-se atualmente "real". Trata-se, pois, de interpretação progressiva (é aquela que busca adaptar o sentido do texto aos conceitos atuais). Exemplo: se uma pena de 10 dias-multa tiver de ser acrescida de 1/3 (um terço), teremos uma pena definitiva no patamar de 13 dias-multa, e não 13,33 dias-multa (exemplo de Damásio Evangelista de Jesus).

8.4 Legislação especial

Preceitua o art. 12 do Código Penal o seguinte: "*As regras gerais deste Código aplicam-se aos fatos incriminados por lei especial, se esta não dispuser de modo diverso*". Trata-se, pois, da **consagração expressa do princípio da especialidade**, de modo que as regras gerais do Código Penal serão aplicadas a toda a legislação penal especial, salvo se essa dispuser de maneira diversa (a norma especial prevalece sobre a geral). Ou seja: se a legislação penal especial for silente, aplicar-se-ão as regras gerais inscritas no Código Penal.

Vejamos, pois, os seguintes exemplos:

- o art. 14, parágrafo único, do Código Penal, preceitua que a tentativa será punida com a pena correspondente ao crime consumado, diminuída de um a dois terços (norma geral); já o art. 4º do Decreto-lei nº 3.688/1941 dispõe que a tentativa de contravenção penal não será punida (norma especial); e

- o art. 49, § 1º, do Código Penal, dispõe que o valor do dia-multa será fixado pelo juiz tendo como parâmetro o salário mínimo (norma geral); já o art. 8º, parágrafo único, da Lei Federal nº 8.137/1990, apregoa que o valor do dia multa será fixado pelo juiz com base no Bônus do Tesouro Nacional (norma especial).

9

Introdução à teoria geral do crime

9.1 Introito

Durante toda a história científica do Direito Penal, o estudo da teoria do crime ocupou (e ainda ocupa) posição central, já que se preocupa não somente em explicá-lo, mas também em definir as suas características. De fato, a discussão sobre os elementos que compõem o crime e o alcance de cada um deles implica diferentes conformações acerca de sua caracterização.

9.2 Conceito de crime

O crime pode ser encarado e compreendido sob distintas angulações. Daí porque o crime pode ser conceituado a partir de uma perspectiva legal e de uma perspectiva dogmática.

9.2.1 Definição legal

Trata-se do conceito dado pelo próprio legislador (por isso, legal), encontrando-se consagrado no art. 1º do Decreto-lei nº 3.914/1941 (Lei de Introdução do Código Penal). Crime é, assim, a infração penal que a lei comina pena de reclusão ou de detenção, quer isoladamente, quer alternativa ou cumulativamente com a pena de multa.

O Direito Penal brasileiro adotou o **critério dicotômico**, de modo que infração penal é gênero que comporta duas espécies, a saber: *i)* **crime (ou delito)**; e *ii)* **contravenção penal** (nos dizeres de *Nélson Hungria*, a contravenção penal também é denominada de "crime anão").

E as principais diferenças entre essas infrações penais podem ser assim sintetizadas:

	Crimes	Contravenções penais
Quanto à pena	São punidos com penas de **reclusão ou detenção** (quer isoladamente, quer alternativa ou cumulativamente com a pena de multa).	São punidas com penas de **prisão simples ou multa** (quer isoladamente ou ambas, alternativa ou cumulativamente).
Natureza de ação penal	**Em regra**, são processados por meio de ação penal pública incondicionada. **Excepcionalmente**, quando a lei assim dispuser de forma expressa, são processados por intermédio de ação penal pública condicionada e ação penal privada (CP, art. 100).	São **sempre** processadas por intermédio de ação penal pública incondicionada (LCP, art. 17).
Punição da tentativa	**Pune-se** o crime em sua modalidade tentada (CP, art. 14, parágrafo único).	**Não se pune** a tentativa de contravenção penal (LCP, art. 4º). Por razões de política criminal, optou o legislador por não punir a contravenção penal em sua forma tentada.

Extraterritorialidade da lei penal brasileira	A lei brasileira **pode ser aplicada** aos crimes praticados em território estrangeiro (CP, art. 7º).	A lei brasileira **não pode ser aplicada** às contravenções penais praticadas em território estrangeiro (LCP, art. 2º).
Limite da pena	O tempo de cumprimento das penas privativas de liberdade (reclusão ou detenção) **não pode exceder a 40 (quarenta) anos** (CP, art. 75).	O tempo de cumprimento da pena de prisão simples **não pode, em caso algum, ser superior a 5 (cinco) anos** (LCP, art. 10).
Desconhecimento ou ignorância da lei	O Código Penal estabelece que, quando há crime, o desconhecimento da lei é inescusável, funcionando, no máximo, como atenuante da pena (CP, art. 21).	No caso de ignorância ou de errada compreensão da lei, quando escusáveis, a pena poderá deixar de ser aplicada pelo magistrado (hipótese de perdão judicial – LCP, art. 8º).
Período de prova da suspensão condicional da pena ("sursis")	**Em regra**, varia de 2 (dois) a 4 (quatro) anos. **Excepcionalmente**, varia entre 4 (quatro) e 6 (seis) anos (CP, art. 77, *caput* e § 2º).	É **sempre** de 1 (um) a 3 (três) anos (LCP, art. 11).

Atenção!

A infração penal inscrita no **art. 28 da Lei Federal nº 11.343/2006 (porte de drogas para consumo pessoal)** é punida com as penas de advertência sobre os efeitos das drogas, prestação de serviços à comunidade e medida educativa de comparecimento à programa ou curso educativo. A partir daí, e considerando o disposto no art. 1º da Lei de Introdução do Código Penal, pergunta-se: **qual a natureza jurídica dessa infração penal?** Há dois distintos posicionamentos, a saber: *a)* já que a lei não cominou penas de reclusão ou detenção, tampouco de prisão simples ou multa, não pode ser considerada crime nem contravenção penal, tratando-se, a bem da verdade, de uma **infração penal "sui generis"**. É o entendimento de *Luiz Flávio Gomes, Alice Bianchini, Rogério Sanches Cunha* e *William Terra de Oliveira*. Sob essa ótica, poder-se-ia afirmar então que o Direito Penal brasileiro, desde o advento da Lei de Drogas, passou a acolher o sistema tricotômico, já que o gênero infração penal é fracionado em três espécies: crime (ou delito), contravenção penal e ilícito penal "sui generis"; e *b)* não obstante o preceito secundário da norma não prever pena de prisão, trata-se de um **crime**, pois a Lei de Introdução do Código Penal não impede que uma lei ordinária superveniente possa adotar outros critérios distintivos ou estabelecer para determinados crimes penas outras que não as de reclusão ou detenção. E mais dois importantes reforços argumentativos: essa infração penal está inserida no capítulo denominado "Dos crimes e das Penas" e está sujeita às regras de prescrição previstas no Código Penal (art. 30 da Lei de Drogas), reforçando, pois, a ideia de que é sim um crime. Filiamo-nos a esse posicionamento, até porque, à época da edição de Lei de Introdução do Código Penal, ainda não existiam as chamadas penas alternativas. É o entendimento da doutrina majoritária (*Vicente Greco Filho* e *João Daniel Rassi*, dentre outros) e também do Supremo Tribunal Federal (RE 430.105 QO – Relator Ministro Sepúlveda Pertence – 1ª Turma – Julgamento em 13.02.2007 – Publicação em *DJe* 26.04.2007). Por fim, nota-se que as infrações penais previstas no art. 11, inciso V, da Lei Federal nº 6.091/1974, e art. 334 do Código Eleitoral, também preveem penas não privativas de liberdade (cancelamento do registro do candidato ou de seu diploma) e são reconhecidamente tidas como crimes pela doutrina e jurisprudência.

9.2.2 Definição dogmática

Há três critérios distintos, a saber:

a) **conceito formal**: crime é toda conduta proibida por lei sob a ameaça de pena. É aquela conduta descrita e definida em lei como crime, ou seja, é aquele comportamento tipificado formalmente em lei. Sob esta ótica, haverá crime sempre que a conduta se encaixar com perfeição ao tipo penal, pouco importando o conteúdo valorativo da norma penal incriminadora. Nesta perspectiva, o sujeito que subtrai, para si e com ânimo de assenhoreamento definitivo, uma simples bala de menta avaliada em R$ 0,10 (dez centavos), comete o crime de furto (formalmente considerado), pois desenvolveu, no plano concreto, exatamente aquele comportamento abstratamente definido em lei.

b) **conceito material**: crime é toda conduta que afronta valores substanciais da sociedade, ou seja, é aquele comportamento que provoca efetiva lesão ou expõe a perigo de lesão o bem jurídico tutelado pela norma penal (interesse relevante). Nessa perspectiva, o sujeito que subtrai, para si e com ânimo de assenhoreamento definitivo, uma simples bala de menta avaliada em R$ 0,10 (dez centavos), não comete o crime de furto (materialmente considerado), pois a sua conduta não provocou qualquer lesão no bem jurídico protegido (patrimônio). Não obstante seja um comportamento criminoso sob o aspecto formal, assim não é considerado sob a ótica material.

c) **conceito analítico**: é a conceituação do crime a partir de seus elementos estruturais, ou seja, os seus substratos. Trata-se de analisar sistematicamente (analiticamente) o crime, de modo a dividi-lo em partes essenciais, isto é, aquelas que todo crime deve ter para ser assim considerado. Nessa perspectiva, há três distintas teorias que definem analiticamente o crime, a saber:

- **teoria quadripartida**: o crime é composto por quatro elementos: **fato típico, antijuridicidade, culpabilidade e punibilidade**. É o entendimento sustentado por *Basileu*

Garcia. É criticada, porque a punibilidade é apenas a consequência da prática de um crime, e não uma parte de sua estrutura.

- **teoria tripartida**: o crime é composto por três elementos: **fato típico, antijuridicidade e culpabilidade**, cada um deles comportando estágios plenamente autônomos de valoração. Defendem esse posicionamento, entre outros, *Nélson Hungria, Rogério Greco, Cesar Roberto Bitencourt, Luiz Regis Prado e Edgard Magalhães Noronha*. É criticada, porque a ação do inimputável (doente mental, por exemplo) não implicaria no cometimento de um crime, o que é contrastado pela indispensabilidade do processo que lhes impõe medida de segurança.
- **teoria bipartida**: o crime é composto por dois elementos: **fato típico e antijuridicidade**. Perfilham desse posicionamento, dentre outros, *Damásio Evangelista de Jesus, Renê Ariel Dotti e Julio Fabbrini Mirabete*. Para os adeptos desse entendimento, a culpabilidade é apenas um pressuposto de aplicação da pena, e não um elemento integrante do crime.

Atenção!

Nessa definição analítica de crime, qual foi a teoria adotada pelo Código Penal brasileiro? Há discussão doutrinária. Pensamos que a teoria adotada pelo Código Penal parece ter sido mesmo a bipartida, senão vejamos: *a)* o próprio Código Penal, em seus títulos da Parte Geral, separou o "crime" (Título II) da "imputabilidade penal" (Título III), cuja divisão deixa claro que a culpabilidade não integra a estrutura analítica do crime; e *b)* o art. 23 do Código Penal, ao abordar as causas excludentes da antijuridicidade, utiliza-se da expressão "não há crime". Logo, a ilicitude é parte integrante do crime. E ao tratar das causas que excluem a culpabilidade, usa o Código Penal a expressão "isento de pena", o que está a conformar o crime, ainda que o agente seja inculpável (a culpabilidade não está integrada, pois, ao conceito analítico do crime).

9.3 Sujeitos do crime

Entende-se por sujeitos do crime aquelas pessoas relacionadas à prática e às consequências da infração penal.

Classificam-se em:

a) **sujeito ativo**: é a pessoa que comete a infração penal, quer executando o verbo núcleo do tipo (autor), quer concorrendo de qualquer modo para a empreitada criminosa (partícipe).

Atenção!

A pessoa jurídica também pode ser sujeito ativo do crime. Com efeito, a Constituição da República, no art. 173, § 5°, e no art. 225, § 3°, forte na chamada teoria organicista ou da realidade da pessoa jurídica, previu expressamente a possibilidade de responsabilização criminal da pessoa jurídica por crimes contra a ordem econômica e financeira, contra a economia popular e contra o meio ambiente. O art. 225, § 3°, da Constituição Federal, frise-se, já fora regulamentado pela Lei Federal n° 9.605/1998 (Lei dos Crimes Ambientais), que, em seu art. 3°, assim dispõe: "*As pessoas jurídicas serão responsabilizadas administrativa, civil e penalmente conforme o disposto nesta Lei, nos casos em que a infração seja cometida por decisão de seu representante legal ou contratual, ou de seu órgão colegiado, no interesse ou benefício da sua entidade*". De acordo com a mais recente jurisprudência dos Tribunais Superiores, a pessoa jurídica pode ser acionada criminalmente de forma isolada, ou seja, sem a necessidade de que também seja processada a pessoa física que atua em seu nome ou em seu benefício. "*O art. 225, § 3°, da Constituição*

Federal não condiciona a responsabilização penal da pessoa jurídica por crimes ambientais à simultânea persecução penal da pessoa física em tese responsável no âmbito da empresa. A norma constitucional não impõe a necessária dupla imputação" (STF – RE 548181/PR – 1ª Turma – Relatora Ministra Rosa Weber – Julgamento em 06.08.2013).

b) **sujeito passivo**: é a pessoa ou entidade que suporta os efeitos e as consequências da prática criminosa. É a vítima do delito. Pode ser:

- **imediato (material ou direto ou eventual)**: é o titular do bem jurídico tutelado pela norma penal. Exemplo: a pessoa assassinada (crime de homicídio), o proprietário da coisa subtraída mediante grave ameaça ou violência (crime de roubo) etc.

- **mediato (formal ou indireto ou constante)**: é o Estado, que, por ser o titular dos mandamentos proibitivo e preceptivo, acaba sendo lesado pelo comportamento criminoso do sujeito ativo.

9.4 Objetos do crime

Entende-se por objeto do crime tudo aquilo contra o qual se dirige o comportamento criminoso.

Classificam-se em:

a) **objeto jurídico**: é o bem jurídico tutelado pela norma penal incriminadora. É o valor e o interesse protegidos pela lei. Exemplo: ao criminalizar o furto, o legislador quis proteger o patrimônio; ao tipificar o aborto, quis tutelar a vida etc.

b) **objeto material**: é a pessoa ou a coisa atingida pelo comportamento delituoso. Exemplo: o ser humano assassinado é o objeto material do crime de homicídio, o veículo automotor subtraído é o objeto material do crime de furto etc.

Atenção!

É possível que sejam coincidentes o sujeito passivo e o objeto material. Exemplo: no crime de lesão corporal (CP, art. 129), a pessoa ofendida é, simultaneamente, sujeito passivo e objeto material do crime.

9.5 Elementos do crime

Analiticamente considerado, o crime é, como já dito alhures, a junção dos seguintes elementos:

a) **posição bipartida**: dois são os elementos do crime (fato típico e antijuridicidade); ou

b) **posição tripartida**: três são os elementos do crime (fato típico, antijuridicidade e culpabilidade).

9.6 Classificação doutrinária dos crimes

Vejamos as denominações e nomenclaturas mais consagradas pela doutrina e jurisprudência para classificar as infrações penais.

9.6.1 Crimes material, formal e de mera conduta

Crime material é aquele em que o tipo penal descreve a conduta humana e o resultado naturalístico, exigindo-se a produção desse resultado para a consumação do crime. Do contrário, sem a ocorrência do resultado naturalístico, tem-se configurada apenas a tentativa. Exemplo: crime de homicídio (CP, art. 121), porque é imprescindível a ocorrência do resultado "morte" para a consumação dessa infração penal.

Crime formal é aquele em que o tipo penal descreve a conduta humana e o resultado naturalístico, porém a produção desse resultado é indiferente para a consumação do crime. Assim, muito embora haja a previsão de um resultado naturalístico, a sua efetiva ocorrência não é imprescindível para a consumação do crime. O delito consuma-se, pois, no instante da prática da conduta. Exemplo: crimes de extorsão (CP, art. 158) e de extorsão mediante sequestro (CP, art. 159), porque essas infrações penais consumam-se com a prática da conduta (extorquir), pouco importando, para fins de consumação delitiva, tenha o agente conseguido (ou não) obter a indevida vantagem.

Atenção!

A **Súmula n° 96 do Superior Tribunal de Justiça** é no seguinte sentido: *"O crime de extorsão consuma-se independentemente da obtenção da vantagem indevida".*

Crime de mera conduta é aquele em que o tipo penal descreve apenas a conduta humana, não havendo sequer a possibilidade de ocorrência de um resultado naturalístico. É o crime sem resultado naturalístico, em que a conduta desenvolvida pelo agente, *per se*, já configura a infração penal. O delito consuma-se, pois, no instante da prática da conduta. Exemplo: crime de porte ilegal de arma de fogo de uso permitido (Lei Federal n° 10.826/2003, art. 14), porque o simples fato de portar o agente uma arma de fogo, em desacordo com determinação legal ou regulamentar, já configura o injusto penal.

9.6.2 Crimes instantâneo, instantâneo de efeito permanente e permanente

Crime instantâneo é aquele crime cujo momento consumativo ocorre em um determinado e único instante (crime de consumação imediata). Exemplo: crimes de furto (CP, art. 155) e roubo (CP, art. 157), cujas infrações penais patrimoniais consumam-se no exato momento em que a coisa é retirada da esfera de vigilância da vítima.

Crime instantâneo de efeito permanente é aquele crime cujo momento consumativo também ocorre em um determinado e único instante (crime de consumação imediata), porém produz efeitos perpétuos e irreversíveis. Exemplo: crime de homicídio (CP, art. 121), cuja infração penal consuma-se no exato momento em que a vítima vem a morrer (a morte é um efeito inconvertível).

Crime permanente é aquele crime cujo momento consumativo prolonga-se no tempo por vontade do agente, não se aperfeiçoando, assim, em um único instante (crime de consumação prolongada). Exemplo: crime de extorsão mediante sequestro (CP, art. 159), cuja infração penal consuma-se a partir do momento em que a vítima é privada de sua liberdade e continuará consumando-se enquanto não cessada essa conduta criminosa.

9.6.3 Crimes comum, próprio e de mão própria

Crime comum (ou geral) é aquele em que o tipo penal não exige qualquer qualidade especial do sujeito ativo, de modo que pode ser praticado por qualquer pessoa. Exemplo: crime de furto (CP, art. 155).

Crime próprio (ou especial) é aquele em que o tipo penal exige uma qualidade especial do sujeito ativo, de modo que somente pode ser praticado por determinada categoria de pessoas. Exemplo: crime de infanticídio (CP, art. 123), cuja infração penal somente pode ser cometida por quem seja "mãe".

Crime de mão própria (ou de atuação pessoal ou de conduta infungível) é aquele em que o tipo penal, além de exigir uma qualidade especial do sujeito ativo, ainda impõe que a conduta seja por ele desenvolvida pessoalmente, de modo que somente pode ser praticado por determinada categoria de pessoas e não se admite coautoria (a lei não permite seja a execução do crime delegada a outra pessoa), mas apenas participação. Exemplo: crime de falso testemunho (CP, art. 342), cuja infração penal somente pode ser cometida por quem seja "testemunha".

Atenção!

"(...) O Superior Tribunal de Justiça firmou compreensão de que, apesar do crime de falso testemunho ser de mão própria, pode haver a participação do advogado no seu cometimento. (...)". (STJ – HC 30858/RS – 6ª Turma – Relator Ministro Paulo Gallotti – Julgamento em 12.06.2006 – Publicação em 01.08.2006)

9.6.4 Crimes mono-ofensivo e pluriofensivo

Crime mono-ofensivo é aquele crime que ofende ou expõe a perigo de lesão apenas um bem jurídico. Exemplo: crime de homicídio (CP, art. 121), cuja infração penal provoca lesão somente no bem jurídico "vida".

Crime pluriofensivo é aquele crime que ofende ou expõe a perigo de lesão mais de um bem jurídico. Exemplo: crime de latrocínio (CP, art. 157, § 3º, II), cuja infração penal provoca lesão nos bens jurídicos "vida" e "patrimônio".

Atenção!

"(...) O delito de descaminho está inserido no título XI do Código Penal, que trata dos crimes contra a Administração Pública que visam proteger não só o interesse fiscal do Estado, mas também a segurança, a moralidade, a saúde pública, a higiene, a indústria e a economia nacionais. Crime pluriofensivo. (...)". (TRF-1 – RSE n° 0019652-64.2012/MG – 3ª Turma – Relatora Desembargadora Federal Mônica Sifuentes – Julgamento em 04.02.2014 – Publicação em 14.02.2014)

9.6.5 Crimes monossubjetivo e plurissubjetivo

Crime monossubjetivo (ou unissubjetivo ou de concurso eventual) é aquele que pode ser praticado apenas por um único agente, havendo a possibilidade, porém, de também ser perpetrado por duas ou mais pessoas. Exemplo: crime de homicídio (CP, art. 121).

Crime plurissubjetivo (ou de concurso necessário) é aquele que somente pode ser praticado por duas ou mais pessoas, não havendo sequer a possibilidade de ser perpetrado por um único agente. O concurso de pessoas é, pois, imprescindível para a caracterização da infração penal. E os crimes plurissubjetivos podem ser:

a) **de condutas paralelas**: os agentes ajudam-se de forma mútua para a produção do resultado comum (os sujeitos têm o mesmo objetivo). Exemplo: crime de associação criminosa (CP, art. 288);

b) **de condutas convergentes (ou bilaterais)**: os agentes interligam as suas condutas (sem essa ligação recíproca entre as condutas não há falar-se em infração penal). Exemplo: crime de bigamia (CP, art. 235); ou

c) **de condutas divergentes (ou contrapostas)**: os agentes direcionam as suas condutas uns contra os outros. Exemplo: crime de rixa (CP, art. 137).

9.6.6 Crimes de subjetividade passiva única e de dupla subjetividade passiva

Crime de subjetividade passiva única é aquele em que há apenas um sujeito passivo. Exemplo: crime de homicídio (CP, art. 121).

Crime de dupla subjetividade passiva é aquele em que há, necessariamente, mais de um sujeito passivo. É o crime que, obrigatoriamente, tem pluralidade de vítimas. O crime é único, porém atinge duas ou mais vítimas. Exemplos: *a)* crime de aborto provocado por terceiro (CP, art. 125), já que a conduta criminosa afeta a mulher gestante e o feto; e *b)* crime de violação de correspondência (CP, art. 151), já que a conduta criminosa afeta o remetente e o destinatário.

Atenção!

"*O crime de roubo pode conter dupla subjetividade passiva, atingindo o patrimônio de uma pessoa e a liberdade de outra, contra a qual praticada a violência ou a grave ameaça, conservando-se, ainda assim, a unicidade do delito, pelo que descabe a desclassificação da conduta para furto, por não ter a violência sido empregada contra o proprietário da coisa roubada*" (TJ/MG – Apelação Criminal nº 1.0084.16.002228-5/001 – 7ª Câmara Criminal – Relator Desembargador Marcílio Eustáquio Santos – Julgamento em 05.12.2018 – Publicação em 14.12.2018).

9.6.7 Crimes unissubsistente e plurissubsistente

Crime unissubsistente é aquele praticado por intermédio de uma conduta infragmentável, ou seja, que não pode ser fracionada. A conduta esgota-se com a prática de um só ato (conduta indivisível). Exemplo: crime de injúria praticado verbalmente (CP, art. 140).

Crime plurissubsistente é aquele praticado por intermédio de uma conduta fragmentável, ou seja, que pode ser fracionada. A conduta é constituída por vários atos (conduta divisível). Exemplo: crime de roubo (CP, art. 157).

9.6.8 Crimes de espaço mínimo, plurilocal e de espaço máximo

Crime de espaço mínimo é aquele em que a conduta desenvolvida pelo agente e o resultado daí decorrente ocorrem no mesmo país e na mesma comarca. Exemplo: o agente dispara com arma de fogo contra o desafeto na cidade de Cuiabá/MT, em cuja localidade a vítima vem a morrer.

Crime plurilocal é aquele em que a conduta desenvolvida pelo agente e o resultado daí decorrente ocorrem no mesmo país, porém em comarcas distintas. Exemplo: o agente dispara com arma de fogo contra o desafeto na cidade de Cuiabá/MT, sendo a vítima socorrida e encaminhada para atendimento médico na cidade de Várzea Grande/MT, em cuja localidade vem a morrer poucos dias depois por conta dos graves ferimentos.

Crime de espaço máximo (crime a distância) é aquele em que a conduta desenvolvida pelo agente e o resultado daí decorrente ocorrem em países diferentes. Exemplo: o agente dispara com arma de fogo contra o desafeto na cidade de Foz do Iguaçu/PR, sendo a vítima socorrida e encaminhada para atendimento médico na cidade de Ciudad del Este (Paraguai), em cuja localidade vem a morrer poucos dias depois por conta dos graves ferimentos.

9.6.9 Crimes do colarinho branco e do colarinho azul

O sociólogo estadunidense *Edwin Sutherland* (1883-1950), em 1939, consagrou a expressão **crime do colarinho branco** (*white-collar crime*) para referir-se ao delito perpetrado por pessoa respeitável, de elevado status social e de significativa condição econômica (criminalidade da classe alta). A expressão justifica-se, porque os executivos vestiam camisas brancas com colarinhos da mesma cor. Para exemplificar, podemos destacar os crimes praticados contra o sistema financeiro nacional (Lei Federal n° 7.492/1986) e contra a ordem tributária, econômica, e contra as relações de consumo (Lei Federal n° 8.137/1990).

Crime do colarinho azul (crime de rua), ao contrário, diz respeito ao delito normalmente cometido por pessoa menos favorecida economicamente e de classe social mais baixa, como, por exemplo, os crimes de furto e roubo. Explica-se a expressão, porque os operários e trabalhadores das fábricas norte-americanas usavam macacões azuis como uniforme de trabalho.

Atenção!

O Ministro da Suprema Corte Luiz Fux, **no julgamento da Ação Penal 470 (caso de corrupção que ficou popularmente conhecido como "mensalão")**, usou dessas expressões, pelo que assim registrou em seu voto: "*O desafio na seara dos crimes do colarinho branco é alcançar a plena efetividade da tutela penal dos bens jurídicos não individuais. Tendo em conta que se trata de delitos cometidos sem violência, incruentos, não atraem para si a mesma repulsa social dos 'crimes do colarinho azul' (...)*".

9.6.10 Crimes de fato transeunte e de fato permanente

Crime de fato transeunte (*delicta facti transeunti*) é aquele que não deixa vestígios, sendo desnecessária, portanto, a realização de exame de corpo de delito. Também é chamado de crime transeunte. Exemplo: crime de injúria praticado verbalmente (CP, art. 140).

Crime de fato permanente (*delicta facti permanenti*) é aquele que deixa vestígios, sendo imprescindível, assim, a realização de exame de corpo de delito (CPP, art. 158), muito embora esse laudo, frise-se, não vincula o juiz, que pode aceitá-lo ou rejeitá-lo, no todo ou em parte (CPP, art. 182). Também é chamado de crime não transeunte. Exemplo: crime de homicídio (CP, art. 121).

9.6.11 Crime de ensaio

Crime de ensaio (**delito de laboratório, delito de experiência ou crime putativo por obra do agente provocador**) nada mais é do que a terminologia criada pela doutrina para referir-se ao crime impossível na específica hipótese de flagrante preparado (ou provocado). Fala-se em flagrante preparado (ou provocado) quando o agente é induzido a praticar um determinado crime sem que esteja ciente, no entanto, de que está sob a vigilância constante das autoridades, da vítima ou de terceiras pessoas, cujos espectadores apenas aguardam o início dos atos executórios para a concretização do flagrante. Nesse caso, frise-se, o comportamento do agente é considerado atípico. Com efeito, assim dispõe a **Súmula nº 145 do Supremo Tribunal Federal**: *"Não há crime, quando a preparação do flagrante pela polícia torna impossível a sua consumação"*.

9.6.12 Crime vago

Crime vago é aquele que possui como sujeito passivo entidades sem personalidade jurídica, como a família, a sociedade etc. Exemplo: crime de impedimento ou perturbação de cerimônia funerária (CP, art. 209).

Atenção!

"No caso do delito de ocultação de cadáver, o sujeito passivo é a coletividade. Trata-se, pois, de crime vago, que não possui sujeito passivo determinado, tanto que está inserido no Título V - Dos crimes contra o sentimento religioso, Capítulo II - Dos crimes contra dos mortos (...)". (STJ – HC 145928/SP – 5ª Turma - Relatora Ministra Laurita Vaz – Julgamento em 05.05.2011 – Publicação em 17.05.2011)

9.6.13 Crime de ímpeto

Crime de ímpeto (crime de curto-circuito) é aquele praticado pelo agente sem premeditação e por conta de um repentino acesso de fúria ou paixão. Exemplo: crime de homicídio emocional: aquele cometido sob o domínio de violenta emoção logo em seguida a injusta provocação da vítima (CP, art. 121, § 1º).

9.6.14 Crime de plástico

Expressão idealizada pelo jurista e promotor de justiça *Maximiliano Roberto Ernesto Führer*, **crimes de plástico** dizem respeito àqueles delitos que são criados a partir de um específico momento histórico e para atender aos reclamos atuais de uma sociedade, tratando-se, a bem da verdade, de uma pronta resposta legislativa com vistas a tutelar determinado interesse até então desprotegido pelo Direito Penal. Como exemplo, podemos indicar o art. 154-A do Código Penal, cuja conduta ali descrita somente fora criminalizada depois da repercussão social decorrente da divulgação de fotos íntimas de uma famosa atriz brasileira. Tanto é assim que a Lei Federal n° 12.737/2012, que criou o crime de "invasão de dispositivo informático" (CP, art. 154-A), ficou popularmente conhecida como "Lei Carolina Dieckmann".

9.6.15 Crime parasitário

Crime parasitário (crime sucedâneo, crime consequencial ou crime acessório) é aquele cujo reconhecimento pressupõe necessariamente a existência de uma infração penal anterior. O delito de receptação (CP, art. 180) é um exemplo de crime parasitário, porquanto tem como precedente essencial a prática de um crime anterior (que pode ou não ser patrimonial).

Atenção!

"Por se tratar de crime acessório, derivado ou parasitário, o crime de lavagem de dinheiro pressupõe a existência infração anterior, que constitui uma circunstância elementar do tipo de lavagem". (STJ - HC 378449/PB - 5ª Turma - Relator Ministro Ribeiro Dantas - Julgamento em 20.09.2018 - Publicação em 26.09.2018)

9.6.16 Crime famulativo

Crime famulativo nada mais é do que a expressão criada pela doutrina para referir-se aos crimes que, quando reunidos, formam a estrutura unitária de uma outra infração penal (complexa). Esses crimes-membros (famulativos) perdem a sua autonomia porque, juntos, passam a compor uma entidade criminal unitária complexa. O crime de roubo é um exemplo de crime complexo, porquanto resulta da conjugação (soma) dos crimes de furto e de lesão corporal (quando praticado mediante violência à pessoa), ou então dos crimes de furto e de ameaça (quando praticado mediante grave ameaça).

Atenção!

"(...) ROUBO QUALIFICADO PELO RESULTADO LESÃO CORPORAL GRAVE - CRIME DE ESTRUTURA COMPLEXA - CARÁTER UNITÁRIO RESULTANTE DA CONJUGAÇÃO DOS DELITOS FAMULATIVOS (...)". (STF – HC 71069/ SP – 1ª Turma – Relator Ministro Celso de Melo – Julgamento em 10.05.1994 – Publicação em 15.12.2006)

9.6.17 Crime de atentado

Crime de atentado (ou crime de empreendimento) nada mais é do que a expressão criada pela doutrina para referir-se ao crime em que a lei penal incriminadora prevê expressamente a modalidade tentada em sua descrição típica (a figura da tentativa é elemento do tipo). A tipificação dos crimes de atentado não reclama a norma de extensão atinente à tentativa (CP, art. 14, inciso II), porquanto a adequação típica do comportamento dar-se-á por subordinação imediata (ou direta). Exemplo: delito de evasão mediante violência contra a pessoa (CP, art. 352).

9.6.18 Crime a prazo

Crime a prazo é aquele que pressupõe, para a sua perfeita conformação, o transcurso de determinado e específico período. Quem achar coisa alheia perdida deverá restituí-la ao dono (ou legítimo possuidor) ou entregá-la à autoridade competente, no prazo de 15 dias, sob pena de responder pelo crime de apropriação de coisa achada (CP, art. 169, parágrafo único, inciso II). Essa infração penal é exemplo, pois, de crime a prazo, porquanto depende do decurso de determinado período para aperfeiçoar-se.

Atenção!

O que fazer quando encontrar um objeto perdido? O que é achado, de fato, não é roubado. Porém, ao encontrar um objeto alheio perdido, o sujeito deverá: *a)* devolvê-lo ao seu legítimo proprietário (ou possuidor); ou *b)* entregá-lo à autoridade competente (judiciária ou policial) na hipótese de não saber quem seja o dono da coisa. E aquele que restituir coisa achada terá direito a uma recompensa não inferior a 5% do seu valor, além da indenização pelas eventuais despesas que houver feito por conta da conservação e transporte da coisa (CC, art. 1.234).

9.6.19 Crime de catálogo

Crime de catálogo é aquele que pode ser demonstrado por meio de interceptação de comunicação telefônica, cujo meio de prova está disciplinado pela Lei Federal nº 9.296/1996. De acordo com o art. 2º, inciso III, da Lei Federal nº 9.296/1996, somente as infrações penais punidas com reclusão é que podem ser apuradas por meio da interceptação de comunicação telefônica. Vale dizer: a lei não autoriza o uso desse meio probatório para a investigação de infrações penais punidas, no máximo, com penas de detenção, prisão simples ou multa.

Atenção!

"(...) *'É lícita a utilização de informações obtidas por intermédio de interceptação telefônica para se apurar delito diverso daquele que deu*

> *ensejo a essa diligência, (...) sendo incontestável o reconhecimento da licitude da prova encontrada quando o fato desvelado fortuitamente se encontre entre os chamados 'crimes de catálogo' - isto é, entre aqueles para a investigação dos quais se permite autorizar a interceptação telefônica' (...)".* (STF - HC 100524/PR - 2ª Turma - Relator Ministro Joaquim Barbosa - Julgamento em 27.03.2012).

9.6.20 Crime obstáculo

Crime obstáculo é aquele que contém expressamente em sua descrição típica atos preparatórios de uma outra infração penal (o ato de preparação de outro delito é elemento do tipo). Vale dizer: a própria lei penal incrimina, de forma autônoma, os atos preparatórios para a prática de um outro delito. A fase preparatória, via de regra, não é punida pelo Direito Penal, pois não se iniciou ainda o ataque ao bem jurídico tutelado pela norma. Os atos preparatórios, porém, quando tipificados autonomamente por uma lei penal incriminadora, são excepcionalmente punidos (crime obstáculo). Como exemplos, indicamos os crimes de associação criminosa (CP, art. 288) e petrechos para falsificação de moeda (CP, art. 291).

9.6.21 Crime de mera suspeita

Crime de mera suspeita é a expressão criada pela doutrina para referir-se ao crime cuja conduta incriminada é a simples e mera posse de algum objeto, porque se presume que essa coisa poderá ser usada para a prática de alguma infração penal. Trata-se de punir, assim, um comportamento meramente suspeito. Como exemplo de infração penal de mera suspeita, indicamos a contravenção penal de posse não justificada de instrumento de emprego usual na prática de furto (LCP, art. 25). Nota-se, contudo, que o Plenário do Supremo Tribunal Federal, no julgamento do Recurso Extraordinário n° 583.523/RS, de relatoria do Ministro Gilmar Mendes, decidiu na direção de que o art. 25 da Lei de Contravenções Penais não foi recepcionado pela Constituição Federal de 1988, sob o fundamento de violação aos princípios da dignidade da pessoa humana e da isonomia.

9.6.22 Crime falho

Crime falho é expressão sinônima de tentativa perfeita (ou tentativa acabada). Fala-se em crime falho, quando o agente, muito embora tenha desenvolvido os meios executórios suficientes para consumar a infração penal, ainda assim não consegue consumá-la por circunstâncias alheias à sua vontade. A tentativa será perfeita (ou acabada) ou imperfeita (inacabada), de acordo com o seguinte critério: a realização ou não de atos executórios suficientes para a consumação do crime (e não à luz do critério do esgotamento ou não dos meios executórios). Exemplo: o agente, com intenção homicida, atinge a vítima com quatro disparos de arma de fogo em regiões vitais (tórax, cabeça etc.) e empreende fuga imediata da cena do crime, não obstante ainda tivesse à disposição outros dois projéteis no tambor de seu revólver; por conta do rápido e efetivo socorro médico prestado ao ofendido, o resultado morte não é alcançado pelo agente. Nota-se que o agente desenvolveu, do ponto de vista objetivo, aquilo que era necessário para a produção do resultado morte, razão pela qual é hipótese de tentativa perfeita (tentativa acabada ou crime falho).

9.6.23 Crime liliputiano

Crime liliputiano nada mais é do que uma expressão consagrada pela doutrina para referir-se à contravenção penal. Nota-se que a contravenção penal também é chamada de crime anão (expressão idealizada por Nelson Hungria) e crime vagabundo.

9.6.24 Crime gratuito

Crime gratuito é aquele cometido sem motivo, ou seja, sem qualquer razão. É o crime com ausência de motivação.

9.6.25 Crime de opinião

Crime de opinião (ou crime de palavra) é aquele praticado por intermédio da manifestação abusiva e exagerada do pensamento, quer de forma escrita quer oralmente. Trata-se do abuso do direito de liberdade do pensamento (CF/88, art. 5º, inciso IV). Exemplo: crime de difamação (CP, art. 139). Anote-se que a Lei nº 14.197/2021, preocupada com o uso indevido do direito penal no cerceamento do direito às manifestações do pensamento introduziu o art. 359-T no Código Penal que prevê: "Art. 359-T. Não constitui crime previsto neste Título a manifestação crítica aos poderes constitucionais nem a atividade jornalística ou a reivindicação de direitos e garantias constitucionais por meio de passeatas, de reuniões, de greves, de aglomerações ou de qualquer outra forma de manifestação política com propósitos sociais". Trata-se de norma importante porque indica que não é de qualquer manifestação de opinião que pode ser alcançada pelo Direito Penal, mas somente os casos abusivos, em que esse direito tem fins ilícitos, como acontece com os discursos de ódio (*hate speech*).

9.6.26 Crime aberrante

Crime aberrante é aquele praticado com erro na execução (*aberratio ictus*), com erro sobre o nexo causal (*aberratio causae*) ou com o resultado diverso do pretendido (*aberratio criminis*).

9.6.27 Crime digital ou virtual

É o crime praticado via internet. São conhecidos ainda como **crimes cibernéticos ou eletrônicos** e visam a subtração de identidade (subtração de dados pessoais), a pirataria (envolvendo direitos autorais), as fraudes bancárias, *hacking* (no qual há quebra de sistemas de segurança), *phishing* (dissiminação de vírus, *worms*, *trojans*, *spywares*, *bots*, sites falsos, e-mails simulados etc.), ciberbullying (assédio cometido pela Internet, englobando todas as suas formas), o racismo e a discriminação, bem como a pornografia infantil e juvenil (a pedofilia pela Internet). Pode-se apontar como exemplos, os seguintes tipos penais: art. 154-A do CP (invasão de dispositivo informático); art. 155, § 4°-B, do CP (furto eletrônico); art. 171, § 2°-A, do CP (estelionato eletrônico) (estes últimos acrescentados pela Lei n° 14.155/2021); art. 313-A do CP (Inserção de dados falsos em sistema de informações); art. 313-B do CP (Modificação ou alteração não autorizada de sistema de informações) e art. 72 da Lei n° 9.504/1997 (crimes eleitorais eletrônicos).

9.6.28 Crime de dano, crime de perigo abstrato e crime de perigo concreto

Crime de dano é aquele que causa lesão efetiva ao bem jurídico. Ex. art. 163 do CP (crime de dano).

Já os **crimes de perigo** se satisfazem com a simples exposição de lesão ao bem jurídico. Basta a ameaça de lesão para a sua consumação. Os crimes de perigo se subdividem em:

a) crime de **perigo concreto**, que exige a comprovação de que o bem jurídico foi exposto ao risco de lesão. Ex. art. 250 (crime de incêndio);

b) crime de **perigo abstrato (ou presumido)**, onde a lei presume, de forma absoluta, o risco de lesão. Por isso, neste caso, não há que se comprovar o risco. Ex. art. 310 do CTB (crime de entrega de direção de veículo automotor a pessoa não habilitada).

Atenção!

Há doutrinadores que falam em **crime de perigo abstrato de "perigosidade" ou periculosidade real**. Para esta classificação, o risco deve ser demonstrado, mas não direcionado à pessoa certa e determinada. O exemplo é o crime de embriaguez ao volante, em que bastaria a demonstração de perigo ao tráfego de pessoas e veículos, sem necessidade de se comprovar que determinada pessoa foi colocada em risco.

Atenção!

Existem ainda os chamados crimes de aptidão, de perigo hipotético ou de crime de perigo abstrato-concreto. Segundo essa classificação feita pelo Direito Penal Alemão, crimes de aptidão são aqueles em que o perigo é parte do tipo, e não uma fundamentação da incriminação e, por isso, diferem dos crimes de perigo abstrato. Além disso, porque não exigem a demonstração de um perigo concreto, também se diferenciam dos crimes de perigo concreto. São assim denominados porque exigem a aptidão da produção do resultado, entendida como a potencialidade de causar o dano ao bem jurídico. Necessita também da idoneidade da conduta para a produção do resultado, sem exigir sua comprovação caso a caso. Assim, a demonstração de que, ordinariamente, a conduta era idônea para colocar o bem jurídico em risco basta para a sua caracterização.

10

Fato típico

10.1 Introito

O primeiro elemento do crime é o fato típico, assim entendido como sendo todo fato humano que se amolda perfeitamente aos elementos descritos na lei penal incriminadora. Com efeito, quando alguém, por exemplo, dispara com arma de fogo e mata outrem, tem-se um fato típico, já que esse fato humano se encaixa, com perfeição, à conduta descrita no art. 121 do Código Penal ("matar alguém"). E o **fato típico**, por sua vez, é formado por **quatro elementos**, a saber:

- conduta;
- resultado naturalístico;
- nexo de causalidade; e
- tipicidade.

10.2 Conduta

10.2.1 Teorias explicativas da conduta

Os estudiosos do direito penal, ao longo dos anos, edificaram teorias e proposições para tentar explicar o que seria conduta penalmente relevante. Vejamos, pois.

10.2.1.1 Teoria causalista (naturalista, mecanicista ou clássica)

Idealizada ainda no século XIX pelos juristas alemães **Franz Eduard Ritter Von Liszt** e **Ernst Ludwig Von Beling**, a conduta era definida como sendo um simples movimento corporal voluntário modificador do mundo exterior (percebido pelos sentidos). Nada mais era do que uma provocação física por parte do agente do resultado previsto em lei como crime, independentemente de sua intenção, ou seja, a finalidade de agir do sujeito em nada importava. A conduta – mera ação mecânica submetida à relação da causa e efeito entre o que fora objetivamente praticado e o resultado previsto em lei – era dissociada do dolo e da culpa, cuja subjetividade era valorada na culpabilidade (e não no fato típico como elemento da conduta).

Sob a ótica causal, desenvolve uma conduta típica o maquinista de locomotiva que atropela e mata um suicida que se lançara repentinamente nos trilhos de ferro, pois acabou por provocar o resultado morte do sujeito, mesmo sem ter atuado com dolo ou culpa (aplicação da lei física da causa e efeito, já que a conduta não abarcava a intencionalidade). E a partir daí, poder-se-ia questionar: a teoria clássica permitia a responsabilidade penal objetiva (sem dolo ou culpa por parte do agente)? A resposta é negativa, pois, para esta teoria, o dolo e a culpa estão inseridos na culpabilidade (**dolo normativo ou dolo colorido**). Por isso é possível afirmar, com segurança, que a teoria clássica adotava necessariamente, no que diz respeito ao conceito analítico de crime, a posição tripartida (crime é fato típico, antijurídico e culpável), pois não se pode conceber a ideia de existir um crime sem que o agente tenha agido com dolo ou culpa. Além dessa, como bem aponta Fabio André Guaragni, podem ser identificados outros pontos críticos da teoria causal-naturalista nos crimes omissivos, na dificuldade de presença do nexo causal e artificialismo nos crimes tentados, etc. (GUARAGNI, 2009).

Esta teoria clássica não mais é aceita em Direito Penal e as suas principais críticas podem ser assim sintetizadas: a) esvazia o conteúdo da vontade (pois não há conduta humana desprovida de finalidade); b) não consegue distinguir determinadas infrações penais, a exemplo dos crime de lesão corporal grave e homicídio tentado (pois a ação é compreendida objetivamente, sem analisar a intencionalidade do sujeito); c) ignora os crimes omissivos (pois considera apenas a ação como conduta); e d) não consegue explicar os crimes de mera conduta (pois estes crimes, por não possuírem resultado naturalístico, não provocam qualquer modificação no mundo exterior).

10.2.1.2 Teoria finalista da ação

Criada e idealizada pelo jusfilósofo alemão **Hans Welzel** no início da década de 30 do século passado, a conduta é definida como sendo toda ação ou omissão humana, consciente e voluntária, dirigida a uma determinada finalidade. Para esta teoria, não se pode separar a vontade da conduta do agente (estão umbilicalmente vinculadas e não podem ser dissociadas). Vale dizer: a conduta nada mais é do que a materialização da própria vontade do sujeito (é o seu querer). Nas palavras do próprio Hans Welzel, "a finalidade é vidente, a causalidade é cega" (WELZEL, 2009). Sob a ótica finalista, portanto, o dolo e a culpa estão atrelados à conduta (**dolo natural**). Assim, a partir da teoria finalista da ação, o dolo e a culpa deslocaram-se da culpabilidade para o fato típico (mais especificamente para o seu primeiro elemento: a conduta), pelo que é forçoso concluir que os adeptos finalistas podem abraçar, no que toca ao conceito analítico de crime, tanto a posição bipartida quanto a tripartida.

Prevalece o entendimento de que é a teoria adotada pelo Código Penal brasileiro, não obstante também seja alvo de críticas, a saber: *a)* não consegue explicar os crimes culposos (pois não há vontade em se produzir um resultado naturalístico involuntário); e *b)* ao centralizar a ideia no desvalor da conduta, ignorou o desvalor do resultado.

Atenção!

O **Código Penal Militar**, diferentemente do Código Penal, adotou expressamente a **teoria causalista**, já que se refere ao dolo e à culpa como elementos integrantes da culpabilidade (CPM, art. 33).

Para melhor visualizar a diferença entre uma e outra teoria, vejamos os seguintes quadros sinóticos:

Crime (analiticamente considerado): Teoria causalista		
Fato típico	**Antijuridicidade**	**Culpabilidade**
a) conduta (considerada de forma objetiva, não importando a finalidade/intenção do agente) *b)* resultado naturalístico *c)* nexo causal *d)* tipicidade	Conceito obtido por exclusão (é ilícito todo comportamento humano típico não amparado por quaisquer das causas excludentes da antijuridicidade)	*a)* imputabilidade *b)* exigibilidade de conduta diversa *c)* **dolo e culpa**

Crime (analiticamente considerado): Teoria finalista da ação		
Fato típico	**Antijuridicidade**	**Culpabilidade**
a) conduta (**dolo ou culpa**) *b)* resultado naturalístico *c)* nexo causal *d)* tipicidade	Conceito obtido por exclusão (é ilícito todo comportamento humano típico não amparado por quaisquer das causas excludentes da antijuridicidade)	*a)* imputabilidade *b)* exigibilidade de conduta diversa *c)* potencial consciência da ilicitude

10.2.1.3 Teoria social da ação (ou da ação socialmente adequada)

Desenvolvida pelo jurista alemão **Johannes Wessels**, e bastante defendida pelo também penalista alemão **Hans-Heinrich Jescheck**, apenas acrescentou aos conceitos das teorias clássica e finalista uma dimensão de relevância social. A conduta, assim, era entendida como sendo toda ação socialmente relevante, isto é, que apresentasse repercussão social, pois não poderia falar-se em tipicidade de um comportamento cujo resultado produzido fosse indiferente à sociedade (sem perturbação social). A sua principal crítica é a porosidade, porque não traz uma definição e/ou especificação do que seria socialmente relevante (ou socialmente adequado), semeando, pois, a insegurança ao sistema jurídico-penal. Para *Eugenio Raúl Zaffaroni*, esta teoria é imprecisa no plano teórico e inútil a nível prático.

10.2.1.4 Teorias funcionalistas

A partir da década de 70 do século passado, doutrinadores alemães passaram a desenvolver estudos com vistas a adequar a lei penal positivada aos próprios fins do Direito Penal. Cuidaram de estudar e entender o Direito Penal de acordo com a sua função social. Se o Direito Penal possui uma função na órbita jurídica, os seus conceitos (dentre os quais se inclui a conduta) deveriam ser então interpretados, necessariamente, de acordo com essa missão. Enfim, trata-se de submeter a dogmática penal aos fins específicos do Direito Penal.

E as duas principais teorias funcionalistas são:

a) **funcionalismo teleológico (ou moderado)**: idealizado pelo jurista alemão **Claus Roxin**, este teorema parte da ideia de que o direito penal tem por finalidade principal **pro-**

teger bens jurídicos fundamentais à convivência pacífica dos homens. Nessa perspectiva, entende-se por conduta como sendo toda ação ou omissão humana, voluntária e consciente, que provoca efetiva lesão ou expõe a perigo de lesão o bem jurídico tutelado pela norma. Assim, ainda que a conduta humana desenvolvida esteja formalmente descrita em lei como infração penal, não há falar-se tipicidade se não houver ofensa ao interesse protegido, pois a missão do Direito Penal é a proteção de bens jurídicos. Como explica Luiz Flávio Gomes e Antonio García-PAblos de Molina, Roxin, em sua obra *Política criminal e sistema do Direito Penal*, procurou enlaçar cada uma das categorias do delito à política criminal. Ao contrário do que defendia *Von Liszt*, de que a política criminal é a barreira intransponível do Direito Penal, procurou romper as linhas divisórias entre Direito Penal e política criminal, de modo que o que mais importa não "*é a beleza estética do sistema, senão soluções justas para cada caso concreto*" (GOMES; MOLINA, 2009).

b) **funcionalismo sistêmico (ou radical)**: tem como maior expoente o jurista alemão **Günter Jakobs**. Esta teoria funda-se na premissa de que o Direito Penal tem por finalidade principal **proteger a vigência do sistema (reafirmação da autoridade da norma)**. Nessa perspectiva, entende-se conduta como sendo toda ação ou omissão humana, voluntária e consciente, que inobserva uma determinação do sistema (violação da norma e, portanto, do próprio sistema).

10.2.1.5 *Teoria da ação significativa*

Formulada pelo jurista espanhol *Tomás Salvador Vives Antón*, tem como alicerce os pensamentos do filósofo austríaco *Ludwig Wittgenstein* (filosofia da linguagem) e do filósofo e sociólogo alemão *Jürgen Habermas* (teoria da ação comunicativa). Pretende traçar uma nova perspectiva de esclarecimento a respeito dos conceitos e significados básicos do Direito Penal, pelo que propõe uma nova análise conceitual de conduta penalmente relevante. A sua proposta de análise descansa sobre dois conceitos essenciais: ação e norma. O conceito de conduta é analisado a partir do significado que lhe é dado pela norma, razão pela qual não há, segundo essa teoria, um conceito ontológico (essência) e universal (padrão) de ação, pois não existe sem as normas que lhe emprestam sentido (a ação existe em razão da norma). Ação, portanto, é o significado do que o sujeito faz (que deve ser interpretado de acordo com a norma), de modo que é necessário não apenas descrevê-la, mas sobretudo conhecê-la (a norma deve servir de vetor interpretativo da ação).

Como explica Paulo Busato:

> Resumidamente, se pode dizer que para a concepção significativa da ação, as condutas humanas somente podem ser compreendidas através das normas, ou seja, elas só têm significado a partir das normas, portanto, temos que identificá-las como tipos de ação. Conceber uma concepção significativa de ação não é nada mais que expressar uma forma de percepção da ação no contexto social das circunstâncias em que se produz. Com a admissão do significado como reitor do conceito de ação, se está baseando a ideia de ação fora do sujeito e fora do objeto, para transferi-la à relação que se estabelece entre eles. Isto é, um conceito de ação baseado no significado não se estrutura a partir da perspectiva subjetiva de uma impressão que se tem da realidade, nem mesmo de um ponto de vista objetivo, do objeto observado, mas mantém como

substrato a comunicação que provém da relação sujeito-objeto, quer dizer, da mensagem que comunica a atuação do sujeito ao relacionar-se com as circunstâncias do meio (BUSATO, 2020).

10.2.2 Hipóteses excludentes de conduta

Tão somente o ser humano pode praticar conduta penalmente relevante, pois apenas o homem possui a consciência e a capacidade de manifestação de vontade. Os atos dos animais irracionais e os acontecimentos naturais são indiferentes à luz do Direito Penal, salvo na hipótese em que há alguma interferência humana. Exemplo: o agente, com a intenção deliberada de matar o desafeto, dá ordem de ataque ao *pit bull*, cujo cão avança e mata a vítima.

E considerando que não há conduta humana sem vontade, podemos indicar como as suas excludentes:

a) **coação física irresistível (*vis absoluta*)**: trata-se da hipótese em que o agente (coagido) realiza um movimento, único e exclusivamente, por conta da força física de terceira pessoa (coator). O agente coagido funciona como mera massa mecânica e é apenas um instrumento nas mãos do coator. Nesse caso, não há falar-se em prática de qualquer conduta por parte do agente coagido, mas, sim, do coator. Exemplo: o coator, usando de sua força física, pressiona a mão e o dedo do coagido numa arma de fogo, forçando-lhe a disparar contra o desafeto. O autor do crime de homicídio, nesse caso, será tão somente o agente coator. Necessário, porém, que a força empregada seja irresistível e implique na completa exclusão da vontade e da capacidade de opor-se. Caso seja resistível, não haverá ausência de conduta, mas de mera atenuante de pena. A força física irresistível pode provir da natureza, como quando um indivíduo é arrastado pelo vento ou por uma corrente de água.

b) **atos reflexos**: são os movimentos involuntários, automaticamente comandados pelo sistema nervoso central, a partir de estímulos recebidos pelo próprio organismo, como as reações diante de dor decorrentes de ferimentos, espetadas ou queimaduras inesperadas, ou uma crise epilética. Exemplo: reflexo patelar. Imaginemos a hipótese em que um paciente, após receber um leve golpe com um martelinho na patela (pequeno osso do joelho), atinge um pontapé no médico, causando-lhe lesão corporal. Por ausência de conduta, não há falar-se em fato típico.

c) **atos de inconsciência**: são aqueles atos praticados sem que o agente deles tenha domínio ou conhecimento, isto é, fruto de atividades em que inexiste consciência, compreendida como a atividade das funções mentais. Exemplo: injúrias proferidas por pessoa que está delirando devido à febre alta ou atos decorrentes de desmaio (perda brusca de consciência), sonambulismo e estado de hipnose.

10.2.3 Formas de conduta

A conduta pode ser praticada de duas formas, a saber:

a) **ação**: é o comportamento positivo. É um fazer, um agir. Diz respeito aos crimes comissivos (aqueles que descrevem uma ação proibida e exigem uma atividade positiva do agente). O agente, ao praticar um crime comissivo, viola uma lei penal incriminadora proibitiva. Ou seja: faz aquilo que a norma proibia. Exemplo: art. 121 do Código Penal ("matar alguém").

b) **omissão**: é o comportamento negativo. É um não fazer, um não agir. Diz respeito aos crimes omissivos (aqueles que descrevem uma omissão proibida). O agente, ao praticar um crime omissivo, viola uma lei penal incriminadora preceptiva ou mandamental. Ou seja: não faz aquilo que a norma impunha.

Os crimes omissivos dividem-se em:

a) **puro (ou próprio)**: é aquele em que a simples conduta negativa por parte do agente (ou seja, a própria abstenção) já traduz tipicidade, razão pela qual é desnecessário qualquer resultado naturalístico. Exemplo: crimes de omissão de socorro (CP, art. 135) e abandono material (CP, art. 244).

b) **impuro (ou impróprio ou comissivo por omissão)**: é aquele em que o agente não observa o dever de agir imposto pela lei e, por não cumprir com essa obrigação, responde pelo resultado que deveria e poderia ter evitado. O *dever especial de agir* recai sobre sujeitos especiais, que devem possuir uma qualidade específica, que não é inerente e nem existe nas pessoas em geral. Ao contrário dos crimes omissivos puros, os delitos comissivos por omissão não estão tipificados autonomamente na Parte Especial do Código Penal. A sua tipificação reclama a intervenção da norma de extensão prevista no **art. 13, § 2°, do Código Penal (relevância causal da omissão)**. Nos termos do que apregoa esse dispositivo legal, "*a omissão é penalmente relevante quando o omitente devia e podia agir para evitar o resultado*". **E o dever jurídico de agir incumbe a quem:**

- **"tenha por lei obrigação de cuidado, proteção ou vigilância"** (CP, art. 13, § 2°, alínea "a"): nessa hipótese, há uma norma jurídica que obriga o agente ao cuidado, proteção e vigilância para com o bem jurídico tutelado. Essa obrigação legal imposta ao agente, frise-se, não precisa necessariamente estar prevista em uma lei de natureza penal. Exemplo: o art. 1.634 do Código Civil impõe aos pais a obrigação de proteção e assistência ao filho. Logo, a mãe que deixa de alimentar o filho pequeno e, por essa razão, provoca-lhe a morte (inanição), responderá por esse resultado (crime de homicídio), pois possuía um dever jurídico de agir.

- **"de outra forma, assumiu a responsabilidade de impedir o resultado"** (CP, art. 13, § 2º, alínea "b"): nessa hipótese, o agente, ao assumir a responsabilidade de impedir o resultado (seja por contrato ou por qualquer outra forma, ainda que inexista vínculo jurídico), funciona como um verdadeiro **"garantidor"** do bem jurídico tutelado. Aqui, a obrigação do agente de cuidado, proteção e vigilância para com o bem jurídico não decorre da lei, mas, sim, de sua própria vontade manifestada ao ter assumido o encargo. Exemplo: a babá contratada para cuidar de uma criança e o professor de natação contratado para ensinar alguém a nadar assumem a posição de "garantidores", pelo que devem zelar, assim, pela saúde corporal da menor e do aluno, respectivamente.
- **"com seu comportamento anterior, criou o risco da ocorrência do resultado"** (CP, art. 13, § 2º, alínea "c"): é a chamada **"ingerência na norma"**. Nessa hipótese, o agente, por praticar determinado comportamento que coloca em perigo o bem jurídico, está obrigado a salvá-lo, sob pena de responder pelo resultado. Exemplo: se por conta de uma brincadeira, um amigo atirar outro em uma piscina, estará obrigado então a salvá-lo do afogamento, sob pena de responder pelo crime de homicídio se sobrevier o resultado morte.

> **Atenção!**
>
> Há **crimes de conduta mista (comissiva e omissiva)**, em que o tipo penal descreve uma fase inicial comissiva (de um fazer) seguida de uma fase final omissiva (de um não fazer). Exemplo: crime de apropriação de coisa achada (CP, art. 169, inciso II), em que o agente, num primeiro momento, apodera-se da coisa alheia perdida (ação) e, posteriormente (depois de 15 dias), não promove a sua restituição ao dono ou legítimo possuidor ou a sua entrega à autoridade competente (omissão).

> **Atenção!**
>
> No que diz respeito à omissão, o Código Penal agasalhou a **teoria normativa ou jurídica** (e não a teoria naturalística).

10.3 Resultado

Entende-se por resultado a consequência provocada pela conduta desenvolvida pelo agente. E o resultado pode ser:

a) **naturalístico (material)**: é a modificação do mundo exterior causada a partir da prática criminosa. Exemplo: a morte do ser humano no crime de homicídio, a deterioração do objeto no crime de dano etc. Há crimes que não produzem resultado naturalístico, já que nem todas as condutas humanas criminosas provocam uma modificação no mundo natural. São os chamados crimes de mera conduta. Exemplo: crimes de ato obsceno (CP, art. 233) e desobediência (CP, art. 330).

b) **normativo (jurídico)**: é a lesão ou ao menos a exposição a perigo de lesão do bem jurídico tutelado pela norma. Todo crime, necessariamente, produz resultado normativo, porquanto não há falar-se em crime sem que haja lesão ou ameaça de lesão ao interesse protegido pelo Direito Penal, por força do que dispõe o princípio da ofensividade.

Atenção!

Existe crime sem resultado? Não, pois, como já dito alhures, todo crime produz inevitavelmente o resultado normativo.

Atenção!

O art. 13, *caput*, do Código Penal, assim dispõe: "*O resultado, de que depende a existência do crime, somente é imputável a quem lhe deu causa. (...)*". Nota-se que esse dispositivo legal condiciona a existência de um crime à ocorrência de um resultado. Ou seja: a lei é expressa no sentido de que não existe crime sem resultado. Por essa razão é que parcela da doutrina, a exemplo de *Luiz Flávio Gomes*, acertadamente, diga-se de passagem, posiciona-se na direção de que esse dispositivo deve ser interpretado restritivamente, para daí extrair a conclusão de que a lei quis referir-se ao resultado normativo. Frise-se, no entanto, que o entendimento doutrinário majoritário é noutro sentido, entendendo-se que a expressão "resultado" diz respeito sim ao resultado naturalístico, com a ressalva, todavia, de que o dispositivo se refere tão somente aos crimes materiais, pois somente a essas infrações importa a produção do resultado naturalístico (trata-se também de uma interpretação restritiva da lei).

10.4 Nexo de causalidade

10.4.1 Conceito

Entende-se por nexo de causalidade o elo entre a conduta do agente e o resultado (relação natural de causa e efeito entre uma e outro). Trata-se de um critério objetivo para aferição da responsabilidade penal (imputação), capaz de conectar a conduta do agente ao resultado produzido. Condutas que não contribuem de alguma forma para um dano (ou para um perigo de dano) ao bem jurídico são tidas como um indiferente penal.

10.4.2 Teorias

O nexo de causalidade pode ser compreendido a partir de teorias propositivas distintas, senão vejamos.

10.4.2.1 Teoria da equivalência dos antecedentes causais

O Código Penal brasileiro adotou, como regra, a teoria da equivalência dos antecedentes causais (teoria da *conditio sine qua non*). De acordo com essa teoria, considera-se causa do crime toda *"ação ou omissão sem a qual o resultado não teria ocorrido"* (CP, art. 13, *caput*, parte final).

Assim, para apurar se determinado fato é ou não causa do crime, utiliza-se o *processo de eliminação hipotética dos antecedentes causais* desenvolvido por *Thyrén*. Suprime-se, mentalmente, determinada conduta da série de antecedentes do crime. Se houver o desaparecimento do resultado, aquele fato é causa; se não houver o desaparecimento, não é causa. *Damásio Evangelista de Jesus* muito bem exemplifica: "Suponha-se que A tenha matado B. A conduta típica do homicídio possui uma série de fatos, alguns antecedentes, dentre os quais podemos sugerir os seguintes: 1º) produção do revólver pela indústria; 2º) aquisição da arma pelo comerciante; 3º) compra do revólver pelo agente; 4º) refeição tomada pelo homicida; 5º) emboscada; 6º) disparo de projéteis na vítima; 7º) resultado morte. Dentro dessa cadeia de fatos, excluindo-se os fatos sob números 1º a 3º, 5º e 6º, o resultado não teria ocorrido. Logo, são considerados *causa*. Excluindo-se o fato sob número 4° (refeição), ainda assim o evento teria acontecido. Logo, a refeição tomada pelo sujeito não é considerada *causa* (JESUS, 2020).

A crítica doutrinária reside no fato de que a teoria da *conditio sine qua non* possibilita a regressão ao infinito (*regressus ad infinitum*) na busca do que seja a causa do crime. Com efeito, de acordo com a proposição desse teorema, os pais do agente homicida também seriam causa do crime, pois, se não fosse por eles, o agente não teria nascido e, assim, o resultado morte não teria ocorrido quando e como ocorreu. Os pais do sujeito criminoso, todavia, não são responsabilizados, tampouco punidos, justamente porque não atuaram com dolo ou culpa no que diz respeito à causação do resultado morte. E afastado o dolo e a culpa, afastada também estará a própria conduta e, por conseguinte, o fato típico (como já afirmado alhures, apenas interessa ao Direito Penal a conduta humana dolosa ou culposa).

10.4.2.2 *Teoria da causalidade adequada*

Ainda no que diz respeito à definição da relação de causalidade, o Código Penal brasileiro adotou, excepcionalmente, a teoria da causalidade adequada (CP, art. 13, § 1°). De acordo com esse dispositivo legal, "a superveniência de causa relativamente independente exclui a imputação quando, por si só, produziu o resultado". A partir daí, surge a necessidade de estudarmos as hipóteses em que há uma concorrência de causas, ou seja, quando há uma outra causa colaborando para a ocorrência do resultado final além daquela conduta desenvolvida pelo agente. Concausa, portanto, é toda e qualquer causa que, somada ao comportamento do sujeito, concorre para a produção do resultado.

E a **concausa** pode ser:

a) **dependente**: é aquela que decorre diretamente da conduta desenvolvida pelo agente, inserindo-se dentro da linha de desdobramento normal do comportamento (é uma decorrência lógica e natural). Exemplo: o agente dispara com arma de fogo e atinge a vítima em região vital, provocando-lhe a morte por hemorragia interna decorrente de laceração pulmonar. A hemorragia (*causa mortis*) é uma causa dependente, pois umbilicalmente vinculada à própria conduta do agente (sem a qual não existiria).

Atenção!

As causas dependentes, por óbvio, não rompem jamais o nexo de causalidade.

---

b) **independente**: é aquela que, por não se inserir dentro da linha de desdobramento normal da conduta desenvolvida pelo agente (não é uma decorrência esperada do comportamento do agente), produz, por si só, o resultado. E a concausa independente pode ser:

c) **absolutamente independente**: é aquela que sequer origina-se a partir da conduta do agente, ou seja, não possui qualquer relação com o comportamento humano desenvolvido. Pode ser:

- **preexistente**: a causa produzidora do resultado existia antes mesmo da conduta do agente. Exemplo: O agente dispara com arma de fogo e atinge a vítima, que, pouco tempo depois, vem a morrer, porém não por conta dos ferimentos provocados por esse ataque, mas, sim, por ter anteriormente ingerido substância venenosa ministrada por uma outra pessoa. A intoxicação (*causa mortis*) produziu, por si só, o resultado, em nada se relacionando com o comportamento do agente que disparou o artefato de fogo, que será responsabilizado apenas pelo crime de homicídio tentado (e não consumado).

- **concomitante**: a causa produzidora do resultado surge ao mesmo tempo da conduta do agente. Exemplo: O agente dispara com arma de fogo e atinge o desafeto, porém nesse mesmo instante um lustre desprende-se e despenca bem em cima da vítima, que vem a morrer pouco tempo depois exclusivamente por conta dessa lesão na cabeça. O traumatismo craniano (*causa mortis*) produziu, por si só, o resultado, em nada se relacionando com o comportamento do agente que disparou o artefato de fogo, que será responsabilizado apenas pelo crime de homicídio tentado (e não consumado).
- **superveniente**: a causa produzidora do resultado surge depois da conduta do agente. Exemplo: O agente ministra veneno na refeição ingerida pela vítima, que, pouco tempo depois, vem a morrer, porém não por conta da intoxicação, mas, sim, em decorrência de um ataque cardíaco. O infarto (*causa mortis*) produziu, por si só, o resultado, em nada se relacionando com o comportamento do agente que ministrou a substância venenosa, que será responsabilizado apenas pelo crime de homicídio tentado (e não consumado).

Atenção!

As causas absolutamente independentes sempre rompem o nexo de causalidade, pelo que responderá o agente apenas pelo crime tentado, e não consumado, por força do que dispõe o art. 13, *caput*, do Código Penal (o resultado somente é imputável a quem lhe deu causa).

d) **relativamente independente**: é aquela que se origina a partir da conduta do agente, ou seja, possui relação com o comportamento humano desenvolvido. Pode ser:

- **preexistente:** a causa produzidora do resultado existia antes mesmo da conduta do agente. Exemplo: O agente desfere golpes de faca na vítima, que, por ser hemofílica, vem a morrer. A hemofilia (*causa mortis*) produziu, por si só, o resultado, porém esse distúrbio na coagulação do sangue está relacionado com o comportamento do agente, que será responsabilizado, portanto, pelo crime de homicídio consumado.
- **concomitante**: a causa produzidora do resultado surge ao mesmo tempo da conduta do agente. Exemplo: O agente dispara com arma de fogo na direção da vítima, que, assustada, suporta um ataque cardíaco e vem a morrer. O infarto (*causa mortis*) produziu, por si só, o resultado, porém esse colapso cardíaco está relacionado com o comportamento do agente, que será responsabilizado, portanto, pelo crime de homicídio consumado.
- **superveniente**: a causa produzidora do resultado surge depois da conduta do agente. Exemplo: O agente dispara com arma de fogo e atinge a vítima na perna, cujo ferimento não seria capaz de produzir a sua morte. Uma vez socorrida, a vítima é encaminhada de ambulância à unidade hospitalar, cujo veículo, todavia, colide com um poste de iluminação pública no trajeto. A vítima vem a morrer exclusivamente por conta dos ferimentos na cabeça suportados no acidente automobilístico. O traumatismo craniano (*causa mortis*) produziu, por si só, o resultado, porém essa lesão está relacionada com o comportamen-

to do agente (não fosse o anterior disparo de arma de fogo promovido pelo agente, não estaria a vítima na ambulância). Nesse caso, no entanto, o agente será responsabilizado apenas pelo crime de homicídio tentado (e não consumado), por força do que dispõe o art. 13, § 1°, do Código Penal (teoria da causalidade adequada adotada excepcionalmente).

Atenção!

As causas relativamente independentes preexistentes e concomitantes não rompem o nexo de causalidade, pelo que responderá o agente pelo crime consumado. As causas relativamente independentes supervenientes que, por si só, produzirem o resultado, rompem o nexo de causalidade, pelo que responderá o agente apenas pelo crime tentado, e não consumado, por força do que dispõe o art. 13, § 1°, do Código Penal.

Atenção!

O entendimento jurisprudencial significativamente majoritário é no sentido de que a falha (ou omissão) no atendimento médico e a infecção hospitalar são causas relativamente independentes supervenientes que, por si só, não produzem o resultado, de modo que não há falar-se em rompimento do nexo de causalidade. Exemplo: o agente dispara com arma de fogo e atinge a vítima, que, socorrida e encaminhada ao hospital, vem a morrer por decorrência de omissão no atendimento médico ou de infecção hospitalar durante o período de internação. Nessas hipóteses, responderá o agente pelo crime de homicídio consumado.

Vejamos o fluxograma a respeito da temática:

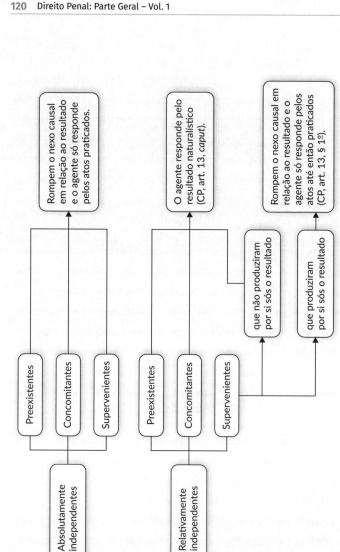

10.4.2.3 Teoria da imputação objetiva

A teoria da imputação objetiva, desenvolvida inicialmente pelo jurista alemão *Claus Roxin*, serve para a atribuição normativa da produção de determinado resultado a um indivíduo, de modo a viabilizar a sua responsabilização. Propõe-se, inicialmente, ao atendimento de situações em que a teoria da equivalência dos antecedentes causais não oferece respostas satisfatórias, principalmente à luz de um Direito Penal voltado às consequências. A teoria da equivalência dos antecedentes causais, muitas vezes, produz respostas essencialmente naturalísticas, típicas das ciências exatas, visto que a conexão entre conduta e resultado é feita por um acrítico processo de causalismo natural. Este automatismo ignora o conteúdo normativo do tipo e os objetivos protetivos nele contidos, que devem servir para a constituição de critérios objetivos que possibilitem a caracterização de delitos a partir de considerações essencialmente relevantes para o Direito Penal.

O exercício de construção da relação causal entre conduta e resultado deve ser permeado por postulados qualitativos interpretativos. Essa é a principal função da teoria da imputação objetiva: dotar o sistema jurídico-penal de parâmetros normativos de valoração político-criminal, desvinculando-o das realidades ontológicas absolutas, como as noções naturalistas de ação e causalidade. Por isso é que a teoria da imputação objetiva responde melhor aos crimes que não possuem resultados naturalísticos (como os de mera conduta e os omissivos), além de servir para uma noção jurídica de causalidade.

Os critérios objetivos de avaliação propostos pela teoria da imputação objetiva são:

a) **criação ou incremento de um risco juridicamente proibido**: o crime só é imputável ao agente que produziu ou aumentou, com sua conduta, um risco proibido, isto é, que ultrapassou os limites de tolerância traçados pelo direito. Ao contrário, caso seu comportamento tenha criado riscos permitidos, irrelevantes ou diminuídos, não será responsável por este delito. Exemplo: caso alguém convença outrem a viajar por estrada com altos índices de acidentes, o que realmente provoca a sua morte, não há como responsabilizar o mau conselheiro por qualquer crime, porque o trânsito intenso é um risco permitido. O risco permitido é aferível tanto pelas determinações jurídicas, como pelo padrão de confiança (princípio da confiança) na adequação às regras de comportamento social. Por isso que não é possível responsabilizar o motorista que conduz o seu veículo na sua via e, ao cruzar com ciclista que trafegava na pista ao lado, o atropela ante a mudança repentina de faixa, visto que ele confiava que a invasão de pista não ocorreria.

b) **realização do risco proibido no resultado**: só é imputado ao agente o resultado decorrente do risco criado ou incrementado pela conduta, de modo que não será considerado como causa o comportamento que não estiver na linha de desdobramento natural da ação praticada pelo agente.

c) **resultado dentro do alcance do tipo**: o risco produzido pela conduta do agente deve estar abrangido pelo tipo penal. Assim, no famoso caso do ferido por um disparo de arma de fogo que morre na ambulância por causa de um acidente durante o seu deslocamento, não há responsabilidade penal do atirador. Este resultado está fora do alcance do tipo, visto que, quando o agente atirou, queria matar a vítima em razão do disparo, situação abrangida, por exemplo, no caso de a morte ocorrer no hospital. Contudo, a morte no acidente está fora do alcance do tipo, eis que o indivíduo queria matar alguém com um disparo de arma, e não por meio de um acidente, afinal, o objetivo do art. 121 do Código Penal não é prevenir acidentes fatais.

10.5 Tipicidade

10.5.1 Conceitos gerais

A tipicidade penal é a junção da tipicidade formal e da tipicidade material. Vejamos, pois, os conceitos:

a) **tipicidade formal**: é o mero encaixe da conduta humana desenvolvida pelo agente com aquele modelo descrito abstratamente na lei penal incriminadora. É o enquadramento do comportamento humano praticado à descrição genérica e abstrata do tipo penal. Se houver essa correspondência, fala-se em tipicidade formal. Exemplo: O agente dispara com arma de fogo e mata o seu desafeto, cuja conduta amolda-se perfeitamente à infração penal anunciada pelo art. 121, *caput*, do Código Penal ("matar alguém"), pelo que é considerada, assim, formalmente típica.

Atenção!

A tipicidade formal pode ser alcançada de duas formas, a saber: *a)* **adequação típica direta (ou por subordinação imediata)**: trata-se do enquadramento típico direto, ou seja, a conduta perpetrada pelo agente encontra exata correspondência com a descrição feita em abstrato pela norma penal incriminadora. Exemplo: o agente apodera-se de um veículo automotor estacionado em via pública com o fim de obter a coisa para si, cujo comportamento ajuste-se com exatidão à descrição genérica do crime de furto feita pelo art. 155 do Código Penal ("subtrair, para si ou para outrem, coisa alheia móvel"); e *b)* **adequação típica indireta (ou por subordinação mediata)**: trata-se do enquadramento típico indireto, já que exige seja aplicada uma "**norma de extensão**". Exemplo: o agente dispara com arma de fogo e atinge o seu desafeto, que, apesar dos graves ferimentos suportados, não morre, já que socorrido com eficiência em tempo (crime de homicídio tentado). Nota-se que não há lei penal incriminadora que tipifique diretamente a conduta praticada pelo agente (tentar matar alguém), de modo que o enquadramento típico desse comportamento somente é possível com a aplicação da norma de extensão inscrita no art. 14, inciso II, do Código Penal (norma atinente à tentativa). Também são consideradas normas de extensão aquelas inscritas no art. 13, § 2º (omissão penalmente relevante), e no art. 29 (concurso de pessoas), do Código Penal.

> b) **tipicidade material (ou substancial)**: é a efetiva lesão ou ao menos a exposição a perigo de lesão do bem jurídico tutelado pela norma. Assim, se a conduta praticada pelo agente não causar lesão nem expuser a perigo de lesão o interesse protegido pelo Direito Penal, não há falar-se em tipicidade material, cujo conceito, frise-se, está visceralmente relacionado com o princípio da ofensividade (ou lesividade). Exemplo: o agente ingressa numa padaria e dali subtrai, para si, uma simples bala de menta avaliada em R$ 0,10 (dez centavos). Muito embora o comportamento desenvolvido seja formalmente típico (adequação típica direta à infração penal anunciada pelo art. 155 do Código Penal), não é materialmente típico, por ausência de lesão ao bem jurídico tutelado (patrimônio), pelo que não há falar-se, assim, em tipicidade penal. Registre-se, a partir daí, que o princípio da insignificância sempre afasta a tipicidade material.

10.5.2 As fases da tipicidade

As principais fases da tipicidade podem ser assim sintetizadas:

a) **fase da independência do tipo**: pensada por *Ernst Ludwig von Beling*, a tipicidade, nessa fase, em nada se relacionava com a ilicitude e a culpabilidade, tratando-se apenas de uma mera descrição objetiva sem qualquer conteúdo valorativo.

b) **fase do caráter indiciário da ilicitude (teoria indiciária ou da *ratio cognoscendi*)**: a partir dos estudos desenvolvidos por *Max Ernst Mayer*, a tipicidade passou a relacionar-se com a ilicitude, sendo dela indiciária, de modo que todo fato típico é presumidamente antijurídico. Trata-se, no entanto, de presunção relativa, que pode ser repelida se ocorrentes quaisquer das causas excludentes de antijuridicidade (legítima defesa, estado de necessidade, exercício regular de um direito e estrito cumprimento do dever legal). É a teoria aceita pelo Código Penal brasileiro.

c) **fase da essência da ilicitude (teoria da identidade ou da *ratio essendi*)**: com as proposições de *Edmund Mezger*, a tipicidade passou a relacionar-se com a ilicitude de forma ainda mais estreita, sendo dela parte integrante, de modo que todo fato típico é antijurídico. Essa teoria foi alvejada por muitas críticas, porquanto não dissocia os conceitos de tipicidade e de antijuridicidade.

d) **fase da ilicitude sem autonomia (teoria dos elementos negativos do tipo)**: preconizada por *Hellmuth von Weber*, também parte da premissa de que todo fato típico é antijurídico, da mesma forma como apregoa a teoria da *ratio essendi*, com a diferença de que, para essa teoria, as causas excludentes da antijuridicidade integram a própria tipicidade. Trata-se do chamado **tipo total de injusto**. Nessa perspectiva de ideias, se o agente atuar em estado de necessidade ou em legítima defesa, por exemplo, afastada estará a tipicidade.

10.5.3 Tipo penal

10.5.3.1 Considerações gerais

O tipo penal é uma norma descritiva de um comportamento criminoso em abstrato. E essa descrição genérica e abstrata de uma conduta veiculada por uma lei penal incriminadora (tipo penal) contém a seguinte estrutura:

a) **núcleo**: é o verbo que descreve a conduta proibida.

b) **elementos**: são os dados elementares da definição de uma infração penal, ou seja, aqueles dados sem os quais a infração penal não existe. É o chamado tipo fundamental (tipo básico). Trata-se do crime simples. E os elementos (ou elementares) do tipo penal podem ser:

- **objetivos (descritivos)**: são aqueles que dispensam qualquer juízo de valor (interpretação valorativa) para a exata compreensão de seu significado. Dizem respeito ao aspecto material da conduta (forma de execução, condições de tempo e lugar etc.). Exemplo: "coisa móvel" (CP, art. 157 – crime de roubo), "violência ou grave ameaça" (CP, art. 213 – crime de estupro) etc.
- **normativos**: são aqueles que demandam um juízo de valor (interpretação valorativa) para a exata compressão de seu significado. Esse elemento normativo, por sua vez, pode ser:
  - **jurídico**: exige uma interpretação valorativa de natureza jurídica. Exemplo: "funcionário público" (CP, art. 312 – crime de peculato).
  - **extrajurídico**: exige uma interpretação valorativa de natureza religiosa, ética, moral, consuetudinária ou cultural. Exemplo: "ato obsceno" (CP, art. 233 – crime de ato obsceno).

- **subjetivos**: são aqueles que dizem respeito ao estado anímico do agente (relacionados à vontade e intenção do agente). Trata-se do chamado **elemento subjetivo especial (finalidade especial)**. Assim, quando o tipo penal veicular um elemento subjetivo especial, o agente, além do dolo de praticar o verbo núcleo do tipo (elemento subjetivo geral), deve atuar com aquele *especial fim de agir* descrito na lei, sob pena de atipicidade da conduta. Exemplo: "para si ou para outrem" (CP, art. 155 – crime de furto). Para a caracterização do crime de furto, não basta que o agente subtraia coisa alheia móvel, sendo necessário que assim atue com o ânimo de assenhoreamento definitivo, ou seja, com a intenção de apoderar-se da coisa em definitivo (*animus rem sibi habendi*). Por essa razão é que o "furto de uso" é considerado um fato atípico, pois o agente, nesse caso, age sem a intenção de ter a coisa definitivamente.
c) **circunstâncias**: são os dados acessórios que interferem apenas no *quantum* (aumento ou diminuição) de pena. É o chamado tipo derivado. Trata-se dos crimes qualificado (alteração do balizamento punitivo para maior), circunstanciado (causas de aumento de pena) e privilegiado (causas de diminuição de pena).

Atenção!

Tipo penal e tipicidade são conceitos distintos e inconfundíveis. O tipo penal é uma descrição genérica e abstrata de uma conduta pensada pelo legislador. Tipicidade é analisar se a conduta praticada no plano concreto pelo agente se encaixa ou se adequa com perfeição naquele modelo genérico e abstrato (tipo penal).

10.5.3.2 Funções do tipo penal

As principais funções do tipo penal são as seguintes:

a) **garantidora**: o tipo penal é uma garantia ao indivíduo, pois poderá praticar toda e qualquer conduta que não esteja descrita em lei como infração penal de forma livre e tranquila, sem preocupar-se com o direito de punir do Estado.

b) **indiciária**: a prática de um fato típico por parte do agente faz nascer a presunção de que esse fato também é ilícito, cuja presunção, no entanto, é relativa pois admite prova em sentido contrário. Assim, se demonstrado que o agente houvera atuado acobertado por quaisquer das causas excludentes de antijuricidade, afastada estará essa presunção.

c) **seletiva**: o tipo penal é o selecionador das condutas incriminadas pelo Estado.

d) **fundamentadora**: o tipo penal, ao veicular uma conduta criminosa, acaba por fundamentar o direito de punir do Estado, que nasce a partir da violação dessa norma por parte do agente.

10.5.3.3 Classificação do tipo penal

As principais classificações doutrinárias a respeito do tipo penal são as seguintes:

a) **normal e anormal**: **normal** é aquele tipo penal que contém apenas elementos objetivos em sua estrutura; **anormal** é aquele que contém, além de elementos objetivos, outros elementos (normativo e/ou subjetivo) em sua estrutura.

b) **fechado (ou cerrado) e aberto**: **fechado** é aquele tipo penal que descreve por completo a conduta incriminada, não havendo a necessidade de qualquer interpretação; **aberto** é aquele que, por não descrever minuciosamente a conduta criminosa, exige uma atividade interpretativa para extrair o seu alcance, como ocorre, por exemplo, nos crimes culposos.

c) **simples e misto**: **simples** é aquele tipo penal que contém apenas um verbo em sua estrutura (crime de ação única); **misto** é aquele que contém dois ou mais verbos em sua estrutura (crime de ação múltipla ou de conteúdo variado). **O tipo misto pode ser**:

- **alternativo**: os verbos nucleares, se executados pelo agente no mesmo contexto fático, traduzem hipótese de crime único. Exemplo: crime de tráfico ilícito de drogas (Lei Federal nº 11.343/2006, art. 33); ou
- **cumulativo**: os verbos nucleares, se executados pelo agente no mesmo contexto fático, traduzem hipótese de concurso material de infrações. Exemplo: crime de abandono material (CP, art. 244).

10.5.3.4 Tipicidade conglobante

Desenvolvida pelo jurista argentino *Eugenio Raúl Zaffaroni*, essa teoria apregoa que só há falar-se em tipicidade penal se houver, além da tipicidade legal (conduta humana formalmente e materialmente típica), **antinormatividade**, ou seja, a contrariedade da conduta humana com a ordem jurídica considerada em seu todo (conglobada). Não se admite a ideia de que alguém possa praticar um fato típico se esse mesmo fato é ordenado ou fomentado pela ordem normativa.

Exemplos: *a)* o oficial de justiça, ao cumprir mandado judicial de penhora, subtrai coisa alheia móvel, assim o fazendo no estrito cumprimento de dever legal; e *b)* o particular prende em flagrante o autor de um crime de furto, assim agindo no exercício regular de direito (CPP, art. 301). Nessas hipóteses, sob a ótica da teoria da tipicidade conglobante, as condutas praticadas pelo oficial de justiça e pelo particular são atípicas, pois a ordem jurídica ordenava e fomentava, respectivamente, que assim agissem, ou seja, as condutas não eram antinormativas. E se não há antinormatividade, não há tipicidade. Nota-se que o estrito cumprimento do dever legal e o exercício regular de direito, nessa perspectiva conglobante, funcionam como causas excludentes da tipicidade, e não da antijuridicidade. De se frisar, por fim, que a legítima defesa e o estado de necessidade, mesmo aqui, continuam funcionando como causas excludentes da antijuridicidade, pois a conduta lesiva praticada pelo agente nesses casos não é ordenada nem fomentada pela ordem jurídica, mas apenas facultada.

11

Teoria geral do dolo e da culpa

11.1 Teoria geral do dolo

11.1.1 Considerações iniciais

Como já dito alhures, o dolo, a partir da concepção finalista, passou a integrar a conduta e, por via de consequência, o fato típico. Nesse sentido, na lição de *Juarez Tavares*, o dolo é "a consciência e vontade de realizar os elementos objetivos do tipo, tendo como objetivo final a lesão ou o perigo concreto de lesão do bem jurídico".

11.1.2 Teorias explicativas

As principais teorias a respeito do dolo são as seguintes:

a) **teoria da vontade**: dolo é a vontade consciente (elemento intelectivo) de praticar a conduta e de produzir o resultado (elemento volitivo). Fala-se em conduta dolosa, assim, quando o agente realiza, voluntária e conscientemente, determinada conduta com o fim de produzir o resultado.

b) **teoria do assentimento (ou do consentimento ou da aprovação)**: dolo é a consciência e vontade de praticar a conduta, mas de não produzir diretamente o resultado, cuja ocorrência é assumida e/ou aceita. Fala-se em conduta dolosa, nesses termos, quando o agente, ao praticar voluntária e conscientemente determinada conduta, assume o risco de produzir o resultado por ele previsto, muito embora não quisesse diretamente produzi-lo (assunção do risco de produzir o resultado).

c) **teoria da representação (teoria da possibilidade)**: dolo é a simples previsão do resultado. Fala-se em conduta dolosa, sob essa perspectiva, quando o agente, ao praticar voluntária e conscientemente determinada conduta, já tenha previsto a produção do resultado, pouco importando tenha desejado diretamente ou aceitado a sua ocorrência. Para essa teoria, a culpa deve ser sempre inconsciente, porque, uma vez reconhecida a possibilidade do resultado, haverá dolo, não sendo necessário analisar se o agente assumiu ou não o risco de sua produção. Essa teoria não consegue distinguir adequadamente o dolo eventual da culpa consciente, motivo pelo qual tem grande resistência. É considerada uma teoria intelectiva, porque centrada no elemento intelectual (consciência) para a sua caracterização.

d) **teoria da probabilidade (teoria da cognição)**: haverá dolo quando a conduta tem maior probabilidade (chance) de produzir o resultado do que de não o produzir. A teoria assenta-se em dados objetivos, de modo a aferir o dolo a partir de um comportamento que, estatisticamente, enseja grande probabilidade de produzir o resultado. Como a realização do resultado é representada pelo agente, a teoria leva a uma dificuldade em conhecer o real elemento volitivo do agente. Difere do dolo eventual, porque nesse, o agente prevê como provável o resultado, e não apenas como possível, admitindo ou não o resultado. Se a produção do resultado for pouco provável, haverá culpa consciente.

Atenção!

O **Código Penal brasileiro adotou as teorias da vontade** (CP, art. 18, inciso I, primeira parte) **e do assentimento** (CP, art. 18, inciso I, *in fine*).

11.1.3 Espécies de dolo

O dolo pode ser:

a) **direto (ou determinado) ou indireto (ou indeterminado)**: fala-se em **dolo direto** quando o agente, ao desenvolver a sua conduta, quer diretamente a produção de determinado resultado (o dolo direto está associado à teoria da vontade). E em **dolo indireto** quando o agente, ao praticar a sua conduta, não tem por finalidade produzir um determinado e específico resultado (o dolo indireto está atrelado à teoria do assentimento).

Atenção!

O **dolo direto** divide-se em:

- **de primeiro grau**: o agente pratica a conduta com a intenção de produzir o resultado pretendido. Exemplo: o agente, com a intenção de matar o seu desafeto, apodera-se de uma faca e desfere vários golpes contra a vítima, causando-lhe, pois, a sua morte (que era o resultado desejado e perseguido desde o início);

- **de segundo grau (ou dolo de consequência necessária):** o agente pratica a conduta com a intenção de produzir o resultado pretendido, porém ciente de que acabará inevitavelmente produzindo outros resultados além daquele desejado (efeito colateral). O agente aceita a produção desses outros resultados como **consequência necessária** da conduta desenvolvida com o fim de produzir ao resultado previamente visado. O dolo direto de segundo grau, frise-se, é sempre consequência do dolo direto de primeiro grau. Exemplo: o agente, com a intenção de matar o maquinista (dolo direto de primeiro grau), instala uma bomba no trem por ele operado, ciente de que o efeito explosivo também matará os passageiros (dolo direto de segundo grau) daquele veículo ferroviário; e
- **de terceiro grau (ou dolo de dupla consequência necessária):** o agente pratica a conduta com a intenção de produzir o resultado pretendido, porém ciente de que acabará inevitavelmente produzindo outros resultados além daquele desejado (efeito colateral) e outros tantos em decorrência desse efeito colateral. O agente aceita a produção desses outros resultados como **consequência necessária** dos efeitos colaterais decorrentes da conduta desenvolvida com o fim de produzir ao resultado previamente visado. O dolo direto de terceiro grau, frise-se, é sempre consequência do dolo direto de segundo grau. Exemplo: o agente, com a intenção de matar o motorista (dolo direto de primeiro grau), instala uma bomba na ambulância por ele conduzida e destinada exclusivamente ao transporte de mulheres gestantes, ciente de que o efeito explosivo também matará as passageiras (dolo direto de segundo grau) daquele veículo com a consequente provocação dos abortos (dolo direto de terceiro grau).

Atenção!

O **dolo indireto** divide-se em:
- **alternativo:** o agente pratica a conduta com a intenção de produzir um ou outro resultado. Exemplo: o agente dispara com arma de fogo

na direção de seu desafeto com a intenção de lesioná-lo ou matá-lo. Se efetivamente matar a vítima, o agente responderá pelo crime de homicídio. E se não conseguir matá-la, deverá então responder pelo crime de homicídio tentado (e não pelo delito de lesão corporal), pois, em se tratando de dolo alternativo, a responsabilização será sempre pelo crime mais grave, ainda que na forma tentada, por força do que dispõe a teoria da vontade (CP, art. 18, inciso I, primeira parte); e

- **eventual**: o agente pratica a conduta não com a intenção de produzir um determinado resultado, porém aceitando a sua ocorrência. No dolo eventual, o agente não quer o resultado, mas assume o risco de produzi-lo. Ou seja: o agente, prevendo como possível a produção de um resultado não desejado diretamente, não deixa de praticar a sua conduta e aceita o risco de produzi-lo (CP, art. 18, inciso I, segunda parte). Exemplo: o agente, com o propósito de realizar apenas uma brincadeira, porém ciente da possibilidade de produção do resultado morte, insere carregador, efetua golpe de segurança e aciona gatilho de arma de fogo na direção de um colega, cujo artefato dispara e atinge a vítima, provocando-lhe a morte.

Atenção!

Embora haja alguma divergência, o Superior Tribunal de Justiça já entendeu que o dolo eventual é compatível com o crime tentado. (STJ, 6ª. T., AgRg no AREsp 608.605/MS, Rel. Min. Ericson Maranho, julgamento em 28/04/2015).

Atenção!

Segundo o Superior Tribunal de Justiça, se alguém comete um homicídio com arma de fogo e, além do resultado intencional, atinge outra pessoa por erro de pontaria, o segundo crime – mesmo não sendo uma consequência pretendida – também deve ser tratado como doloso. Isso acontece porque o dolo se projeta para ambos os resultados criminosos (STJ. REsp. 1.853.219. 6ª. T., Rel Min. Nefi Cordeiro, julgamento em 10.08.2020).

Esse precedente autoriza concluir que, mesmo tendo realizado uma única conduta, caso haja aquiescência e indiferença na produção de vários resultados em face de diferentes pessoas, o agente responderá por tantos crimes quantas forem as vítimas possíveis de ser atingidas. Isso acontece porque o dolo eventual abrange também o risco de produzir mais de um resultado, ainda que tentados.

Atenção!

A quinta turma do Superior Tribunal de Justiça adotou o entendimento de que as qualificadoras objetivas do crime de homicídio, previstas nos incisos III e IV do § 2º do art. 121 do Código Penal (CP), são compatíveis com o dolo eventual. Para o colegiado, "as referidas qualificadoras serão devidas quando constatado que o autor delas se utilizou dolosamente como meio ou como modo específico mais reprovável para agir e alcançar outro resultado, mesmo sendo previsível e tendo admitido o resultado morte". (STJ. REsp 1.836.556. 5ª T. Rel. Min. Joel Ilan Paciornik, julgamento em 13.08.2021).

b) **natural (ou incolor) ou normativo (ou colorido)**: **dolo natural** é aquele formado pelos elementos **cognitivo** (consciência da conduta, do resultado e da relação de causalidade) e **volitivo** (vontade de praticar a conduta e de produzir o resultado), em nada se relacionando com a consciência da ilicitude do comportamento desenvolvido. A partir da teoria finalista da ação, o dolo migrou da "culpabilidade" para o "fato típico" (mais especificamente para o seu primeiro elemento "conduta"), deixando de carregar em sua formatação a consciência da ilicitude do fato. Já o **dolo normativo** era aquele formado pelos elementos **cognitivo** (consciência da conduta, do resultado e da relação de causalidade), **volitivo** (vontade de praticar a conduta e de produzir o resultado) e **normativo** (consciência da ilicitude do fato). Nele, a consciência atual da ilicitude (elemento normativo) é simultânea aos elementos cognitivo e volitivo. Para a teoria causalista (ou clássica ou natural ou mecanicista), o dolo era uma das partes integrantes da "culpabilidade".

c) **de dano (ou de lesão) ou de perigo**: fala-se em **dolo de dano** quando o agente pratica a conduta com a intenção de efetivamente lesionar o bem jurídico tutelado pela norma. Exemplo: crimes de homicídio (CP, art. 121) e lesão corporal (CP, art. 129). E em **dolo de perigo** quando o agente desenvolve a sua conduta com a intenção de expor a perigo de lesão (exposição a risco) o bem jurídico protegido. Exemplo: crimes de perigo de contágio venéreo (CP, art. 130) e de perigo para a vida ou saúde de outrem (CP, art. 132).

d) **de propósito (ou refletido) ou de ímpeto (ou repentino)**: fala-se em **dolo de propósito** quando o agente pratica a conduta criminosa após prévia reflexão, ainda que breve (o dolo refletido está associado aos crimes premeditados). Exemplo: crime de extorsão mediante sequestro (CP, art. 159). E em **dolo de ímpeto**, quando o agente desenvolve o comportamento delituoso sem qualquer premeditação e/ou reflexão, fruto de um repentino acesso de fúria ou paixão. Exemplo: crime de homicídio emocional, cuja infração é perpetrada pelo agente sob o domínio de violenta emoção logo em seguida à injusta provocação da vítima (CP, art. 121, § 1º).

e) **geral (ou por erro sucessivo ou *dolus generalis*)**: fala-se em **dolo geral** quando o agente pratica uma conduta com uma específica finalidade para a obtenção de um certo resultado e, acreditando já tê-lo produzido, realiza uma nova conduta, com fim diverso, cujo comportamento, porém, acaba por produzir ao resultado inicialmente visado. Há, na verdade, um erro sobre a causalidade, porque o agente acredita ter alcançado o resultado, que, na realidade, sobrevém mediante outra conduta posterior. O dolo é geral, porque acompanha a ação em todos os instantes até a efetivação do resultado desejado desde o início. Exemplo: o agente dispara com arma de fogo contra a vítima que, por conta do ataque, cai desmaiada. Por acreditar já tê-la matado, o agente ateia fogo em seu corpo com o fim de ocultar o cadáver. Apura-se, entretanto, que a causa da morte não fora o disparo, mas, sim, o fogo.

A respeito da **responsabilização do agente que atua com dolo geral**, há dois posicionamentos, a saber:

a) homicídio doloso tentado e homicídio culposo em concurso de crimes, sob o fundamento de que o dolo é sempre contemporâneo à prática da conduta; e

b) homicídio doloso consumado, sob o fundamento de que o dolo é geral e que, por isso, englobaria as duas condutas, sendo que o erro incidiria apenas sobre o nexo causal. **Esse posicionamento é o majoritário**. E daí pergunta-se: responderia o agente por homicídio simples (pelo que desejava ao atirar) ou homicídio qualificado pelo fogo (pelo que efetivamente ocorreu)? Embora reconheçamos a divergência sobre o tema, **somos do entendimento de que o agente responderá pelo crime de homicídio qualificado**, já que, sendo silente o Código Penal, o objetivo prepondera sobre o subjetivo. E não há falar-se no crime de ocultação de cadáver, pois, no instante do fogo, a vítima ainda se encontrava viva (logo, não havia cadáver).

11.1.4 Elementos subjetivos do tipo distintos do dolo

São aqueles que exigem valorações de ordem subjetiva, ligadas à intencionalidade e à motivação do autor do delito. Constituem-se, assim, em elementos subjetivos especiais, distintos do dolo, e que implicam na exigência de um especial fim de agir para que o tipo penal seja caracterizado. Exemplifiquemos: não basta a subtração de coisa alheia móvel para a caracterização do crime de furto, pois é também necessária a intenção de apropriação do bem (fim de assenhoreamento definitivo). Podem ser elementos ultraintencionais, porque exigem um querer superior ao dolo comum (ex.: propósito de ocultar a desonra – art. 134 do CP). Outros são particulares disposições internas do sujeito ativo (ex.: a traição requer que a morte seja causada aproveitando-se da situação indefesa da vítima e não apenas a conhecendo – art. 121, § 2º, IV, do CP).

11.2 Teoria geral da culpa

11.2.1 Considerações iniciais

Nos exatos termos do que dispõe o art. 18, inciso II, do Código Penal, *"diz-se o crime: (...) culposo, quando o agente deu causa ao resultado por imprudência, negligência ou imperícia"*. No crime culposo, o agente desenvolve a conduta não querendo o resultado, tampouco aceitando o risco de produzi-lo. É o crime praticado acidentalmente (sem querer) pelo agente por conta de um comportamento faltoso e descuidado.

O resultado, no delito culposo, encontra-se dentro do tipo objetivo. A violação do dever de cuidado configura componente normativo do tipo objetivo, motivo pelo qual o crime culposo é um caso de tipo aberto, em que não é possível individualizar a conduta proibida se não se recorrer a uma outra norma que nos indique qual é o "cuidado devido" que deveria ter o sujeito ativo, determinado de acordo com a situação jurídica e social de cada homem.

No aspecto cognoscitivo do tipo subjetivo culposo, basta um conhecimento "potencial", isto é, uma mera possibilidade de conhecimento, sendo dispensável um conhecimento efetivo, como ocorre no caso do dolo. O tipo subjetivo culposo integra-se em um aspecto volitivo (vontade de realizar a conduta final com os meios escolhidos) e um aspecto intelectual ou cognoscitivo (possibilidade de conhecer o perigo que a conduta cria para os bens jurídicos alheios e de prever a possibilidade de resultado segundo esse conhecimento – é a previsibilidade). Por isso, para haver crime culposo, é necessário que o indivíduo não tome as cautelas nos moldes do homem-médio e, portanto, é preciso que tenha havido a quebra de um dever objetivo de cuidado, exteriorizado pela imprudência, negligência ou imperícia.

Há atipicidade culposa quando o resultado não era previsível para o autor, seja porque se encontrava além da sua capacidade de previsão (ignorância invencível), seja porque o sujeito encontrava-se em um estado de erro invencível de tipo. A previsibilidade condiciona o dever de cuidado e deve ser estabelecida de acordo com a capacidade de previsão de cada indivíduo.

11.2.2 Elementos do crime culposo

A partir de sua definição, podemos extrair os elementos do crime culposo, a saber:

a) **conduta voluntária**: o agente tem vontade de praticar a conduta (ação ou omissão), mas não o resultado, que é provocado involuntariamente (a voluntariedade está atrelada apenas à conduta, e não ao resultado). No crime culposo, o agente desenvolve o comportamento sem querer a produção do resultado naturalístico.

b) **quebra do dever objetivo de cuidado**: o homem, enquanto integrante de um organismo social, está sujeito ao dever de comportar-se adequadamente, de modo a não causar qualquer dano aos interesses de outrem, sob pena de responsabilização pela prática de uma conduta faltosa e descuidada. Isso implica no dever de agir de forma a reconhecer o perigo, levando em consideração as possíveis consequências de sua conduta, de modo a se abster de agir ou agir com a precaução necessária quando essa ação implicar perigo de lesão a bem jurídico.

No crime culposo, o agente desenvolve voluntariamente uma conduta sem a observância do dever objetivo de cuidado ao atuar com imprudência, negligência ou imperícia **(desvalor da ação)**. São três, pois, as **modalidades de culpa**, a saber:

- **imprudência**→ é a conduta positiva (por ação), caracterizada por ser arriscada. O agente faz o que não deveria fazer (culpa *in agendo*). Exemplo: o agente, na condução de seu veículo automotor, ignora o sinal vermelho semafórico e avança no cruzamento, pelo que atropela um pedestre, causando-lhe lesões corporais.
- **negligência**: é a conduta negativa (por omissão), caracterizada pela falta de atenção (displicente). O agente não faz o que deveria fazer (culpa *in omitendo*). Exemplo: o agente, na condução de seu veículo automotor, atropela e mata um pedestre, porque o sistema de frenagem do automóvel não havia sido submetido à adequada manutenção.

- **imperícia:** é a inaptidão para o exercício de arte, ofício ou profissão. O agente, não obstante esteja habilitado e autorizado para o exercício de determinada atividade, não consegue desenvolvê-la a contento por ausência de conhecimento técnico, prático e/ou teórico, pelo que acaba por provocar lesão ao interesse alheio. Exemplo: um dentista devidamente habilitado, durante a execução de um tratamento odontológico, provoca lesão corporal em um paciente por conta de falha procedimental. Se o agente não fosse habilitado e qualificado para o exercício da odontologia (os chamados "práticos"), ter-se-ia uma conduta imprudente (e não imperita), porquanto a imperícia somente pode ocorrer no exercício de arte, ofício ou profissão, razão pela qual também é denominada de culpa profissional.

c) **resultado naturalístico involuntário:** somente há falar-se em crime culposo se a conduta voluntária faltosa e descuidada do agente (imprudência, negligência ou imperícia) provocar (involuntariamente) o resultado naturalístico lesivo **(desvalor do resultado)**. No crime culposo, como já dito alhures, o agente não quer nem assume o risco de produzir o resultado.

Atenção!

Todo crime culposo é um crime material, de modo que somente se perfectibilizará se sobrevier o resultado naturalístico (crime culposo consumado). Do contrário, o fato será atípico, porquanto não há falar-se em tentativa de crime culposo, já que não há como tentar-se algo que não se quer e/ou pretende produzir.

d) **nexo de causalidade:** é o liame entre a conduta voluntária faltosa e descuidada do agente e o resultado naturalístico (relação natural de causa e efeito entre uma e outro).

e) **previsibilidade objetiva do resultado**: o agente, ao praticar voluntariamente a conduta faltosa e descuidada, não prevê a produção do resultado, muito embora pudesse tê-lo previsto (culpa inconsciente), ou, prevendo, acredita sinceramente em sua não ocorrência (culpa consciente). Ou seja: no crime culposo, **a produção do resultado naturalístico é sempre previsível** (aquilo que pode ser previsto). De outro lado, a imprevisibilidade do resultado exclui a culpa.

Atenção!

A previsibilidade do resultado é objetiva. Para a aferição dessa previsibilidade, utiliza-se, pois, o **"critério do homem médio"**: a partir de um juízo valorativo, busca-se verificar se uma pessoa de comportamento padrão e normal, inserida nas mesmas condições do agente, poderia ou não prever o resultado. Se positiva a resposta, porque o resultado era objetivamente previsível. E se negativa, porque o resultado não era objetivamente previsível, hipótese em que não haverá falar-se em crime culposo, por ausência de um de seus elementos ("previsibilidade objetiva do resultado").

f) **tipicidade**: trata-se do enquadramento da conduta voluntária faltosa e descuidada provocadora do resultado naturalístico com aquele modelo descrito abstratamente na lei penal incriminadora.

Atenção!

Por força do que dispõe o art. 18, parágrafo único, do Código Penal, somente há falar-se em crime culposo se a modalidade culposa do delito estiver expressamente prevista em lei. Trata-se do **princípio da excepcionalidade do crime culposo**. Exemplo: a lesão corporal praticada culposamente somente é punida porque assim prevê o art. 129, § 6º, do Código Penal.

11.2.3 Espécies de culpa

A culpa pode ser:

a) **inconsciente (ou sem previsão ou *ex ignorantia*) ou consciente (ou com previsão ou *ex lascivia*)**: fala-se em **culpa inconsciente** quando o agente, ao desenvolver a sua conduta faltosa e descuidada, não prevê a produção do resultado naturalístico, muito embora fosse objetivamente previsível. E em **culpa consciente** quando o agente, ao praticar a conduta, até prevê a produção do resultado naturalístico, porém acredita e crê, sinceramente, em sua não ocorrência.

Frise-se que a tipicidade culposa se satisfaz com um conhecimento "potencial" do perigo aos bens jurídicos, sem necessidade de conhecimento efetivo de tal perigo, isto é, a tipicidade culposa contenta-se com a forma inconsciente, sem que seja necessária a culpa consciente ou com representação.

Atenção!

Culpa consciente e dolo eventual são conceitos distintos e inconfundíveis. É bem verdade que, num e noutro, o agente prevê a produção do resultado naturalístico. A diferença é que, no dolo eventual, o agente assume o risco de produzi-lo, ou seja, não se importa com a sua produção (aceitação do resultado como uma possibilidade de produzir o resultado), ao passo que, na culpa *ex lascivia*, o agente não aceita a sua ocorrência, justamente porque atua com a crença sincera de que poderá evitá-lo (confiança de que o resultado não ocorrerá).

---

b) **própria ou imprópria (ou por extensão ou por assimilação ou por equiparação)**: a **culpa própria** é a culpa por excelência (propriamente dita), ou seja, aquela em que o agente, ao desenvolver a sua conduta, não quer, nem assume o risco de produzir o resultado naturalístico. A **culpa imprópria** é aquela em que o agente pratica a sua conduta com a intenção de produzir o resultado, acreditando, equivocadamente, estar acobertado por quaisquer das causas excludentes da antijuridicidade (é a chamada descriminante putativa: erro no que diz respeito à ilicitude do fato). A bem da verdade, trata-se de um comportamento doloso (o agente atua com a consciência e a vontade de praticar a conduta e de produzir o resultado) punido pela legislação penal como se culposo fosse, por medida de política criminal (CP, art. 20, § 1º, segunda parte).

Atenção!

A legislação penal não distingue os graus de culpa. Assim, se houver qualquer comportamento culposo (seja a culpa grave, leve ou levíssima), responsabilizado será o agente; e se não houver, irrelevante será o fato para o Direito Penal. Para a perfectibilização do crime culposo, pouco importa, pois, a intensidade da culpa.

Atenção!

Em Direito Penal, não há falar-se em compensação de culpas. Imaginemos a hipótese de um acidente automobilístico em que os dois motoristas envolvidos agiram com culpa e suportaram lesões corporais. Nesse caso, os dois agentes responderão pelo crime de lesão corporal culposa na direção de veículo automotor (CTB, art. 303), já que as culpas não podem ser compensadas (são sujeitos ativos e passivos ao mesmo tempo). Frise-se que **apenas estará afastada a responsabilidade penal do agente se houver culpa exclusiva da vítima.**

> **Atenção!**
>
> Fala-se em **concorrência de culpas** quando dois ou mais agentes, de forma culposa, contribuem para a produção do resultado naturalístico. Imaginemos a hipótese em que dois motoristas, por desrespeitarem normas de trânsito, atropelaram um pedestre, causando-lhe, pois, a sua morte. Nesse caso, os dois agentes responderão pelo crime de homicídio culposo na direção de veículo automotor (CTB, art. 302), já que as culpas são concorrentes. Frise-se que **não há falar-se em concurso de pessoas (coautoria e/ou participação), porque ausente o vínculo subjetivo entre os agentes**.

11.2.4 Causas excludentes da culpa

São causas de exclusão da culpa:

- **caso fortuito e força maior**: são eventos imprevisíveis e impossíveis de se evitar ou de se impedir.
- **atuação conforme o princípio da confiança**: a atuação, em conformidade com as regras do ordenamento jurídico e da sociedade, implica em obediência ao dever objetivo de cuidado.
- **erro profissional ou científico**: decorre da falibilidade dos métodos científicos, e não da imperícia do agente.

11.2.5 Considerações pontuais sobre os crimes culposos

A respeito dos crimes culposos, é preciso ainda destacar o seguinte:

a) via de regra, os crimes culposos são todos materiais, porque necessitam da ocorrência do resultado naturalístico

para a sua perfeita conformação. Exceção é o crime culposo inscrito no art. 38 da Lei Federal n° 11.343/2006, cuja infração penal se consuma com a mera prescrição feita pelo médico ou dentista (crime de mera conduta).
b) via de regra, os crimes culposos não admitem a tentativa. Exceção é a culpa imprópria, porque aí, como já dito alhures, o indivíduo age, em verdade, de forma dolosa, mas é punido a título de culpa por uma opção de política criminal.
c) os crimes culposos admitem coautoria, mas não participação.

11.3 Crime preterdoloso (ou preterintencional)

Fala-se em crime preterdoloso (ou preterintencional) quando o agente, ao praticar a sua conduta dolosa, acaba por produzir, a título de culpa, um resultado mais grave do que pretendia. Ou seja: o agente atua com a intenção de produzir um determinado resultado, porém dessa conduta executada decorre um resultado mais grave não desejado. Exemplo: crime de lesão corporal seguida de morte (CP, art. 129, § 3°).

Nota-se que a preterintenção não é um elemento anímico autônomo, senão uma combinação entre o dolo e a culpa **(figura híbrida)**. Nessa perspectiva, pertinente é a lição de *Giuseppe Bettiol*:

> Parece-nos mais convincente a opinião de que nos encontramos no delito preterintencional frente a uma hipótese de dolo misto de culpa, no sentido de que há dolo no que concerne ao crime menos grave previsto e desejado, e culpa em relação ao evento mais grave realizado. (...) Podemos, portanto, concluir, considerando que a preterintenção não é uma forma autônoma do nexo psicológico, e sim uma hipótese mista de dolo e culpa.

Atenção!

Crime qualificado pelo resultado é gênero que comporta quatro espécies, a saber: *a)* **conduta dolosa e resultado agravador culposo** (dolo no antecedente e culpa no consequente): é o chamado crime preterdoloso. Exemplo: crime de lesão corporal seguida de morte (CP, art. 129, § 3º); *b)* **conduta dolosa e resultado agravador doloso** (dolo no antecedente e dolo no consequente). Exemplo: crime de lesão corporal gravíssima (CP, art. 129, § 2º); *c)* **conduta culposa e resultado agravador culposo** (culpa no antecedente e culpa no consequente). Exemplo: forma qualificada de crime de perigo comum (CP, art. 258, parte final); e *d)* **conduta culposa e resultado agravador doloso** (culpa no antecedente e dolo no consequente). Exemplo: crime de lesão corporal culposa combinado com as hipóteses em que o agente deixa de prestar imediato socorro à vítima, não procura diminuir as consequências do seu ato ou foge para evitar prisão em flagrante (CP, art. 129, § 6º c/c § 7º). Note-se, por fim, que o delito qualificado pelo resultado, via de regra, não admite tentativa (somente é possível a tentativa em relação ao tipo básico doloso).

Atenção!

Nos termos do que dispõe o art. 19 do Código Penal, *"pelo resultado que agrava especialmente a pena, só responde o agente que o houver causado ao menos culposamente"*. A norma justifica-se, porque não há falar-se em responsabilidade penal objetiva.

12

Erro de tipo

12.1 Erro sobre elementos do tipo (ou erro de tipo essencial)

12.1.1 Conceito

Nos termos do que dispõe o art. 20, *caput*, do Código Penal, "*o erro sobre elemento constitutivo do tipo legal de crime exclui o dolo, mas permite a punição por crime culposo, se previsto em lei*". É assim um fenômeno decorrente tanto do erro (engano) quanto da ignorância (desconhecimento) acerca de algum dos elementos do tipo objetivo.

De acordo com essa disposição legal, podemos afirmar que **o erro de tipo essencial é aquele que recai sobre as elementares da figura típica**. O agente, supondo equivocadamente estar ausente uma elementar, desenvolve a sua conduta e acaba por praticar, sem vontade e consciência, um fato descrito abstratamente no tipo penal. Ou seja: o agente não sabe, nem tem a consciência de que comete uma infração penal. E, ausentes a vontade e a consciência, **não há falar-se em dolo, razão pela qual sempre estará afastado esse elemento subjetivo**.

Exemplo: um sitiante, durante uma cavalgada por suas terras, ouve um ruído atrás de um arbusto e, por acreditar ser um animal feroz, dispara com arma de fogo naquela direção; descobre-se que o vulto, na verdade, era um funcionário da propriedade rural, que, em razão do disparo, vem a morrer. Nesse caso, não há falar-se em crime de homicídio doloso (afastamento do dolo), já que houve erro sobre uma das elementares da correspondente figura típica ("alguém"). O agente acreditava atuar licitamente, pois ignorava a presença da elementar "alguém" do tipo penal descrito no art. 121 do Código Penal.

Atenção!

Somos adeptos do entendimento de que o erro de tipo essencial é apenas aquele que recai sobre os elementos constitutivos do tipo penal. E a razão é simples: trata-se de interpretação literal do texto inscrito no art. 20, *caput*, do Código Penal. Não concordamos, assim, com o posicionamento de parte da doutrina, a exemplo de Damásio Evangelista de Jesus, que entende que o erro de tipo essencial também é aquele que recai sobre as circunstâncias da figura típica (qualificadoras e agravantes).

12.1.2 Espécies e consequências

O erro de tipo essencial pode ser:

a) **justificável (ou desculpável ou invencível ou inevitável)**: trata-se daquele erro que não poderia ter sido evitado pelo agente. Nesse caso, excluídos estarão o dolo e a culpa.

b) **injustificável (ou indesculpável ou vencível ou evitável)**: trata-se daquele erro que poderia ter sido evitado pelo agente se atuasse com maior diligência e/ou prudência.

Aqui, excluído estará apenas o dolo, pelo que subsistirá a responsabilidade criminal a título de culpa, se houver, por evidente, a previsão expressa da modalidade culposa da infração penal.

Atenção!

Há duas propostas doutrinárias para identificar se o erro é inevitável ou evitável, a saber: *a)* devem ser consideradas as condições de julgamento do *homem médio* (se tinha a condição de evitar o erro, é porque era evitável; se não tinha condições de evitá-lo, é porque era inevitável). Esse posicionamento é criticado, ante a indeterminabilidade do que seja *homem médio*; e *b)* devem ser consideradas as circunstâncias de cada caso concreto (idade do agente, grau de instrução, momento, local, horário etc.). Enfim, trata-se de analisar os dados concretos de cada caso a fim de verificar a evitabilidade ou inevitabilidade do erro.

Atenção!

O erro de tipo essencial sempre exclui o dolo. Se for justificável, também estará excluída a culpa. Se for injustificável, responderá o agente pelo crime culposo, desde que haja a previsão legal da modalidade culposa (princípio da excepcionalidade do crime culposo).

Atenção!

Erro de tipo essencial e crime putativo por erro de tipo são conceitos distintos e inconfundíveis. No erro de tipo, o agente, por conta do equívoco, pratica uma infração penal sem ter a vontade e a consciência de praticá-la. Já no crime putativo por erro de tipo, ocorre justamente o contrário, pois o agente desenvolve a sua conduta com a intenção e a vontade de praticar uma infração penal, quando, na verdade, nenhum ilícito pratica. Trata-se de um delito apenas imaginário, porquanto só existe na mente do sujeito. Exemplo: o agente acredita praticar o crime de tráfico ilícito de drogas ao comercializar lucrativamente determinado pó branco, que reputa ser cocaína, mas que na verdade é sal refinado.

12.2 Descriminante putativa por erro de tipo (ou erro de tipo permissivo)

12.2.1 Conceito

O art. 20, § 1°, do Código Penal, assim estabelece: "*É isento de pena quem, por erro plenamente justificado pelas circunstâncias, supõe situação de fato que, se existisse, tornaria a ação legítima. Não há isenção de pena quando o erro deriva de culpa e o fato é punível como crime culposo*".

Esse dispositivo legal diz respeito às descriminantes putativas por erro de tipo, ou seja, às causas excludentes de ilicitude apenas imaginárias, que só existem na mente do sujeito. O agente, por não conseguir interpretar corretamente o cenário fático por conta do erro (falsa percepção da realidade), desenvolve a sua conduta com a crença equivocada de que atua acobertado por alguma descriminante (estado de necessidade, legítima defesa, estrito cumprimento de dever legal ou exercício regular de direito). **Trata-se, pois, do erro que recai sobre os pressupostos de fato de uma causa excludente da antijuridicidade (é a leitura fática equivocada por parte do agente, que, se correta fosse, tornaria a sua conduta legítima). É o chamado erro de tipo permissivo.**

Exemplo: *A* ameaça *B* de morte, prometendo matá-lo no primeiro encontro. Em determinado dia, encontram-se, quando, então, A coloca a mão na cintura, cujo gesto B supõe ser o apoderamento de uma arma de fogo. A partir dessa suposição, B saca rapidamente o seu revólver, dispara o artefato e mata A. Posteriormente, descobre-se que A encontrava-se desarmado e que iria apenas pegar um lenço (exemplo de Damásio Evangelista de Jesus). Note-se que o agente se equivocou quanto aos fatos, imaginando uma situação de injusta agressão iminente por parte do desafeto, que, fosse real, tornaria a sua ação legítima.

Atenção!

Descriminante putativa, como dito alhures, é uma causa excludente de ilicitude imaginária, que somente existe na mente do agente em face do erro. **Esse erro**, que faz o sujeito imaginar estar acobertado por uma excludente, **pode incidir sobre:** a) os pressupostos de fato de uma excludente (erro de tipo permissivo); b) a existência de uma excludente (erro de proibição indireto); e c) os limites de uma excludente (erro de proibição indireto). O art. 20, § 1°, do Código Penal, diz respeito ao erro de tipo permissivo, ao passo que o art. 21 do Código Penal está relacionado ao erro de proibição, cujo tema será estudado em momento futuro e oportuno (no capítulo da "culpabilidade").

12.2.2 Espécies

O erro de tipo permissivo pode ser:

- **justificável (ou desculpável ou invencível ou inevitável):** trata-se daquele erro que não poderia ter sido evitado pelo agente.
- **injustificável (ou indesculpável ou vencível ou evitável):** trata-se daquele erro que poderia ter sido evitado pelo agente se atuasse com maior diligência e/ou prudência.

12.2.3 Consequência

De acordo com a redação legal inscrita no art. 20, § 1°, do Código Penal, se o erro for plenamente justificado pelas circunstâncias (erro invencível), isento de pena estará o agente (exclusão da culpabilidade); se o erro não for justificado (erro vencível), o agente responderá pela pena do crime culposo, desde que prevista em lei a modalidade culposa.

Atenção!

Não obstante o texto normativo expresso (CP, art. 20, § 1°), posiciona-se a **doutrina majoritária** na direção de que **a descriminante putativa por erro sobre os pressupostos fáticos de uma excludente, por força da teoria limitada da culpabilidade (teorema adotado pelo Código Penal), é erro de tipo (permissivo)**. Assim, se invencível o erro, excluídos estarão o dolo e a culpa; se vencível, excluído estará apenas o dolo, pelo que subsistirá a responsabilidade criminal a título de culpa, se houver, por evidente, a previsão expressa da modalidade culposa da infração penal (é a chamada culpa imprópria).

Atenção!

Luiz Flávio Gomes e *Alice Bianchini* criticam a parcela majoritária da doutrina que trata a descriminante putativa por erro sobre os pressupostos fáticos de uma excludente como erro de tipo permissivo, pelos seguintes argumentos: *a)* descriminante putativa não é um erro de tipo; e *b)* na descriminante putativa, o agente atua com dolo e, como bem se sabe, não há falar-se em erro de tipo em que está presente esse elemento subjetivo. Para esses autores, a descriminante putativa por erro sobre os pressupostos fáticos de uma excludente seria um erro de proibição *sui generis*, já que a sua disciplina legal não é idêntica à do erro de proibição.

12.3 Erro provocado por terceiro

Apregoa o art. 20, § 2º, do Código Penal, que: "*Responde pelo crime o terceiro que determina o erro*".

A partir da redação desse dispositivo legal, podemos concluir, de logo, que o erro de tipo permissivo pode ser:

a) **espontâneo**: o agente erra por conta própria; ou
b) **provocado**: o agente é induzido ao erro por terceira pessoa. E esse terceiro provocador, frise-se, pode atuar com:

- **dolo** (quando conscientemente induz o agente ao erro), em cuja hipótese responderá pelo crime praticado pelo sujeito provocado a título de dolo. Exemplo: o agente entrega uma substância abortiva para um colega e, dizendo tratar-se de açúcar, pede que ele ministre no suco de uma gestante, que, ao ingerir o líquido, suporta o aborto não consentido. Nesse caso, o agente provocador responderá pelo crime de aborto doloso inscrito no art. 125 do Código Penal; ou

- **culpa** (quando atua com imprudência, negligência ou imperícia), em cuja hipótese responderá pelo crime praticado pelo sujeito provocado a título de culpa, desde que exista a previsão da modalidade culposa da infração penal. Exemplo: o agente, sem antes verificar a natureza da substância, entrega o produto para um colega acreditando tratar-se de um adoçante natural, para que ele ministre no suco de uma gestante, que, ao ingerir o líquido, suporta o aborto não consentido, já que a substância era abortiva. Nesse caso, o agente provocador não responderá por crime algum, eis que o crime de aborto provocado por terceiro (CP, art. 125) é punido apenas a título de dolo (não existe a previsão da figura culposa).

> **Atenção!**
>
> O agente provocador, como dito alhures, responderá pelo crime a título de dolo ou de culpa, a depender de seu ânimo subjetivo. **E a responsabilização penal do agente provocado que comete a infração penal por erro? Depende.** Se o erro for invencível, excluídos estarão o dolo e a culpa, de modo que não responderá por crime algum; todavia, se vencível o erro, excluído estará apenas o dolo, pelo que responderá pelo crime a título de culpa, desde que a modalidade culposa da infração penal esteja prevista em lei.

12.4 Erro de tipo acidental

12.4.1 Conceito

Por erro de tipo acidental entende-se aquele que recai sobre os dados acessórios (secundários; periféricos) ou acidentais do crime. **É o que incide sobre todo e qualquer dado que não seja uma elementar da figura típica.** Trata-se, assim, de um conceito obtido por exclusão.

12.4.2 Hipóteses

O erro de tipo acidental pode ser:

a) **erro sobre a pessoa (*error in persona*)**: o erro do agente diz respeito à pessoa alvo de seu ataque. O agente atinge uma pessoa acreditando tratar-se de outra. A consequência legal disso é que não se consideram as condições ou qualidades da vítima (real), senão as da pessoa contra quem o agente queria praticar o crime (vítima virtual).

Exemplo: o agente, pretendendo matar o pai, dispara com arma de fogo em sua direção, porém, na verdade, tratava-se do tio (irmão gêmeo de seu pai), que vem a morrer em razão do ataque. Nesse caso, o agente responderá pelo crime de homicídio doloso consumado com a incidência da circunstância agravante relativa à prática da infração contra ascendente (CP, art. 61, inciso II, alínea "e"), pois, por força de lei, não se consideram as condições ou qualidades da vítima, senão as da pessoa contra quem o agente queria praticar o crime (CP, art. 20, § 3º). Ou seja: o agente será responsabilizado como se tivesse atingido, de fato, a vítima pretendida (virtual).

b) **erro sobre o objeto (*error in objecto*)**: o erro do agente diz respeito ao objeto alvo de seu ataque, vez que direciona a sua conduta sobre um objeto acreditando tratar-se de outro. O erro é penalmente irrelevante, porque não exclui o dolo, não exclui a culpa e não isenta o agente de pena, por si só.

Exemplo: o agente invade uma residência e dali subtrai, para si e com ânimo de assenhoreamento definitivo, um aparelho liquidificador, que reputava ser um espremedor de frutas. Nesse caso, apesar do erro quanto ao objeto, o agente responderá pelo crime de furto, já que atentou contra o bem jurídico tutelado pela norma (patrimônio).

Atenção!

Predomina na doutrina o entendimento de que o agente responde pela coisa efetivamente atacada (e não pela pretendida), motivo pelo qual é possível, a depender do objeto material e do crime, inclusive aplicar-se o princípio da insignificância. Rogério Sanches Cunha entende que, ante a falta de previsão legal, deve ser aplicado aquilo que for mais benéfico ao acusado. Assim, se o indivíduo queria furtar um relógio comum, de pequeno valor, mas acabou por subtrair um relógio raro e precioso, deve ser considerada a situação mais benéfica, que, no caso, decorre da modicidade da *res furtiva* pretendida (CUNHA, 2020).

c) **erro sobre o nexo causal (*aberratio causae*):** o erro do agente diz respeito ao nexo de causalidade entre a conduta praticada e o resultado produzido. O agente desenvolve a sua conduta com a intenção de produzir um resultado, que, no entanto, vem a ocorrer de forma diversa daquela por ele idealizada.

Exemplo: o agente, com a intenção homicida, empurra o desafeto de um penhasco para que caia num rio e morra afogado. Ocorre, contudo, que a vítima acaba por morrer antes mesmo de atingir as águas, por conta de traumatismo craniano, pois colidira a cabeça nas pedras do desfiladeiro. Nesse caso, apesar do erro quanto à causalidade, o agente responderá pelo crime de homicídio doloso consumado.

Atenção!

Erro sobre o nexo causal (*aberratio causae*) e dolo geral (ou por erro sucessivo) são conceitos distintos e inconfundíveis. É bem verdade que, num e noutro, há um erro do agente no que toca à causa (ao meio de execução) do crime. A diferença é que, na *aberratio causae*, o agente pratica uma só conduta, ao passo que no dolo geral há, necessariamente, a prática de duas condutas distintas por parte do agente.

d) **erro na execução (*aberratio ictus*):** o erro do agente recai sobre o alvo atingido. O agente direciona a sua conduta contra determinada pessoa, porém, por errar o alvo (aberração no ataque), acaba por atingir pessoa diversa. Fala-se em ***aberratio ictus***, assim, *"quando, por acidente ou erro no uso* *dos meios de execução, o agente, ao invés de atingir a pessoa que pretendia ofender, atinge pessoa diversa"* (CP, art. 73).

O erro na execução pode ser:

- **com resultado único (ou com unidade simples):** o agente atinge apenas a pessoa diversa da pretendida (o alvo desejado não é ofendido). É a hipótese prevista no art. 73, *caput*, primeira parte, do Código Penal. Nesse caso, não se consideram as condições ou qualidades da vítima, senão as da pessoa contra quem o agente queria praticar o crime (CP, art. 73 c/c art. 20, § 3º). Ou seja: o agente será responsabilizado como se tivesse atingido, de fato, a vítima pretendida (virtual). Exemplo: o agente, desejando matar o próprio irmão, dispara com arma de fogo em sua direção, porém, por erro na execução, acaba atingindo e matando uma outra pessoa. Por força de lei, o agente responderá pelo crime de homicídio doloso consumado com a incidência da circunstância agravante relativa à prática da infração contra irmão (CP, art. 61, inciso II, alínea "e").
- **com resultado duplo (ou com unidade complexa):** o agente atinge a pessoa pretendida e também uma outra diversa. É a hipótese prevista no art. 73, *caput*, segunda parte, do Código Penal. Nesse caso, haverá concurso formal de crimes (perfeito ou próprio) – sistema da exasperação (CP, art. 70, *caput*, primeira parte). Exemplo: o agente, pretendendo matar o desafeto, dispara com arma de fogo em sua direção, acertando e matando, todavia, além do alvo pretendido, também um terceiro inocente. Por força de lei, o agente responderá pelo crime mais grave (homicídio doloso consumado) com a pena aumentada de um sexto até metade (por conta do crime de homicídio culposo praticado contra o terceiro inocente).

Atenção!

Somente há falar-se em erro na execução com resultado duplo quando o agente atingir as pessoas não desejadas por culpa.

Cuidado!

Segundo o Superior Tribunal de Justiça, se alguém comete um homicídio com arma de fogo e, além do resultado intencional, atinge outra pessoa por erro de pontaria, o segundo crime – mesmo não sendo uma consequência pretendida – também deve ser tratado como doloso. Isso acontece porque o dolo se projeta para ambos os resultados criminosos, notadamente quando aquiescidos no momento da conduta (STJ. REsp. 1.853.219. 6ª. T., Rel. Min. Nefi Cordeiro. Julgamento em 10.08.2020).

Esse precedente autoriza concluir que, mesmo tendo realizado uma única conduta, caso haja aquiescência e indiferença na produção de vários resultados em face de diferentes pessoas, o agente responderá por tantos crimes quantas forem as vítimas possíveis de ser atingidas. Isso acontece porque o dolo eventual abrange também o risco de produzir mais de um resultado, ainda que tentados.

Atenção!

Erro sobre a pessoa e erro na execução são conceitos distintos e inconfundíveis. No *error in persona*, há uma confusão por parte do agente no que diz respeito ao seu alvo (erro na correta identificação da pessoa). O agente equivoca-se quanto à pessoa alvo do ataque, mas não em relação à pontaria. Já na *aberratio ictus*, há uma falha por parte do agente no que diz respeito ao uso dos meios de execução (erro de pontaria). O agente equivoca-se quanto à pontaria, mas não em relação à pessoa que pretendia atingir.

e) **resultado diverso do pretendido (*aberratio criminis*):** o erro do agente diz respeito ao crime efetivamente praticado. O agente desenvolve a sua conduta com a finalidade de praticar um crime, porém, por acidente ou erro na execução, acaba por cometer um crime diverso daquele pretendido. O indivíduo atinge, deste modo, bem jurídico distinto daquele que pretendia atingir. Fala-se em *aberratio criminis*, assim, "*quando, por acidente ou erro na execução do crime, sobrevém resultado diverso do pretendido*" (CP, art. 74).

O resultado diverso do pretendido pode ser:

- **com resultado único (ou com unidade simples):** o agente pratica apenas o crime não desejado (o delito pretendido não é ocorrente). É a hipótese prevista no art. 74, *caput*, primeira parte, do Código Penal. Nesse caso, o agente será responsabilizado pelo crime efetivamente praticado a título de culpa, desde que expressamente prevista a modalidade culposa da infração penal. Exemplo: o agente, querendo praticar um crime de dano, arremessa uma pedra na direção de uma janela de vidro, todavia, por erro na execução, acaba acertando uma pessoa. Por força de lei, o agente responderá pelo crime de lesão corporal culposa (não há falar-se em crime de dano tentado).
- **com resultado duplo (ou com unidade complexa):** o agente pratica o crime pretendido e também um outro diverso. É a hipótese prevista no art. 74, *caput*, segunda parte, do Código Penal. Nesse caso, haverá concurso formal de crimes (perfeito ou próprio) – sistema da exasperação (CP, art. 70, *caput*, primeira parte). Exemplo: o agente, querendo praticar um crime de dano, arremessa uma pedra na direção de uma janela de vidro, todavia, por erro na execução, além de atingir o alvo, ainda acerta e lesiona uma pessoa. Por força de lei, o agente responderá

pelo crime mais grave (lesão corporal culposa) com a pena aumentada de um sexto até metade (por conta do crime de dano).

Atenção!

O art. 74 do Código Penal não terá aplicação se o crime não pretendido inadmitir a modalidade culposa ou for menos grave do que aquele desejado. Exemplo: o agente, com intenção homicida, visualiza o desafeto na via pública e dispara com arma de fogo em sua direção, porém não consegue acertá-lo (tentativa branca ou incruenta), o ataque, no entanto, deteriora um automóvel que se encontrava estacionado. Nessa hipótese, como inexiste a previsão da modalidade culposa do crime de dano, afastada estará a disposição inscrita no art. 74 do Código Penal, assim, responderá o agente, então, pelo crime de homicídio tentado. E, mesmo que houvesse a figura do crime de dano culposo, ainda assim responderia o agente pelo crime contra a vida na forma tentada, pois aquele seria menos grave do que o pretendido.

13

Iter criminis

13.1 Conceito

Iter criminis é o "caminho do crime", ou seja, são as etapas percorridas pelo agente durante toda a empreitada criminosa.

13.2 Fases

O *iter criminis* compreende duas fases (interna e externa). Vejamos, pois:

13.2.1 Fase interna

É a cogitação e a mentalização do crime por parte do agente (ideação criminosa). Nessa fase, não há falar-se em punição, pois ninguém pode ser punido exclusivamente pelo que pensa e/ou cogita, por força do que dispõe o princípio da materialização do fato (*nullum crimen sine actio*).

13.2.2 Fase externa

Essa fase subdivide-se em:

13.2.2.1 Preparação

O agente desenvolve todas as atividades necessárias à prática da infração penal. São os chamados **atos preparatórios**. Exemplo: o agente, depois de já ter cogitado matar o seu desafeto, amola a faca que será usada para o crime.

A fase preparatória, via de regra, não é punida pelo Direito Penal, pois não se iniciou ainda o ataque ao bem jurídico tutelado pela norma. Os atos preparatórios, porém, quando tipificados autonomamente por uma lei penal incriminadora, **são excepcionalmente punidos**. São os denominados **crimes-obstáculo**. Exemplo: crime de petrechos para falsificação de moeda (CP, art. 291). Nota-se que, nessa particular hipótese, a própria lei penal incrimina, de forma autônoma, os atos preparatórios para a prática do crime de falsificação de moeda. Se não houvesse essa tipificação autônoma, não haveria então qualquer punição.

13.2.2.2 Execução

O agente inicia o ataque ao bem jurídico tutelado pela norma, pelo que passa a executar efetivamente o verbo núcleo do tipo. São os chamados **atos executórios**, que devem ser, frise-se, idôneos e inequívocos. Exemplo: o agente, depois de já ter cogitado matar o seu desafeto e já ter amolado a faca, passa a desferir golpes na vítima com o instrumento perfurocortante.

A fase executória é punida pelo Direito Penal, pois iniciou-se o ataque ao bem jurídico tutelado pela norma. Nessa perspectiva, considerando que a conduta do agente somente passa a ser punida com a prática de atos executórios, é extremamente relevante, do ponto de vista jurídico, aferir, de forma precisa, quando termina a fase de preparação e começa a fase de execução. E, para tanto, há três **teorias explicativas**, a saber:

a) **teoria lógico-formal ou objetivo-formal**: a execução somente é iniciada quando o agente realiza a ação nuclear, ou seja, a partir do instante em que começa a executar o verbo do tipo. De acordo com a doutrina majoritária, **é a teoria adotada pelo Código Penal brasileiro**. Exemplo: o agente, com a intenção de furtar objetos de valor, pula o muro e depois uma janela de uma residência, porém, por ter sido surpreendido pela vítima no exato instante em que colocou os pés no interior da moradia, empreende fuga imediata dali sem nada subtrair. Como o agente não iniciou a ação "subtrair" (verbo do tipo penal do furto), não há falar-se em ato executório do crime de furto, pelo que não responderá, assim, pelo crime de furto tentado, senão pelo crime de violação de domicílio (CP, art. 150);

b) **teoria objetivo-material**: a execução é iniciada quando o agente pratica atos atrelados inexoravelmente com a ação nuclear do tipo, sendo dela parte integrante e indissociável. Essa ação anterior vincula-se de tal forma ao início da execução do verbo núcleo do tipo, numa verdadeira relação de dependência, que não se pode distanciá-la da ação típica, sendo considerada, pois, como ato executório. Exemplo: o agente, com a intenção de furtar objetos de valor, pula o muro e depois uma janela de uma residência, porém, por ter sido surpreendido pela vítima no exato instante em que colocou os pés no interior da moradia, empreende fuga imediata dali sem nada subtrair. Sob a ótica dessa teoria objetivo-material, o agente responderá pelo crime de furto tentado, ainda que não tenha iniciado efetivamente a realização do verbo núcleo do tipo ("subtrair"). Isso porque essa ação imediatamente anterior (pulada de muro e de janela com o consequente ingresso no recinto privado) está umbilicalmente conectada à consecução do delito, de sorte que a sua não consideração como o estopim do percurso do *iter criminis* implicaria em deixar o bem jurídico desprotegido. Há julgados acolhedores dessa teoria (a título de exemplo, *vide* TJ/SP – Apelação Criminal nº 990091431451 – 16ª Câmara de Direito Criminal – Relator Desembargador Newton Neves – Julgamento em 21.09.2010 – Publicação em 01.10.2010); e

c) **teoria objetivo-individual**: a execução é iniciada a partir do instante em que o agente passa a concretizar o seu plano delitivo. Trata-se, também, de atos anteriores ao início da execução do verbo núcleo do tipo, porém com enfoque no plano concreto do autor. Exemplo: o agente, ao perceber que o seu desafeto caminha pela via pública, apodera-se de uma faca com a intenção de matá-lo e posiciona-se na esquina seguinte para surpreendê-lo com o ataque. Sob a ótica dessa teoria objetivo-individual, o agente responderá pelo crime de homicídio tentado, ainda que não tenha iniciado efetivamente a realização do verbo núcleo do tipo ("matar"). Isso porque essa ação imediatamente anterior (apoderamento de arma branca e posicionamento para o ataque) já revela que o agente colocou em prática o seu plano delitivo.

13.2.2.3 Consumação

Nos termos do que dispõe o art. 14, inciso I, do Código Penal, "*diz-se o crime: I – consumado, quando nele se reúnem todos os elementos de sua definição legal*". O crime estará consumado, portanto, quando o fato praticado pelo agente corresponder exatamente àquele modelo genérico e abstrato previsto na lei penal incriminadora.

O momento consumativo do crime varia de acordo com a sua natureza, senão vejamos:

a) **crimes materiais**: consumam-se com a produção do resultado naturalístico. Exemplo: crime de homicídio (CP, art. 121), cuja infração é consumada com a morte da vítima. Os **crimes culposos** e os **crimes omissivos impróprios (ou comissivos por omissão)** são crimes materiais, daí porque consumam-se com a ocorrência do resultado naturalístico.

b) **crimes formais (ou crimes de resultado cortado ou crimes de consumação antecipada)**: consumam-se com a mera prática da conduta, independentemente da produção do resultado naturalístico. Exemplo: crime de extorsão mediante sequestro (CP, art. 159), cuja infração é consumada com o sequestro da vítima, pouco importando se o agente obteve ou não qualquer vantagem como condição ou preço do resgate.

c) **crimes de mera conduta**: consumam-se com a mera prática da conduta, já que o tipo sequer prevê a ocorrência de um resultado naturalístico. Exemplo: ato obsceno (CP, art. 233), cuja infração é consumada com a prática de qualquer ato obsceno em lugar público, ou aberto ou exposto ao público. Os **crimes omissivos próprios** são crimes de mera conduta, daí porque consumam-se com a mera prática da conduta omissiva.

d) **crimes permanentes**: consumam-se com a mera prática da conduta e esse instante consumativo, frise-se, prolonga-se no tempo até cessar o comportamento delituoso. Exemplo: crime de extorsão mediante sequestro (CP, art. 159), cuja infração é consumada com o sequestro da vítima, mas essa consumação arrasta-se no tempo até que a vítima seja libertada. Ou seja: durante todo o tempo em que a vítima permanece no cativeiro, considera-se consumado o crime, daí porque é possível a prisão em flagrante do agente enquanto a vítima não for libertada (CPP, art. 303).

e) **crimes qualificados pelo resultado**: consumam-se com a produção do resultado agravador da pena. Exemplo: crime de lesão corporal seguida de morte (CP, art. 129, § 3º), cuja infração é consumada com a morte da vítima.

Atenção!

Consumação do crime e o seu exaurimento são conceitos distintos e inconfundíveis. Com efeito, como dito alhures, nos crimes formais, o crime consuma-se com a simples prática da conduta típica, ainda que o resultado naturalístico não tenha sido produzido, cujo evento, se efetivamente ocorrer, será considerado apenas como exaurimento (esgotamento) do crime. Ou seja: **todo e qualquer resultado naturalístico que venha a ser produzido após a consumação da infração será considerado como mero exaurimento do crime, cujo evento, frise-se, não integra o *iter criminis*, muito embora possa ser valorado como circunstância judicial desfavorável ou funcionar como qualificadora ou causa de aumento de pena.** Exemplo: crime de extorsão mediante sequestro (CP, art. 159), cuja infração é consumada com o sequestro da vítima, pouco importando se o agente obteve ou não qualquer vantagem como condição ou preço do resgate. A efetiva obtenção dessa vantagem por parte do agente é apenas exaurimento do crime, podendo influenciar na dosimetria da pena, já que as consequências do crime são uma das circunstâncias judiciais inscritas no art. 59 do Código Penal.

13.3 Tentativa (*conatus* ou crime manco)

13.3.1 Considerações conceituais

Nos termos do que dispõe o art. 14, inciso II, do Código Penal, *"diz-se o crime: (...) tentado, quando, iniciada a execução, não se consuma por circunstâncias alheias à vontade do agente"*.

E a partir dessa definição legal, podemos afirmar que **três são os elementos que compõem a estrutura da tentativa**, a saber: *a)* prática de ato executório; *b)* dolo de consumação do crime; e *c)* não consumação do crime por circunstâncias alheias à vontade do agente. Exemplo: o agente, com a intenção de matar o seu desafeto (dolo de consumação), dispara com arma de fogo em sua direção (prática de atos executórios, já que começou o ataque ao bem jurídico "vida"), porém, por erro de pontaria (circunstâncias alheias à sua vontade), não consegue matar a vítima.

A norma inscrita no art. 14, inciso II, do Código Penal (tentativa), como já dito alhures, é uma **norma de extensão**, pelo que possibilita, assim, a punição dos crimes tentados, já que a legislação não tipificou autonomamente a forma tentada. Exemplo: o crime de homicídio tentado é imputado ao agente na forma do art. 121 c/c art. 14, inciso II, do Código Penal, pois inexiste uma lei penal incriminadora que tipifique de forma autônoma essa infração penal ("tentar matar alguém").

Trata-se, pois, de adequar tipicamente o comportamento do agente de forma mediata/indireta a partir do uso de uma norma extensiva (adequação típica por subordinação mediata ou indireta). Eis a regra geral. Não nos olvidemos, todavia, da excepcionalidade. São os chamados **crimes de empreendimento (ou crimes de atentado)**, que são justamente aqueles em que a lei penal incriminadora prevê expressamente a modalidade tentada em sua descrição típica. Como exemplo, cite-se o crime de evasão mediante violência contra a pessoa (CP, art. 352), cujo tipo penal tipifica a conduta de *"evadir-se ou tentar evadir-se o preso ou o indivíduo submetido a medida de segurança detentiva, usando de violência contra a pessoa"*. Nessas hipóteses, portanto, dispensada estará a norma de extensão atinente à tentativa (CP, art. 14, inciso II), pois a adequação típica do comportamento dar-se-á por subordinação imediata ou direta.

> **Atenção!**
>
> Há infrações penais que são punidas apenas na forma tentada. Como exemplo, podemos mencionar os crimes descritos no art. 9º e no art. 11 da Lei Federal nº 7.170/1983.

13.3.2 A punição da tentativa

O art. 14, parágrafo único, do Código Penal, estabelece que o crime tentado, salvo disposição em contrário, será punido com a pena correspondente ao crime consumado, diminuída, porém, de um a dois terços.

O **Código Penal brasileiro adotou, como regra geral, a teoria objetiva (ou teoria realística ou teoria dualista)**, punindo-se o crime tentado de forma mais branda do que o crime consumado (com a pena diminuída), já que o bem jurídico protegido suportou menor lesão. Trata-se a tentativa, pois, de uma causa de diminuição de pena. E o *quantum* dessa diminuição, já que a fração pode variar de um a dois terços, observa um critério bastante simples e óbvio, alicerçado no preceito da razoabilidade: quanto mais próximo da consumação do crime o agente chegar, menor será a diminuição da pena; e quanto mais distante de atingir a fase consumativa, maior será a redução da reprimenda.

Excepcionalmente, porém, o crime tentado será punido com a mesmíssima pena do crime consumado, sem qualquer operação de diminuição, a exemplo do que ocorre nos chamados crimes de empreendimento (ou crimes de atentado). Nota-se que, aí, **abraçou o Código Penal brasileiro excepcionalmente a teoria subjetiva (ou teoria voluntarística ou teoria monista)**, punindo-se o crime tentado com pena idêntica ao do consumado.

> **Atenção!**
>
> O Código Penal Militar, no que diz respeito à punição da tentativa, muito embora tenha adotado expressamente a teoria objetiva, permite e autoriza ao juiz, no caso concreto *"de excepcional gravidade"*, aplicar a teoria subjetiva (CPM, art. 30, parágrafo único).

13.3.3 Classificação da tentativa

As principais classificações doutrinárias a respeito da tentativa são as seguintes:

a) **branca (ou incruenta) ou vermelha (cruenta)**: fala-se em **tentativa branca** quando o objeto material não é sequer atingido. Exemplo: o agente, com intenção homicida, dispara com arma de fogo na direção de seu desafeto, porém, por erro de pontaria, não acerta qualquer projétil na vítima, que, assim, sai ilesa do ataque criminoso. Na **tentativa cruenta**, o objeto material é atingido e, assim, suporta lesão. Exemplo: o agente, com intenção homicida, dispara com arma de fogo na direção de seu desafeto, acertando-lhe nos braços, não conseguindo produzir o resultando morte por circunstâncias alheias à sua vontade.

b) **perfeita (ou acabada ou crime falho) ou imperfeita (ou inacabada)**: fala-se em **tentativa perfeita** quando o agente, muito embora tenha desenvolvido os meios executórios suficientes para consumar a infração penal, ainda assim não consegue consumá-la por circunstâncias alheias à sua vontade. Ou seja: o sujeito realiza os atos necessários à produção do resultado (desenvolve, do ponto de vista objetivo, aquilo que é necessário para a produção do resultado). Exemplo: o agente, com intenção homicida, atinge a vítima com quatro disparos de arma de fogo em regiões vitais (tórax, cabeça etc.) e empreende fuga imediata da cena do crime, não obstante ainda tivesse à disposição outros dois projéteis no tambor de seu revólver; por conta do rápido e efetivo socorro médico prestado ao ofendido, o resultado morte não é alcançado pelo agente. Na **tentativa imperfeita**, o agente, muito embora desenvolva meios executórios, não chega a realizar aqueles suficientes para consumar a infração penal por circunstâncias alheias à sua vontade. Ou seja: o sujeito não consegue realizar os atos necessários à produção do resultado. Exemplo: o agente, com intenção homicida, dispara com arma de fogo na direção de seu desafeto, porém, além de errar o alvo, ainda é interceptado logo na sequência por agentes policiais, pelo que não consegue efetuar novos disparos.

Atenção!

Há doutrinadores, a exemplo de *Rogério Sanches Cunha*, que sustentam que o critério distintivo da tentativa perfeita (ou acabada) da imperfeita (inacabada) seria o esgotamento ou não dos meios executórios pelo agente. Entendemos mais acertado, todavia, o entendimento no sentido de que **o critério que distingue uma figura da outra é diferente: a realização ou não de atos executórios suficientes para a consumação do crime** (e não o esgotamento ou não dos meios executórios). Esta posição é defendida, dentre outros, por *Julio Fabbrini Mirabete* e *Flávio Augusto Monteiro de Barros*.

13.3.4 Das infrações penais que não admitem a tentativa

Algumas infrações penais são incompatíveis com o *conatus*, pelo que não admitem, assim, a forma tentada. São as seguintes:

a) **crime culposo**: em qualquer crime culposo, o resultado não é desejado pelo agente, pelo que é produzido involuntariamente. E, como bem se sabe, não há como tentar-se algo que não se quer e/ou pretende produzir.

> **Atenção!**
>
> Na chamada **"culpa imprópria"**, há um comportamento doloso por parte do agente, pelo que **é possível, assim, a tentativa**. Por medida de política criminal, frise-se, optou o legislador por punir uma conduta dolosa como se fosse culposa (CP, art. 20, § 1º, parte final), cujo tema será melhor abordado por ocasião do estudo do "erro de tipo".

b) **crime preterdoloso**: é espécie do gênero "crime qualificado pelo resultado", em que o agente, agindo com a intenção de produzir determinado resultado, acaba produzindo um outro ainda mais grave culposamente. Como o resultado agravador não é desejado pelo agente (produção involuntária), não há como admitir-se a tentativa de crime preterdoloso, pois não se pode tentar algo que não se quer e/ou deseja. Exemplo de crime preterdoloso é a infração penal anunciada pelo art. 129, § 3º, do Código Penal (crime de lesão corporal seguida de morte).

c) **crime unissubsistente**: essa espécie de crime não admite o fracionamento da conduta, de modo que inviabilizada está a sua tentativa. Ou a conduta é perpetrada e o crime estará consumado; ou a conduta não é a praticada e então não há falar-se em prática criminosa. Exemplo: crime de injúria praticado verbalmente (CP, art. 140).

d) **crime omissivo próprio**: no crime omissivo próprio, ou o agente se omite e estará consumada a infração, ou então faz o que a lei lhe impõe e não há falar-se em crime. Anote-se que o crime omissivo próprio é um delito unissubsistente, pois não admite o fracionamento da conduta. Exemplo: crime de omissão de socorro (CP, art. 135).

e) **crime habitual:** é aquele que exige, para a sua perfectibilização, a prática reiterada de uma mesma conduta reprovável (habitualidade ou estilo de vida). Ou haverá a reiteração do comportamento e o crime estará consumado; ou a prática isolada da conduta será um indiferente penal. Exemplo: crime de rufianismo (CP, art. 230).

f) **crime de empreendimento (ou crime de atentado)**: é aquele em que a tentativa é punida autonomamente e de forma direta. É inconcebível, por óbvio, cogitar a possibilidade de haver uma tentativa da tentativa. Exemplo: crime de evasão mediante violência contra a pessoa (CP, art. 352).

g) **crime condicionado**: é aquele em que a conduta praticada somente será punida se sobrevier a produção de determinado resultado. Sem a ocorrência desse específico resultado, não há falar-se em crime, sequer na forma tentada. Exemplo: crime de induzimento, instigação ou auxílio a suicídio (CP, art. 122). Assim, o agente que induz, instiga ou auxilia outrem ao suicídio somente responderá pelo crime se a vítima morrer ou suportar lesão corporal grave; se sobrevier apenas o resultado lesão corporal leve, o fato será atípico.

Atenção!

As contravenções penais admitem sim a tentativa no plano dos fatos. Exemplo: o agente tenta praticar vias de fato contra a vítima, porém é impedido por terceiras pessoas (LCP, art. 21). Ocorre, entretanto, que, **por opção do legislador, decorrência de medida de política criminal, consagrou-se a regra de que a tentativa de contravenção penal não é punida (LCP, art. 4º).**

13.4 "Ponte de Ouro" do Direito Penal

13.4.1 Considerações conceituais

Expressão consagrada pelo jurista alemão *Franz Eduard Ritter von Liszt*, a chamada **"Ponte de Ouro"** do Direito Penal diz respeito ao instituto jurídico cuja finalidade é recompensar e premiar aquele agente que, após ter iniciado a execução de um crime, impede voluntariamente a sua consumação, pelo que responderá, então, apenas pelos atos efetivamente praticados, e não pela tentativa do delito que a princípio desejava praticar.

São dessa natureza a desistência voluntária e o arrependimento eficaz, cujos institutos estão assim previstos no art. 15 do Código Penal: *"O agente que, voluntariamente, desiste de prosseguir na execução ou impede que o resultado se produza, só responde pelos atos já praticados".*

Na **desistência voluntária**, o agente, mesmo podendo continuar, desiste voluntariamente de prosseguir na execução do crime. É a fórmula de *Frank*: "posso prosseguir, mas não quero". Ao não esgotar os meios executórios, o agente acaba por interromper voluntariamente o *iter criminis*. Exemplos: *a)* o agente, com a intenção de matar o seu desafeto, dispara com arma de fogo, atingindo-lhe em região não vital. Com a vítima já caída e com a possibilidade de disparar novamente, o agente simplesmente desiste de continuar com o ataque e não mais aciona o artefato (responderá apenas pelo crime de lesão corporal, e não pelo delito de homicídio tentado); e *b)* o agente, com a intenção de furtar joias de valor, quebra a vidraça de uma joalheria e invade o recinto empresarial. Com a possibilidade de apoderar-se dos objetos valiosos, simplesmente desiste da subtração e sai dali sem nada furtar (responderá pelo crime de dano, e não pelo delito de furto tentado).

No **arrependimento eficaz**, o agente, depois de esgotar os meios executórios, emprega voluntariamente todas as providências necessárias para evitar a produção do resultado inicialmente desejado. Exemplo: o agente, com a intenção de matar o seu desafeto, deposita uma substância venenosa no suco que é posteriormente ingerido pela vítima. Antes de surtir o efeito do veneno, porém, o agente arrepende-se e disponibiliza ao ofendido o antídoto.

13.4.2 Requisitos

Para a perfectibilização desses institutos jurídicos, é necessário que o agente atue de forma:

a) **voluntária**: a vontade do agente de desistir ou de impedir a produção do resultado deve ser livre de coação física e moral. Não é necessário espontaneidade. Esses institutos estarão caracterizados, assim, mesmo naquelas hipóteses em que o agente atuar de forma não espontânea, ou seja, estimulado por algum fator externo (apelos da vítima, pedido de terceiras pessoas etc.).

Exemplo: o agente, com a intenção homicida, dispara com arma de fogo e atinge a vítima em região não letal. A partir daí, o agente amarra as mãos e os pés do ofendido para que possa, assim, dar um disparo fatal. Com a vítima já toda amarrada e sob o seu domínio, o agente simplesmente desiste de atacá-la e não dispara novamente, poupando-lhe da morte, porquanto sensibilizado com os apelos de clemência. Nota-se que a conduta do agente, muito embora tenha sido voluntária, não fora espontânea. Ainda assim, frise-se, incidirá a figura jurídica da desistência voluntária. De se registrar, porém, que não há falar-se em desistência voluntária quando o agente desiste de prosse-

guir na execução porque percebe a aproximação de agentes policiais e, assim, atua para evitar a sua prisão em flagrante (hipótese de desistência forçada, e não voluntária).
b) **efetiva**: a postura adotada pelo agente deve evitar a produção do resultado.

Atenção!

Essas figuras jurídicas também são denominadas doutrinariamente de **tentativa abandonada (ou tentativa qualificada)**, justamente porque o crime não se consuma por circunstâncias inerentes à própria vontade do agente. Com efeito, o agente, ao desistir voluntariamente de prosseguir na execução ou impedir a produção do resultado, **acaba por abandonar a tentativa** do crime inicialmente desejado.

Atenção!

Os professores Eugênio Pacelli e André Callegari expõe os pontos comuns e diferenças entre tentativa, desistência e arrependimento eficaz: "Nos três institutos, ocorre uma ação realizada pelo agente cuja vontade, de acordo com o plano previamente esboçado, está dirigida à produção de um resultado ilícito que não chegou, contudo, a consumar-se. A partir daí, no entanto, os institutos se distinguem. A consumação não é alcançada por razões diversas: na tentativa, por circunstâncias alheias à vontade do agente; na desistência voluntária e no arrependimento eficaz, por manifestação de vontade do agente. E tal manifestação de vontade, expressa em momentos diversos no processo de execução do delito, serve para separar nitidamente o conceito de desistência voluntária do de arrependimento eficaz. Na desistência voluntária, o agente abandona a execução do crime quando ainda lhe sobra, do ponto de vista objetivo, uma margem de ação. No arrependimento eficaz, não há mais margem alguma, porque o processo de execução está encerrado, e o agente atua então para evitar que sobrevenha o resultado" (PACELLI; CALLEGARI, 2018).

13.4.3 Natureza jurídica

Tocantemente à natureza jurídica, predomina na doutrina e na jurisprudência o entendimento de que a desistência voluntária e o arrependimento eficaz **são causas que excluem a tipicidade**, porquanto afastada estará a tipicidade do crime inicialmente desejado pelo agente, subsistindo apenas a tipicidade dos atos efetivamente praticados. Por essa razão é que, na hipótese de concurso de pessoas, o partícipe também não responderá pelo crime inicialmente desejado se o autor desistir voluntariamente de prosseguir na execução ou impedir a consumação do delito, já que estará afastada a tipicidade do crime que a princípio tentou-se praticar, pelo que responderá, assim, apenas pelos atos já perpetrados.

Há posicionamento doutrinário, porém, em sentido contrário, entendendo que esses institutos jurídicos são causas extintivas da punibilidade (*Nélson Hungria* e *Aníbal Bruno*, dentre outros).

13.4.4 Considerações conclusivas

A partir de todas essas considerações, podemos concluir que, uma vez iniciada a agressão ao bem jurídico protegido, haverá, necessariamente, uma das seguintes hipóteses: *a)* crime consumado (CP, art. 14, inciso I); *b)* crime tentado (CP, art. 14, inciso II); ou *c)* desistência voluntária ou arrependimento eficaz (CP, art. 15).

13.5 "Ponte de Prata" do Direito Penal

13.5.1 Considerações conceituais

Expressão também idealizada pelo jurista alemão *Franz Eduard Ritter von Liszt*, a chamada **"Ponte de Prata"** do Direito

Penal diz respeito ao instituto jurídico cuja finalidade é abrandar e suavizar as consequências decorrentes da prática de um crime consumado.

É dessa natureza o **arrependimento posterior**, cujo instituto está assim previsto no art. 16 do Código Penal: *"Nos crimes cometidos sem violência ou grave ameaça à pessoa, reparado o dano ou restituída a coisa, até o recebimento da denúncia ou da queixa, por ato voluntário do agente, a pena será reduzida de um a dois terços".*

No **arrependimento posterior**, o agente, depois de já ter consumado um crime sem violência ou grave ameaça à pessoa, repara o dano ou restitui a coisa voluntariamente à vítima, e, por conta desse comportamento restaurador, tem a sua pena diminuída. Esse instituto nada mais é, portanto, do que uma **causa obrigatória de diminuição de pena** (1/3 a 2/3), pelo que será considerada e valorada na terceira fase de aplicação da reprimenda.

Atenção!

A incidência do arrependimento posterior **não está restrita apenas aos crimes patrimoniais, podendo alcançar qualquer outra infração penal compatível com o instituto** (aquela geradora de efeitos de ordem patrimonial). Exemplo: o crime de peculato (CP, art. 312), cuja infração não é contra o patrimônio, mas, sim, contra a Administração Pública, admite a figura do arrependimento posterior.

13.5.2 Requisitos

Para a perfectibilização desse instituto jurídico, são necessários os seguintes requisitos:

a) **infração penal praticada sem violência ou grave ameaça à pessoa**: somente incidirá essa causa de redução de pena se a infração penal for cometida sem violência ou grave ameaça à pessoa. Exemplo: crime de furto (CP, art. 155).

Atenção!

A violência praticada contra a coisa não afasta o benefício. Exemplo: crime de furto qualificado pela destruição ou rompimento de obstáculo (CP, art. 155, § 4º, inciso I).

Atenção!

A doutrina majoritária, a exemplo de *Rogério Sanches Cunha* e *Cleber Masson*, é no sentido de que **a violência culposa também não impede o reconhecimento do instituto**, sob o fundamento de que a violência, nesses casos, não está na conduta desenvolvida pelo agente, mas, sim, no resultado por ele provocado. Exemplo: crime de lesão corporal culposa (CP, art. 129, § 6º).

Atenção!

Somos do entendimento de que **a violência imprópria** – aquela em que o agente, sem empregar força física ou grave ameaça, reduz a vítima à impossibilidade de resistência – **afasta a benesse legal**. Há posicionamento doutrinário, porém, em sentido contrário, a exemplo de *Flávio Augusto Monteiro de Barros*, entendendo na direção de que a violência imprópria não deve ser excluída do raio de incidência do art. 16 do Código Penal.

Atenção!

Nos crimes praticados com violência ou grave ameaça à pessoa, se o agente reparar o dano voluntariamente à vítima antes do julgamento, terá a sua pena reduzida, por força da circunstância atenuante prevista no art. 65, inciso III, alínea b, do Código Penal.

b) **reparação do dano ou restituição da coisa**: esse comportamento do agente deve ser:

- **voluntário**: livre de coação física e moral, ainda que não espontâneo.
- **pessoal**: desenvolvido pelo próprio agente, e não por intermédio de terceira pessoa, salvo comprovada impossibilidade.
- **integral**: o agente deve reparar o dano ou restituir a coisa em sua integralidade, de modo a ressarcir o prejuízo suportado pela vítima por completo. A doutrina é toda na direção de que a reparação do dano (indenização ao ofendido) ou a restituição da coisa (devolução da própria *res*) deve ser integral. O Supremo Tribunal Federal, no entanto, por ocasião do julgamento do *Habeas Corpus* nº 98.658/PR, de Relatoria do Ministro Marco Aurélio Mello, entendeu ser possível o reconhecimento do instituto do arrependimento posterior, ainda na hipótese de reparação parcial do dano.

Atenção!

Incidirá o benefício ainda que a vítima recuse a reparação do dano ou a restituição da coisa, já que o art. 16 do Código Penal não veiculou como requisito para o reconhecimento da benesse a aceitação do ofendido. Nesse caso, deverá o agente devolver a coisa à autoridade policial (com a consequente lavratura do auto de apreensão) ou depositá-la em juízo.

> **Atenção!**
>
> Somos do entendimento de que a reparação do dano ou restituição da coisa é uma **circunstância de natureza objetiva**. Por essa razão é que, na hipótese de concurso de pessoas, **comunica-se** essa circunstância a todos os outros agentes criminosos (CP, art. 30). Há posicionamento doutrinário, porém, em sentido contrário, a exemplo de *Luiz Flávio Gomes* e *Alice Bianchini*, entendendo na direção de que o instituto, justamente por exigir voluntariedade do agente (que é algo eminentemente pessoal), não se comunica aos demais coautores e partícipes.

c) **até o recebimento da peça inicial acusatória (denúncia ou queixa-crime):** trata-se de um limite temporal, de modo que o agente somente será beneficiado pelo instituto se reparar o dano ou restituir a coisa antes de proferida a decisão judicial receptiva da peça acusatória.

> **Atenção!**
>
> Se o agente reparar o dano ou restituir a coisa após o recebimento da denúncia ou da queixa, porém antes do julgamento, terá a sua pena reduzida, por força da circunstância atenuante prevista no art. 65, inciso III, alínea "b", do Código Penal.

> **Atenção!**
>
> A regra inscrita no art. 312, § 3º, do Código Penal, por ser especial, prevalece sobre a regra geral prevista no art. 16 do Código Penal. Assim, no caso de **crime de peculato culposo**, se o agente reparar o dano antes da sentença irrecorrível, extinta estará a sua punibilidade (causa especial extintiva da punibilidade); e se o fizer depois, a sua pena será reduzida pela metade.

Atenção!

No crime de estelionato, na modalidade fraude no pagamento por meio de cheque – emissão de cheque sem provisão de fundos (CP, art. 171, § 2°, inciso VI), se o agente pagar o cheque até o recebimento da denúncia, extinta estará a sua punibilidade. **Inteligência da Súmula n° 554 do Supremo Tribunal Federal**. Esse verbete, frise-se, por ter sido editado antes da Lei Federal n° 7.209/1984 (reforma da Parte Geral do Código Penal), deveria ter perdido a sua eficácia por conta da norma consagrada no art. 16 do Código Penal, de modo que o pagamento do cheque sem provisão de fundos por parte do agente, até o recebimento da denúncia, faria incidir a figura do arrependimento posterior, com a consequente diminuição de sua pena (e não a extinção de sua punibilidade). Apesar dessa constatação de ordem técnica e jurídica, a jurisprudência consolidou-se, por medida de política criminal, no sentido de que os termos da súmula são ainda válidos.

13.5.3 Critério para a redução da pena

No que diz respeito ao *quantum* de diminuição de pena decorrente do reconhecimento do instituto do arrependimento posterior, já que a fração pode variar de um a dois terços, há de se observar um critério bastante simples e óbvio, alicerçado no preceito da razoabilidade: quanto mais rápida for a reparação do dano ou a restituição da coisa, maior será a diminuição da pena; e quanto menos célere, menor será a redução da reprimenda.

E a partir do posicionamento adotado pelo Supremo Tribunal Federal, no sentido de que o art. 16 do Código Penal também alcançaria aqueles casos de reparação apenas parcial, um outro critério poderia ser adotado: quanto maior for a reparação do dano ou a restituição da coisa, maior será a diminuição da pena; e quanto menor, menor será a redução da reprimenda.

> **Atenção!**
>
> O professor Fernando Capez elenca as principais diferenças entre arrependimento posterior e eficaz:
>
> a) O arrependimento eficaz aplica-se também aos crimes cometidos com violência ou grave ameaça (agente descarrega a arma na vítima e depois se arrepende, a socorre e evita sua morte); o posterior só incide sobre crimes cometidos sem violência ou grave ameaça;
> b) O arrependimento eficaz faz com que o agente não responda pelo resultado visado, mas somente pelos atos até então praticados; o posterior é uma simples causa de diminuição de pena, prevista na Parte Geral do CP, que permite a redução da pena de 1/3 a 2/3;
> c) O arrependimento eficaz é anterior à consumação, enquanto o posterior, o nome já diz, pressupõe a produção do resultado (CAPEZ, 2020).

13.6 Crime impossível (ou tentativa inidônea ou crime oco ou quase crime)

Nos termos do que dispõe o art. 17 do Código Penal, *"não se pune a tentativa quando, por ineficácia absoluta do meio ou por absoluta impropriedade do objeto, é impossível consumar-se o crime"*.

Fala-se em **crime impossível**, assim, quando a conduta desenvolvida pelo agente não puder alcançar jamais a consumação do crime, porque é:

a) **absolutamente ineficaz o meio executório**: o meio de execução escolhido pelo agente é de todo (em absoluto) ineficaz para a produção do resultado pretendido. Não há qualquer potencialidade lesiva. Exemplo: o agente, com a intenção de matar o seu desafeto, apodera-se de uma arma de brinquedo e passa a disparar em sua direção.

Atenção!

Essa ineficácia do meio de execução deve ser sempre analisada à luz do caso concreto, e não em abstrato, pois há meios executórios que, dada a particularidade, podem ser eficazes apenas em relação ao grupo de pessoas. Exemplo: o agente, com a intenção de matar o seu desafeto e ciente que é pessoa portadora de diabetes, insere quantidade significativa de açúcar em sua bebida, provocando-lhe a morte. Nota-se que o açúcar, para uma pessoa sadia, não apresenta qualquer potencialidade lesiva, porém ao diabético revela-se mortal.

b) **absolutamente impróprio o objeto material**: o objeto material (pessoa ou coisa sobre a qual recai a conduta do agente) não se presta à consumação delitiva. Exemplos: *a)* o agente, com a intenção de provocar aborto sem o consentimento da gestante, insere uma substância abortiva no suco por ela ingerido, cuja mulher, todavia, sequer encontrava-se grávida; e *b)* o agente, com a intenção de matar o seu desafeto e acreditando estar a vítima dormindo, apodera-se de uma faca e atinge-lhe por diversas vezes, porém ele já estava morto antes mesmo das agressões. Fala-se, aqui, em **delito putativo por erro de tipo**, pois o agente acredita estar verdadeiramente praticando uma infração penal, quando, na verdade, nenhum ilícito pratica (**crime imaginário**).

Atenção!

Nas hipóteses de crime impossível, **o fato é considerado atípico**, já que a lei sequer pune a tentativa. Trata-se, pois, de uma **causa de exclusão da tipicidade**.

> **Atenção!**
>
> O **Código Penal brasileiro adotou a teoria objetiva temperada (ou intermediária)**, de modo que, para se falar em crime impossível, os meios executórios empregados pelo agente e o objeto material do crime devem ser absolutamente inidôneos (ineficazes) à produção do resultado. Se a inidoneidade (ineficácia) for relativa, haverá a perfectibilização da tentativa. Exemplo: o agente, com *animus furandi*, introduz a mão num dos bolsos da calça da vítima, porém nada ali encontra, já que o dinheiro estava acondicionado num outro bolso. Nota-se que, nesse caso, o agente será responsabilizado pelo crime de furto tentado (CP, art. 155 c/c art. 14, inciso II), pois o objeto material não era inidôneo por completo. Registre-se, por fim, que **o Código Penal brasileiro não acolheu a teoria subjetiva**, cujo teorema apregoa na direção de que o agente deve ser punido, porque revelara a sua intenção de praticar o crime, pouco importando a idoneidade (ou não) dos meios executórios e do objeto material. Tivesse sido agasalhada essa teoria subjetiva pela legislação penal, haveria de se falar então em crime de aborto tentado naquela hipótese em que a mulher, supondo estar grávida, ingerisse medicamento abortivo.

> **Atenção!**
>
> **Crime de ensaio** (ou delito de laboratório ou delito de experiência ou crime putativo por obra do agente provocador) nada mais é do que a terminologia criada pela doutrina para referir-se ao **crime impossível na específica hipótese de flagrante preparado (ou provocado)**. Fala-se em flagrante preparado (ou provocado) quando o agente é induzido a praticar um determinado crime sem que esteja ciente, no entanto, de que está sob a vigilância constante das autoridades, da vítima ou de terceiras pessoas, cujos espectadores apenas aguardam o início dos atos executórios para a concretização do flagrante. Nesse caso de

flagrante preparado (ou provocado), o comportamento do agente é considerado, portanto, atípico. Com efeito, assim dispõe a **Súmula nº 145 do Supremo Tribunal Federal**: *"Não há crime, quando a preparação do flagrante pela polícia torna impossível a sua consumação".*

Importa destacar que, conforme já apontado por um dos autores em outro trabalho, não há flagrante preparado na atuação da nova figura do **agente disfarçado**, previsto pela Lei Anticrime – Lei nº 13.964/2019: "Assim, o agente disfarçado, tal qual o infiltrado, também não é considerado agente provocador vez que sua atuação não implica em instigação ao delito. Sua atividade é predominantemente passiva, o que pode ser verificado mediante uma simples eliminação hipotética de sua conduta no crime, processo apto a confirmar sua neutralidade quando essa operação mental resultar na constatação de persistência do crime" (SOUZA; CUNHA; PINTO, 2020).

Atenção!

Ainda sobre a temática, é pertinente registrar o enunciado da **Súmula nº 567 do Superior Tribunal de Justiça**: *"Sistema de vigilância realizado por monitoramento eletrônico ou por existência de segurança no interior de estabelecimento comercial, por si só, não torna impossível a configuração do crime de furto".*

14

Antijuridicidade (ilicitude)

14.1 Conceito

Antijuricidade (ou ilicitude) nada mais é do que a relação de contrariedade do fato típico com a ordem jurídica. Todo fato típico é presumidamente antijurídico (teoria indiciária ou da *ratio cognoscendi*). Trata-se, no entanto, de presunção relativa, já que pode ser afastada se demonstrada a presença de qualquer das causas excludentes de ilicitude.

14.2 Causas de exclusão da ilicitude

Também denominadas pela doutrina de excludentes, justificantes, descriminantes ou eximentes, são todas aquelas **causas que tornam lícito um fato típico**.

Podem ser:

a) **legais**: são aquelas que se encontram expressamente previstas em lei. Subdividem-se em:
- **genéricas (ou gerais)**: aplicam-se a toda e qualquer infração penal. Estão inscritas no art. 23 do Código Penal: estado de necessidade, legítima defesa, estrito cumprimento de dever legal e exercício regular de direito.

- **específicas (ou especiais)**: aplicam-se apenas a determinadas e específicas infrações penais. Estão inscritas na Parte Especial do Código Penal ou então na legislação extravagante. Exemplo: aborto necessário (CP, art. 128, inciso I) e aborto no caso de gravidez resultante de estupro (CP, art. 128, inciso II).
b) **supralegais**: são aquelas que não se encontram previstas em lei. Com efeito, como não se pode esperar e/ou exigir do legislador que preveja no plano abstrato todas as possíveis causas de exclusão da ilicitude, construíram a doutrina e a jurisprudência o entendimento de que as excludentes não se limitam apenas àquelas inscritas em lei. Exemplo: consentimento do ofendido.

Atenção!

O consentimento do ofendido somente será válido e, assim, excluirá a ilicitude do comportamento, se presentes cumulativamente três requisitos, a saber: *a)* capacidade plena para consentir; *b)* disponibilidade do bem jurídico; e *c)* livre manifestação de vontade (sem qualquer vício) exteriorizada antes mesmo da prática da conduta típica. Exemplo: o agente, pessoa maior de idade e sem qualquer anomalia mental, aceita e consente que um colega destrua um de seus valiosos relógios. Muito embora o fato seja típico, pois o comportamento se amolda à infração penal anunciada pelo art. 163 do Código Penal, não é antijurídico, porquanto o consentimento da vítima é uma causa supralegal de exclusão da ilicitude.

Atenção!

O consentimento do ofendido é elementar de determinadas figuras típicas, em cujas hipóteses, frise-se, **funcionará como verdadeira** causa de exclusão da tipicidade (e não da ilicitude). Exemplo: crime de violação de domicílio (CP, art. 150).

Atenção!

Juarez Tavares aponta, além do consentimento do ofendido, **outras três causas supralegais de justificação**, a saber: *a)* direito de correção dos pais; *b)* liberdade de expressão; e c) *processo de marginalização social* (TAVARES, 2018).

14.3 Estado de necessidade

14.3.1 Conceito

Nos termos do que dispõe o art. 24 do Código Penal, *"considera-se em estado de necessidade quem pratica o fato para salvar de perigo atual, que não provocou por sua vontade, nem podia de outro modo evitar, direito próprio ou alheio, cujo sacrifício, nas circunstâncias, não era razoável exigir-se".*

14.3.2 Requisitos

Os requisitos necessários para a perfectibilização do estado de necessidade são:

a) **perigo atual**: o bem jurídico (de titularidade do próprio sujeito ou de terceiro) deve estar em uma situação de perigo presente, ou seja, sob risco concreto, imediato e provável de suportar um dano. E esse perigo, frise-se, pode decorrer de uma conduta humana, de um ser irracional ou de força da natureza.

Atenção!

Não obstante exista discussão doutrinária, **predomina o entendimento** de que o perigo iminente (aquele que, embora não seja presente e imediato, está prestes a acontecer) também autoriza ao agente invocar o estado de necessidade, pois não seria razoável nem de bom senso exigir que ele esperasse o perigo iminente transformar-se em atual para somente então salvaguardar direito próprio ou de terceiro.

b) **ameaça a direito próprio ou alheio**: entende-se por direito todo e qualquer bem jurídico tutelado pela ordem jurídica (vida, patrimônio etc.). E o agente poderá atuar para a salvaguarda de um direito próprio (de sua titularidade) ou alheio (de titularidade de terceira pessoa). Se o interesse não for protegido pela órbita do Direito, não poderá o agente, por óbvio, invocar a excludente.

c) **perigo não provocado voluntariamente pelo agente**: o agente provocador do perigo não pode invocar em seu benefício a excludente. Ou seja: aquele que provoca a situação de perigo por sua própria vontade não pode suscitar a causa justificativa.

Atenção!

Se o agente provocar dolosamente a situação de perigo, é certo que não poderá se valer da causa de justificação para a exclusão da ilicitude da conduta típica desenvolvida. Exemplo: um passageiro provoca intencionalmente um dano na aeronave e mata um outro para garantir um paraquedas, porque não há quantidade suficiente desse equipamento para atender a todos. Nesse caso, o agente responderá pelo crime de homicídio, pois a sua conduta típica ("matar alguém") não está acobertada pela descriminante. **E se o agente provocar culposamente a situação de perigo? A doutrina é divergente**, pelo que há dois distintos entendimentos, a saber: *a)* **poderá invocar a excludente**, pois a expressão "vontade" inscrita em lei é indicativa de dolo (Damásio Evangelista de Jesus, Cezar Roberto Bitencourt e Fernando Capez); e *b)* **não poderá invocar a excludente**, porquanto a expressão "vontade" contida na lei não exclui o comportamento culposo do agente (a culpa também é voluntária em sua origem). Argumenta-se, ainda, que a legislação penal impõe um dever de agir para evitar o resultado àquele que, com seu comportamento anterior (mesmo que culposo), criou o risco da ocorrência do resultado (CP, art. 13, § 2º, alínea "c"), de modo que seria ilógico punir esse agente pela omissão e permitir a invocação da excludente àquele que provoca culposamente uma situação de perigo (Nélson Hungria, Francisco de Assis Toledo e Julio Fabbrini Mirabete).

d) **inexistência do dever legal de enfrentar o perigo**: nos termos do que dispõe o art. 24, § 1º, do Código Penal, *"não pode alegar estado de necessidade quem tinha o dever legal de enfrentar o perigo"*. Assim, todo aquele que tem o dever legal de arrostar o perigo (decorrente de lei, decreto etc.), como, por exemplo, o policial, o bombeiro, o capitão da aeronave etc., não poderá invocar a justificante para eximir-se de sua responsabilidade pela conduta típica praticada. Essa obrigação de enfrentamento do perigo que recai sobre os ombros de alguns agentes, frise-se, não é absoluta, pelo que deve ser interpretada de acordo com a razoabilidade, pois a lei não pode impor a ninguém a prática de um comportamento heroico e praticamente suicida. O perigo deve ser, portanto, possível de ser enfrentado. Com efeito, não se pode exigir e/ou esperar que um bombeiro se atire numa correnteza de larvas de furacão para salvar pessoas no interior de uma residência em chamas, porquanto evidente é que morrerá antes mesmo de conseguir operacionalizar o resgate.

> **Atenção!**
>
> O art. 24, § 1º, do Código Penal, utiliza-se da expressão **"dever legal"** de enfrentar o perigo. Daí pergunta-se: **quem tem o "dever contratual" de arrostar o perigo, como, por exemplo, um salva-vidas de um clube recreativo, pode suscitar a excludente em seu benefício? A doutrina é divergente**, pelo que há dois distintos entendimentos, a saber: *a)* **poderá invocar a excludente**, pois o dispositivo legal é restritivo e não permite a interpretação extensiva nem o uso da analogia (*in malam partem*), sob pena de agravamento da posição jurídica do agente (Nelson Hungria, Damásio Evangelista de Jesus e Fernando Capez); e *b)* **não poderá invocar a excludente**, pois a expressão "dever legal" inscrita em lei deve ser interpretada extensivamente e compreendida como sendo "dever jurídico", incluindo-se aí, portanto, o dever contratual (Bento de Faria e Cleber Masson).

e) **inevitabilidade do comportamento lesivo**: o sacrifício do bem jurídico alheio deve ser a única alternativa do agente para a salvaguarda do direito próprio ou alheio. Ou seja: somente há falar-se na descriminante se o sujeito não puder salvar de perigo o interesse próprio ou de terceiro que não seja com a prática do fato lesivo. Se o agente puder, de forma menos lesiva (sem o sacrifício de bem jurídico alheio), salvar de perigo (atual ou iminente) direito próprio ou de terceiro, não poderá valer-se da causa da excludente.

f) **Razoabilidade do sacrifício**: trata-se de aplicação do princípio da proporcionalidade (ou da razoabilidade). O bem jurídico preservado com a prática da conduta lesiva deve ser de igual ou maior valor ao do bem jurídico sacrificado. Exemplos: *a)* um náufrago mata o outro para apoderar-se da "tábua de salvação" (vida *versus* vida – bem jurídico preservado é de valor igual ao do bem jurídico sacrificado – excludente configurada); e *b)* um cidadão destrói as portas e as janelas de uma residência alheia para salvar dali pessoas de um incêndio (vida *versus* patrimônio – bem jurídico preservado é de valor superior ao do bem jurídico sacrificado – excludente configurada).

Por outro lado, e diferentemente, se o bem jurídico preservado for de valor inferior ao do bem jurídico sacrificado, não há falar-se em estado de necessidade, de modo que a conduta típica lesiva será também antijurídica, em cuja hipótese "*a pena poderá ser reduzida de um a dois terços*" (CP, art. 24, § 2º). Exemplo: para evitar a colisão de seu automóvel com um poste de iluminação pública, o agente atropela e lesiona uma criança (patrimônio *versus* integridade física e fisiopsíquica – bem jurídico preservado é de valor inferior ao do bem jurídico sacrificado – excludente não configurada – conduta criminosa punida com reprimenda reduzida).

E esse raciocínio se justifica, porque **o Código Penal adotou**, no que diz respeito à natureza jurídica dessa descriminante, a **teoria unitária**, de modo que o estado de necessidade funcionará sempre como uma causa de exclusão da ilicitude **(estado de necessidade justificante)**, desde que, como já dito alhures, o bem jurídico preservado seja de valor igual ou superior ao do bem jurídico sacrificado.

Atenção!

O Código Penal Militar, frise-se, abraçou a teoria diferenciadora (e não a teoria unitária), cujo teorema pode ser assim sintetizado: *a)* se o bem jurídico preservado for de valor igual ou superior ao do bem jurídico sacrificado, configurada estará a excludente **(estado de necessidade justificante – causa de exclusão da ilicitude)**; e *b)* se o bem jurídico preservado for de valor inferior ao do bem jurídico sacrificado, não há falar-se em estado de necessidade, mas, sim, em inexigibilidade de conduta diversa (**estado de necessidade exculpante – causa de exclusão da culpabilidade**).

g) **conhecimento da causa de justificação**: trata-se do elemento subjetivo do tipo permissivo. A excludente somente poderá ser aplicada se o agente tiver conhecimento de que atua para salvar de perigo um interesse próprio ou alheio (o agente deve ter consciência de que age acobertado pelo manto da descriminante). Assim, para a perfectibilização do estado de necessidade, não basta estarem presentes apenas os requisitos objetivos, sendo imprescindível a manifestação do requisito subjetivo (conhecimento da situação justificante). Exemplo: um médico, impulsionado pela ganância, aceita uma oferta em dinheiro de uma gestante para a realização do aborto. Após o procedimento, descobre-se que a gravidez era de risco e que a conduta do médico acabou por salvar a vida da mulher (o aborto era o único meio de salvar a vida da gestante). Nesse caso, não há falar-se em estado de necessidade, porquanto ausente o requisito de ordem subjetiva (o médico não sabia que atuava para salvar de perigo interesse alheio).

14.3.3 Classificação

O estado de necessidade pode ser:

a) **próprio ou de terceiro**: fala-se em **estado de necessidade próprio** quando o agente atua para salvar de perigo interesse de sua titularidade. E em **estado de necessidade de terceiro** quando o agente age para salvar de perigo interesse alheio.

b) **defensivo ou agressivo**: fala-se em **estado de necessi-**

dade defensivo quando a conduta lesiva praticada pelo agente sacrifica interesse de quem provocou a situação de perigo. E em **estado de necessidade agressivo** quando o comportamento lesivo desenvolvido pelo agente sacrifica interesse de terceiro inocente (ou seja, de quem não deu causa à situação de perigo).

c) **real ou putativo**: fala-se em **estado de necessidade real** quando o agente atua por conta de uma situação de perigo real (existente). E em **estado de necessidade putativo** quando o agente age por conta de uma situação de perigo apenas imaginária (inexistente).

Atenção!

Fala-se em **estado de necessidade recíproco** quando duas ou mais pessoas estejam enfrentando, de forma simultânea, o mesmo perigo, pelo que atuam para salvar interesse próprio. Exemplo: dois náufragos lutam entre si até a morte para garantir o único colete salva-vidas disponível.

14.4 Legítima defesa

14.4.1 Conceito

Nos termos do que dispõe o art. 25 do Código Penal, *"entende-se em legítima defesa quem, usando moderadamente dos meios necessários, repele injusta agressão, atual ou iminente, a direito seu ou de outrem"*.

14.4.2 Requisitos

Os requisitos necessários para a perfectibilização da legítima defesa são:

a) **agressão injusta**: entende-se por agressão como sendo todo e qualquer ataque exclusivamente humano tendente a lesar ou expor a perigo de lesão bem jurídico de outrem; e por injusta como sendo aquela agressão contrária à ordem jurídica (seja dolosa ou culposa), aqui entendida em seu sentido mais amplo (agressão ilícita). Nessa perspectiva de ideias, é correto afirmar que nem toda agressão injusta estará prevista como infração penal. Essa injustiça da agressão, frise-se, é verificada sob o prisma puramente objetivo, pouco importando, pois, tenha o agressor consciência ou não a respeito da ilicitude de seu comportamento. Exemplo: um menor de 12 anos apodera-se de uma arma de fogo para disparar na direção do sujeito, que, por óbvio, poderá atuar em legítima defesa, pois suporta uma injusta agressão.

Atenção!

O ataque de seres irracionais traduz uma situação de perigo. O agente que mata um cão bravio para salvar a própria vida, portanto, atua em estado de necessidade (vida *versus* patrimônio), a não ser que esse animal feroz esteja sendo atiçado por uma pessoa, hipótese em que o sujeito agirá, aí sim, em legítima defesa, já que o animal estaria a funcionar apenas como um instrumento do ataque humano.

b) **atualidade ou iminência da agressão**: trata-se de um requisito temporal. Agressão atual é a que já está ocorrendo; iminente, a que está prestes a ocorrer.

c) **agressão a direito próprio ou alheio**: entende-se por direito todo e qualquer bem jurídico tutelado pela ordem jurídica (vida, patrimônio etc.). E o agente poderá atuar para a defesa de um direito próprio (de sua titularidade) ou alheio (de titularidade de terceira pessoa). Se o interesse não for protegido pela órbita do Direito, não poderá o agente, por óbvio, invocar a excludente.

d) **repulsa com os meios necessários**: o agente deve exercitar a defesa com o uso dos meios necessários, assim entendidos como sendo aqueles que se encontram à sua disposição. O agente deve optar, na hipótese de existirem vários meios de defesa, por aquele que provocar o menor dano possível, ou seja, pelo menos lesivo.

e) **uso moderado dos meios necessários**: a reação do agente deve ser proporcional. Os meios necessários devem ser empregados e utilizados moderadamente pelo agente, ou seja, na medida suficiente para apenas repelir a injusta agressão. Significa dizer: cessada a injusta agressão, deve o agente interromper a sua reação.

Atenção!

Os requisitos "repulsa com os meios necessários" (d) e "uso moderado dos meios necessários" (e) **não são analisados abstratamente, mas, sim, à luz de cada caso concreto**. Por isso é que *Júlio Fabbrini Mirabete* assim adverte: "Deve o sujeito ser moderado na reação, ou seja, não ultrapassar o necessário para repeli-la. A legítima defesa, porém, é uma reação humana e não se pode medi-la com um transferidor, milimetricamente, quanto à proporcionalidade de defesa ao ataque sofrido pelo sujeito. Aquele que se defende não pode raciocinar friamente e pesar com perfeito e incomensurável critério essa proporcionalidade, pois no estado emocional em que se encontra não pode dispor de reflexão precisa para exercer sua defesa em equipolência completa com a agressão" (MIRABETE, 2003).

Atenção!

Commodus discessus é uma expressão em latim que pode ser traduzida como "saída mais cômoda". Como explica Victor Eduardo Rios Gonçalves e André Estefam: "Ocorre quando a vítima da agressão detinha a possibilidade de fuga do local, de modo a evitar o embate. Assim, por exemplo, quando duas pessoas, no interior de um estabelecimento, discutem verbalmente e uma delas ameaça agredir a outra se a encontrar na saída; o indivíduo ameaçado, momentos depois, nota que o outro está à sua espera e, neste instante, percebe que há outra via para deixar o lugar, que, se utilizada, evitará o confronto. Caso opte por fazê-lo, acolhendo a solução pacífica, terá empregado o commodus discessus. Se não o fizer, porém, a legítima defesa não ficará, só por isso, descaracterizada" (ESTEFAM; GONÇALVES, 2020). **No estado de necessidade, não se admite o *commodus discessus*,** de modo que o sacrifício do bem, ainda que seja a saída mais cômoda para o agente, deve ser evitado, por força do requisito da "inevitabilidade do comportamento lesivo". **Na legítima defesa, porém, admite-se o *commodus discessus*,** pelo que poderá o agente optar por repelir uma injusta agressão ainda que exista uma saída mais cômoda (a fuga, por exemplo), já que a lei não obriga ninguém à covardia.

f) **conhecimento da causa de justificação**: trata-se do elemento subjetivo do tipo permissivo. A excludente somente poderá ser aplicada se o agente tiver conhecimento de que atua para repelir uma injusta agressão a direito seu ou de outrem (o agente deve ter consciência de que age acobertado pelo manto da descriminante). Assim, para a perfectibilização da legítima defesa, não basta estarem presentes apenas os requisitos objetivos, sendo imprescindível a manifestação do requisito subjetivo (conhecimento da situação justificante). Exemplo: a esposa, pretendendo matar o marido por conta de uma constante infidelidade, prepara uma tocaia e esconde-se na sala de estar da residência comum do casal à espera do homem infiel, para atacá-lo de surpresa com disparos de arma de fogo. Ao avistar o vulto já no ambiente privado, a mulher simplesmente dispara em sua direção, provocando-lhe a morte. Apura-se que o vulto, na verdade, era um famoso e procurado *serial killer*. Nesse caso, não há falar-se em legítima defesa, porquanto ausente o requisito de ordem subjetiva (a mulher não sabia que atuava para defender direito próprio).

Atenção!

A Lei Federal nº 13.964/2019 ("Lei Anticrime") inseriu o parágrafo único ao art. 25 do Código Penal, *in verbis*: "*Observados os requisitos previstos no caput deste artigo, considera-se também em legítima defesa o agente de segurança pública que repele agressão ou risco de agressão a vítima mantida refém durante a prática de crimes*". Pensamos tratar-se de inovação pouco relevante sob o ponto de vista jurídico. A uma, porque não acrescentou qualquer outro requisito para a caracterização da excludente. E a duas, porque o agente de segurança pública que atua para repelir agressão ou risco de agressão a vítima mantida refém durante a prática de crimes, desde que observados os limites legais (CP, art. 25, *caput*), já estava acobertado pela excludente. Pensamos que, por razões meramente políticas, quis o legislador prever expressamente uma hipótese específica e exemplificativa de legítima defesa de terceiro. Daí a forçosa conclusão de que a espécie trouxe uma inovação legislativa formal, porém não material ou substancial.

14.4.3 Excesso

O agente, para atuar acobertado pela legítima defesa, deve usar moderadamente os meios necessários para repelir a injusta agressão, sob pena de responder pelo excesso de reação, a título de dolo ou de culpa (CP, art. 23, parágrafo único). Nessa perspectiva, o excesso pode decorrer tanto do uso inadequado do meio necessário (o agente, para a defesa de direito seu ou de outrem, opta por um meio de maior potencial lesivo quando tinha à sua disposição um outro que provocaria menor dano) quanto da imoderação da repulsa (o agente, para a defesa de direito seu ou de outrem, opta pelo meio menos vulnerante à sua disposição, porém exagera na dose e atua imoderadamente).

Nota-se, ainda, que o excesso pode ser:

a) **doloso (ou voluntário)**: o agente, consciente e voluntariamente, excede na reação, hipótese em que responderá pelo resultado provocado a título de dolo.

b) **culposo (ou involuntário)**: o agente, por erro na apreciação dos fatos, supõe ainda persistir uma injusta agressão já cessada e, assim, continua reagindo, sem perceber, no entanto, o seu excesso. Se o **erro for evitável (ou injustificável)**, responderá o agente pelo resultado excessivo a título de culpa, desde que prevista a modalidade culposa da infração penal; se **for inevitável (ou justificável)**, afastados estarão o dolo e a culpa e por nenhum crime responderá o agente. É a chamada **"legítima defesa subjetiva"** (CP, art. 20, § 1º, primeira parte).

Atenção!

Fala-se em **excesso intensivo** quando o agente, diante de uma agressão injusta atual ou iminente, reage, de pronto, excessivamente: ou porque elege um meio desnecessário (mais lesivo), ou, tendo escolhido o meio mais adequado, atua imoderadamente. **O excesso intensivo ocorre,** portanto, durante a ocorrência da agressão. Exemplos: *a)* o agente, ao perceber que uma criança invadira o seu quintal para dali subtrair jaboticadas, simplesmente dispara com a arma de fogo e mata o invasor (o agente escolheu um meio desnecessário, já que poderia defender o seu patrimônio de forma menos lesiva, como, por exemplo, com o uso da força física); e *b)* o agente, ao perceber que uma criança invadira o seu quintal para dali subtrair jaboticadas, imobiliza o invasor e desfere-lhe vários socos e pontapés (o agente escolheu o meio necessário – uso da força física –, porém atuou de forma imoderada, já que não precisaria ter agredido fisicamente o invasor, mas apenas tê-lo dali expulsado). Por outro lado, fala-se em **excesso extensivo** quando o agente, diante de uma agressão injusta atual ou iminente, usa moderadamente os meios necessários e faz cessar o ataque. Porém, depois de já cessada a injusta agressão, o agente prossegue com a sua conduta e, assim, excede-se. Não há mais falar-se em reação, senão em uma ação por parte do agente. **O excesso extensivo ocorre, portanto, depois de já cessada a agressão.** Exemplo: o agente, ao perceber que o desafeto iria disparar com arma de fogo em sua direção, saca rapidamente o revólver que carregava consigo e atira na perna do agressor, que, por conta do ferimento, permanece imobilizado no solo com a arma de fogo a metros de distância, já que o artefato caíra de suas mãos durante a queda. A partir daí, o agente – que até então atuava em legítima defesa – aproxima-se e dispara por mais vezes em seu desafeto, provocando-lhe a morte.

14.4.4 Classificação

A legítima defesa pode ser:

a) **própria ou de terceiro**: fala-se em **legítima defesa própria** quando o agente atua para defender direito de sua titularidade. E em **legítima defesa de terceiro** quando o agente age para defender direito alheio.

b) **agressiva ou defensiva**: fala-se em **legítima defesa agressiva** quando a reação do agente configura um fato típico. Exemplo: o agente, para se defender de uma injusta agressão, usa moderadamente os meios necessários e mata o agressor. E em **legítima defesa defensiva** quando a reação do agente não configura um fato típico. Exemplo: o agente, para se defender de uma injusta agressão, usa moderadamente os meios necessários e imobiliza o agressor sem provocar-lhe qualquer lesão corporal.

c) **real ou putativa**: fala-se em **legítima defesa real** quando a reação do agente é decorrente de uma injusta agressão real (existente). E em **legítima defesa putativa** quando a repulsa do agente decorre de uma injusta agressão apenas imaginária (inexistente).

Atenção!

Fala-se em **legítima defesa com *aberratio ictus*** quando o agente, ao usar moderadamente os meios necessários para repelir uma injusta agressão (atual ou iminente), atinge, por acidente ou erro no emprego dos meios executórios, bem jurídico de terceira pessoa inocente. Apesar da discussão doutrinária a respeito da temática, predomina o entendimento no sentido de que se aplica a regra inscrita no art. 73, *caput*, primeira parte, do Código Penal. Ou seja: caracterizada estará a excludente da legítima defesa, pois, para os efeitos legais, considera-se o fato praticado como se fosse contra a pessoa pretendida (agressor). Poderá o agente, todavia, responder civilmente pela indenização do dano acaso comprovada a sua culpa no juízo cível, com a possibilidade de deflagrar ação regressiva contra o verdadeiro agressor.

> **Atenção!**
>
> Entende-se por **legítima defesa sucessiva** como sendo a legítima defesa do agressor frente ao excesso de reação do agredido. Ou seja: é a repulsa do agressor contra a reação excessiva do agredido.

> **Atenção!**
>
> Entende-se por **legítima defesa recíproca** como sendo a legítima defesa de um agente contra a legítima defesa do outro. Vejamos as seguintes hipóteses: *a)* **legítima defesa real contra legítima defesa real: não se admite**, pois a excludente pressupõe a existência de uma agressão injusta (a reação não excessiva de quem defende direito próprio ou de terceiro é uma conduta lícita e, portanto, justa); *b)* **legítima defesa real contra legítima defesa putativa: admite-se**, pois o agente que atua em legítima defesa imaginária pratica, a bem da verdade, uma agressão injusta, muito embora pense ser justa; *c)* **legítima defesa putativa contra legítima defesa real: admite-se** (o agente, por erro sobre a situação fática, imagina atuar na defesa de direito de terceiro, quando, na verdade, agride aquele que atuava em legítima defesa real); e *d)* **legítima defesa putativa contra legítima putativa: admite-se** (os agentes, por erro na apreciação fática, apenas imaginam uma agressão injusta atual ou iminente, quando, na verdade, nenhuma agressão há).

14.4.5 Legítima defesa *versus* estado de necessidade

As principais diferenças entre essas descriminantes são:

ESTADO DE NECESSIDADE	LEGÍTIMA DEFESA
■ Perigo (conflito entre bens jurídicos igualmente legítimos, em que um será preservado à custa do sacrifício do outro).	■ Agressão injusta (defesa de um bem jurídico legítimo).
■ Não há agressor.	■ Há agressor.

■ O perigo pode decorrer de um comportamento humano, de um ser irracional ou de evento da natureza.	■ A agressão deve decorrer de um comportamento humano.
■ A conduta do agente pode ser direcionada contra um terceiro inocente.	■ A conduta do agente deve ser direcionada contra o agressor.

14.5 Estrito cumprimento de dever legal

14.5.1 Conceito

É a prática de um fato típico por parte do agente em razão do cumprimento de um dever legal. Exemplos: *a)* o agente policial, ao prender um infrator em flagrante delito, privando-lhe, por via de consequência, de sua liberdade, atua no cumprimento de um dever legal (CPP, art. 301); e *b)* o oficial de justiça, ao apoderar-se de objetos de propriedade de outrem durante o cumprimento de mandado de penhora, atua no cumprimento de um dever legal.

Como bem pondera *Juarez Tavares*: "Se a lei impõe, expressamente, um dever de agir, quem executa a ação dentro de seus limites tampouco obra antinormativa ou antijuridicamente" (TAVARES, 2018).

14.5.2 Requisitos

Os requisitos necessários para a perfectibilização do estrito cumprimento de dever legal são:

a) **existência de um dever legal**: dever legal é toda e qualquer obrigação imposta por lei, aqui entendida e compreendida em seu sentido mais amplo (e não *stricto sensu*).

Esse dever legal imposto ao agente, portanto, pode estar previsto também em decreto, regulamento ou qualquer outro ato administrativo infralegal.

b) **conduta norteada pelos estritos limites do dever legal**: o agente, no cumprimento da obrigação legal, deve praticar apenas os atos estritamente necessários para o adimplemento do dever, sob pena de responder pelo excesso doloso ou culposo, a depender da casuística (CP, art. 23, parágrafo único).

c) **conhecimento da causa de justificação**: trata-se do elemento subjetivo do tipo permissivo. A excludente somente poderá ser aplicada se o agente tiver conhecimento de que atua no estrito cumprimento de dever legal (o agente deve ter consciência de que age acobertado pelo manto da descriminante). Assim, para a perfectibilização do estrito cumprimento de dever legal, não basta estarem presentes apenas os requisitos objetivos, sendo imprescindível a manifestação do requisito subjetivo (conhecimento da situação justificante). Exemplo: um agente policial, impulsionado pela vingança, conduz o desafeto até o distrito policial, privando-lhe de liberdade. Pouco tempo depois, apura-se que havia um mandado de prisão preventiva expedido em desfavor do desafeto. Nesse caso, não há falar-se em estrito cumprimento de dever legal, porquanto ausente o requisito de ordem subjetiva (o agente policial não sabia que atuava no cumprimento de um dever imposto por lei).

14.6 Exercício regular de direito

14.6.1 Conceito

É a prática de um fato típico por parte do agente em razão do exercício de um direito conferido pela ordem jurídica. Exemplo: o particular, ao prender um infrator em flagrante delito, privando-lhe, por via de consequência, de sua liberdade, atua no exercício regular de um direito (CPP, art. 301).

Atenção!

Como explicam Cussac e outros, "A diferença básica entre o estrito cumprimento do dever legal e o exercício regular de um direito encontra-se em que o primeiro é uma obrigação e o segundo, uma faculdade. Ou seja, no estrito cumprimento do dever há uma norma cogente determinando que o sujeito atue. No exercício regular de um direito há uma norma permissiva, dando possibilidade ao sujeito de atuar" (CUSSAC; BUSATO; CABRAL, 2017).

14.6.2 Casuísticas

Vejamos as seguintes hipóteses:

a) **intervenção médica e cirúrgica**: o médico, ao realizar determinado procedimento cirúrgico com incisão (ato de separar os tecidos com corte) em um paciente, atua no exercício regular de um direito.

b) **violência esportiva**: o atleta, ao provocar um resultado danoso em outro (lesão corporal etc.) durante a prática da atividade esportiva, atua no exercício regular de um direito, desde que respeitadas, por óbvio, as regras inerentes ao esporte. Bem obtempera *Damásio Evangelista de Jesus* que, "se o participante se conserva estritamente nos limites da regra do esporte, por piores que sejam as consequências (como a morte), a conduta é lícita. Se o participante não se conserva dentro das regras do jogo, responde pelo resultado lesivo (a título de dolo ou culpa)" (JESUS, 2020).

c) **offensaculas (ofendículas ou ofendículos)**: são aqueles instrumentos instalados para a defesa da propriedade ou de qualquer outro bem jurídico. Por funcionarem como um meio de advertência, **devem ser visíveis**. Exemplo: cerca elétrica, cacos de vidro em muro, pontas de lança em portão, cão bravio com a respectiva placa de aviso etc.

A doutrina discute a respeito da **natureza jurídica do ofendículo**, pelo que há dois entendimentos, a saber:

- para uns, a exemplo de *Magalhães Noronha*, trata-se de legítima defesa preordenada, sob o argumento de que o instrumento, não obstante instalado com antecedência, somente atua efetivamente a partir da agressão; e
- para outros, a exemplo de *Fernando Capez* e *Júlio Fabbrini Mirabete*, trata-se de exercício regular de direito, sob o fundamento de que a própria lei autoriza o desforço físico imediato para a proteção da posse e da propriedade (CC, art. 1.210, § 1º).

Parece-nos mais acertado um entendimento misto, que pode ser assim sintetizado: a preparação do ofendículo caracteriza exercício regular de direito; e a sua efetiva utilização em face de um ataque configura legítima defesa preordenada. Exemplo: um ladrão pula o muro de uma residência para dali furtar objetos de valor, porém é morto por ataque de cães bravios. O proprietário da moradia não responderá por qualquer crime, já que acobertado pelo manto da excludente da legítima defesa (preordenada).

Atenção!

A ofendícula não pode ser confundida com a **defesa mecânica predisposta** (instrumento oculto ou invisível instalado para a proteção da propriedade ou de qualquer outro bem jurídico). Exemplo: tela elétrica em piscina, dispositivo que liga a maçaneta da porta de uma residência ao gatilho de uma arma de fogo etc. Nesse caso, o agente responderá pelo resultado danoso a título de dolo ou culpa, a depender da casuística.

15

Culpabilidade

15.1 Conceito

Independentemente da teoria adotada, no que diz respeito ao conceito analítico de crime, seja bipartida (culpabilidade não é elemento integrante do crime, mas, sim, pressuposto de aplicação de pena) ou tripartida (culpabilidade é elemento integrante do crime), a culpabilidade é definida como sendo o juízo de censura e/ou reprovabilidade que recai sob os ombros do autor de um fato típico e antijurídico. Culpabilidade é, assim, merecimento de pena. Se o agente for culpável, será merecedor de pena; se for inculpável, não merecerá qualquer espécie de pena.

15.2 Teorias conceituais

A culpabilidade pode ser compreendida a partir de teorias propositivas distintas, senão vejamos:

15.2.1 Teoria psicológica

Desenvolvida pelos juristas alemães ***Franz Eduard Ritter von Liszt*** e ***Ernst Ludwig von Beling***, a culpabilidade era definida como sendo **apenas o liame psicológico** entre o sujeito e o fato criminoso por ele praticado, representado pelo dolo ou pela culpa. Essa teoria está atrelada à teoria causalista (ou clássica) da conduta. Nessa perspectiva de ideias, a culpabilidade é composta de apenas dois elementos, a saber: *a)* imputabilidade; e *b)* dolo ou culpa.

15.2.2 Teoria normativa (ou psicológico-normativa)

Proposta pelo jurista alemão **Reinhard Frank**, a culpabilidade era definida como sendo, **além do liame psicológico** entre o sujeito e o fato criminoso por ele praticado (por meio do dolo ou da culpa), **também o juízo de reprovabilidade** que recai sobre esse agente. Acrescentou-se ao conceito culpabilidade, pois, um elemento normativo (reprovabilidade do comportamento desenvolvido). Essa teoria também está vinculada à teoria causalista (ou clássica) da conduta. Nessa perspectiva de ideias, a culpabilidade é composta de três elementos, a saber: *a)* imputabilidade; *b)* dolo ou culpa; e *c)* exigibilidade de conduta diversa.

15.2.3 Teoria normativa pura

A partir da teoria finalista da ação desenvolvida pelo jusfilósofo alemão **Hans Welzel**, a culpabilidade passou a ser definida como sendo **apenas o juízo de reprovabilidade** que recai sobre o autor de um fato típico e antijurídico. Como já explicado anteriormente, o dolo e a culpa foram retirados da culpabilidade e alojados na conduta (primeiro elemento integrante do fato típico). O dolo, assim, deixa de ser normativo e passa a ser natural. Essa teoria normativa pura está umbilicalmente associada à teoria finalista da ação e dela é indissociável. Nessa perspectiva de ideias, a culpabilidade é composta por três elementos, a saber: *a)* imputabilidade; *b)* potencial consciência da ilicitude; e *c)* exigibilidade de conduta diversa.

> **Atenção!**
>
> A **teoria normativa pura** pode ser: *a)* **extremada**; ou *b)* **limitada**. Essas duas teorias, frise-se, **são idênticas no que diz respeito à composição da culpabilidade** (imputabilidade, potencial consciência da ilicitude e exigibilidade de conduta diversa), pelo que apresentam, apenas e tão somente, **uma única distinção**, a saber: **o tratamento jurídico conferido às descriminantes putativas**. Para a teoria normativa pura extremada, a descriminante putativa é sempre hipótese de erro de proibição. Já para a teoria normativa pura limitada, a descriminante putativa pode ser hipótese de erro de tipo (se o erro estiver associado aos pressupostos fáticos de uma causa excludente de ilicitude) ou erro de proibição (se o erro estiver associado à existência de uma causa excludente de ilicitude ou aos seus limites). É importante pontuar, uma vez mais, que **o Código Penal adotou a teoria normativa pura limitada**.

15.3 Elementos

Como já dito alhures, o Código Penal adotou a teoria normativa pura limitada. Logo, a culpabilidade é formada por três elementos, a saber: *i)* imputabilidade; *ii)* potencial consciência da ilicitude; e *iii)* exigibilidade de conduta diversa.

15.4 Imputabilidade

15.4.1 Conceito

É a possibilidade de atribuir ao autor de um fato típico e ilícito a responsabilidade pelo comportamento desenvolvido. Imputável, por assim dizer, é aquele sujeito que possui a capacidade de compreender o caráter ilícito do fato (ciência e conhecimento de que a conduta é reprovável) e de determinar-se de acordo com esse entendimento (domínio da vontade, ou seja, capacidade de conter-se).

15.4.2 Causas excludentes da imputabilidade

São três as causas que afastam a imputabilidade penal. Vejamos, pois.

15.4.2.1 Menoridade

As pessoas menores de 18 (dezoito) anos são penalmente inimputáveis (CF, art. 228; e CP, art. 27). Trata-se de uma presunção absoluta, pelo que não se admite, assim, prova em sentido contrário. A lei brasileira presume, de forma peremptória, que os menores de dezoito anos de idade (crianças e adolescentes) não possuem a capacidade de entender o caráter ilícito do fato e/ou de determinar-se de acordo com esse entendimento.

Atenção!

A pessoa menor de 18 (dezoito) anos de idade civilmente emancipada permanece penalmente inimputável, porquanto capacidade civil e imputabilidade penal são conceitos distintos e inconfundíveis.

Atenção!

Crime permanente é aquele cujo momento consumativo prolonga-se no tempo por vontade do agente. Assim, enquanto não cessada a conduta (permanência), o crime continua sendo considerado praticado. Logo, será penalmente imputável o agente que completar os 18 (dezoito) anos de idade no decorrer da prática delitiva permanente. Exemplo: o sujeito, um dia antes de completar 18 anos, sequestra a vítima (CP, art. 148), que somente vem a ser liberada depois de uma semana.

15.4.2.2 Doença mental ou desenvolvimento mental incompleto ou retardado

Nos termos do que dispõe o art. 26, *caput*, do Código Penal, considera-se inimputável todo aquele sujeito que, por doença mental ou desenvolvimento mental incompleto ou retardado, era, ao tempo da conduta (ação ou omissão), inteiramente incapaz de entender o caráter ilícito do fato ou de determinar-se de acordo com esse entendimento.

Assim, de acordo com esse dispositivo legal, podemos afirmar que **o agente será inimputável desde que presentes cumulativamente as seguintes condições**, a saber: *a)* doença mental ou desenvolvimento mental incompleto ou retardado (condição causal); *b)* ao tempo da ação ou omissão (condição temporal ou cronológica); e *c)* inteiramente incapaz de entender o caráter ilícito do fato e/ou de determinar-se de acordo com esse entendimento (condição consequencial).

Nesse caso, comprovada a inimputabilidade do sujeito, deverá o juiz absolvê-lo, firme no art. 386, inciso VI, do Código de Processo Penal (é a chamada "absolvição imprópria", pois o julgador imporá em seu desfavor medida de segurança, e não pena).

A partir daí, é forçoso concluir pela imputabilidade penal daquele agente maior de idade e portador de doença mental que, ao tempo da conduta, possuía discernimento e lucidez (se o crime for praticado durante o intervalo de lucidez, frise-se, o agente não será considerado inimputável, ainda que portador de doença mental).

Atenção!

Doença mental, desenvolvimento mental incompleto e desenvolvimento mental retardado, muito embora sejam causas excludentes da imputabilidade, são conceitos distintos e inconfundíveis. Por **"doença mental"** entende-se toda e qualquer anormalidade, sofrimento ou comprometimento de ordem psicológica e/ou mental. Exemplo: paranoia e esquizofrenia. Por **"desenvolvimento mental incompleto"** entende-se aquele que ainda não se completou (não se concluiu), ou por conta da recenticidade da idade cronológica do agente (menores de idade) ou por conta da falta de convivência social (indígenas não adaptados à vida em sociedade). E, por **"desenvolvimento mental retardado"**, como sendo aquele atraso da idade mental se comparado à idade cronológica do agente. Exemplo: oligofrenia.

15.4.2.3 Embriaguez acidental completa

Conforme apregoa o art. 28, § 1º, do Código Penal, considera-se inimputável todo aquele sujeito que, por conta de embriaguez completa proveniente de caso fortuito ou força maior, era, ao tempo da conduta (ação ou omissão), inteiramente incapaz de entender o caráter ilícito do fato ou de determinar-se de acordo com esse entendimento.

Embriaguez nada mais é do que a intoxicação decorrente da ingestão de bebida alcoólica, cujas fases são as seguintes: *a)* excitação ou euforia ("fase do macaco"); *b)* depressão ou agito ("fase do leão"); e *c)* sonolência ou estado de coma ("fase do porco").

Sob a ótica jurídica, a embriaguez, no que tange à sua origem, pode ser assim classificada:

a) **embriaguez não acidental**: é aquela em que o agente faz a ingestão, livre e conscientemente, de bebida alcoólica, pelo que alcança, por via de consequência, o embriagamento. Poderá ser:

- **dolosa**, se a intenção do agente, desde o início, era a de embriagar-se a partir do consumo do álcool;
- **culposa**, se a sua intenção era apenas a de ingerir bebida alcoólica, cujo estado de embriaguez, no entanto, fora alcançado pela imprudência em beber exagerada e excessivamente; ou
- **preordenada**, se a sua intenção, desde o início, era a de se embriagar a partir da ingestão do álcool para o fim de cometer um crime (essa espécie de embriaguez, frise-se, é uma circunstância agravante, a teor do que dispõe o art. 61, inciso II, alínea "l", do Código Penal).

b) **embriaguez acidental (ou fortuita)**: é aquela decorrente de: *a)* **caso fortuito**, quando o agente ignora o efeito inebriante da substância de que faz a ingestão; ou *b)* **força maior**, quando o sujeito é obrigado a fazer a ingestão de álcool.

E, no que toca à sua intensidade, a embriaguez pode ser:

a) **completa (ou total)**: é aquela que alcança a segunda ou terceira fases, com a total retirada da capacidade de entendimento e de autodeterminação do sujeito.

b) **incompleta (ou parcial)**: é aquela que não ultrapassa a primeira fase, com a parcial retirada da capacidade de entendimento e de autodeterminação do sujeito.

15.4.3 Causas não excludentes da imputabilidade

De acordo com o Código Penal, são quatro as causas que não afastam a imputabilidade penal. Vejamos, pois.

15.4.3.1 Semi-imputabilidade

Conforme preconiza o art. 26, parágrafo único, do Código Penal, considera-se semi-imputável todo aquele sujeito que, por doença mental ou desenvolvimento mental incompleto ou retardado, não era, ao tempo da conduta (ação ou omissão), inteiramente capaz de entender o caráter ilícito do fato ou de determinar-se de acordo com esse entendimento. Trata-se de hipótese de semi-imputabilidade. Não há falar-se em exclusão da imputabilidade do agente, mas, sim, em **causa de diminuição de pena** (redução de um a dois terços).

Nota-se que, nesse caso, o juiz proferirá uma sentença penal condenatória, com a consequente imposição de pena. No entanto, considerando que o Código Penal agasalhou o **sistema vicariante** (e não o sistema duplo binário), poderá o julgador, acaso necessite o agente de especial tratamento curativo, substituir a pena (privativa de liberdade) por medida de segurança (internação ou tratamento ambulatorial), pelo prazo mínimo de 1 (um) a 3 (três) anos, a teor do que estabelece o art. 98 do Código Penal.

15.4.3.2 Emoção e paixão

Nos termos do que dispõe o art. 28, inciso I, do Código Penal, "*não excluem a imputabilidade penal*: I – *a emoção ou a paixão*".

15.4.3.3 Embriaguez não acidental (completa ou incompleta)

De acordo com o art. 28, inciso II, do Código Penal, a embriaguez, voluntária ou culposa, pelo álcool ou substância de efeitos análogos, jamais exclui a imputabilidade.

Trata-se, a bem da verdade, de aplicação da **teoria da *actio libera in causa* (teoria da ação livre em sua causa)**: o agente, no instante em que decidiu fazer a ingestão de bebida alcoólica, era de todo livre, de modo que, se praticar alguma infração penal privado da capacidade de entendimento e de autodeterminação em decorrência da embriaguez, ainda assim será responsabilizado, não havendo falar-se, pois, em inimputabilidade. O dolo e a culpa, portanto, são analisados no momento que sujeito faz a ingestão de álcool (e não no instante em que desenvolve a conduta típica). Parte da doutrina, todavia, critica a adoção dessa teoria pela legislação pátria, sob o fundamento de que representa um resquício de responsabilidade penal objetiva, pois permite a punição do sujeito que comete uma infração penal num estado de inconsciência (sem dolo ou culpa).

15.4.3.4 Embriaguez acidental incompleta

A teor do que apregoa o art. 28, § 2º, do Código Penal, "*a pena pode ser reduzida de um a dois terços, se o agente, por embriaguez, proveniente de caso fortuito ou força maior, não possuía, ao tempo da ação ou da omissão, a plena capacidade de entender o caráter ilícito do fato ou de determinar-se de acordo com esse entendimento*". A embriaguez acidental incompleta é, portanto, uma **causa de diminuição de pena.**

15.4.4 Critérios de identificação da inimputabilidade

O Código Penal adotou três critérios para a identificação da inimputabilidade, a saber:

a) **critério biológico**: para a definição da inimputabilidade, basta que o agente seja portador de doença mental ou então possua um desenvolvimento mental incompleto ou retardado, pouco importando a capacidade do sujeito de entender o caráter ilícito do fato ou de determinar-se de acordo com esse entendimento. Em síntese: a simples presença de anomalia mental induz, automática e peremptoriamente, a inimputabilidade. Importa a causa, e não o efeito. **É o critério adotado pelo Código Penal, no que diz respeito aos menores de 18 (dezoito) anos de idade** (CP, art. 27).

b) **critério psicológico**: para a definição da inimputabilidade, basta que o agente, ao tempo da conduta, seja inteiramente incapaz de entender o caráter ilícito do fato ou de determinar-se de acordo com esse entendimento. Importa o efeito, e não a causa. **É o critério adotado pelo Código Penal no que toca à embriaguez acidental completa** (CP, art. 28, § 1º).

c) **critério biopsicológico**: para a definição da inimputabilidade, é necessário que o agente seja portador de doença mental ou então possua um desenvolvimento mental incompleto ou retardado, e, em razão dessa anomalia, seja inteiramente incapaz de entender o caráter ilícito do fato ou de determinar-se de acordo com esse entendimento. Esse critério nada mais é do que a fusão dos outros dois anteriores. Importam a causa e o efeito. **É o critério adotado pelo Código Penal, no que tange à doença mental e ao desenvolvimento mental incompleto ou retardado** (CP, art. 26, *caput*).

Atenção!

Para fins de aferição da inimputabilidade, **o Código Penal abraçou, como regra, o sistema biopsicológico. E adotou, excepcionalmente, os sistemas biológico e psicológico**.

15.5 Potencial consciência da ilicitude

15.5.1 Conceito

É a noção e a ideia que deve ter o agente no sentido de que a sua conduta se revela contrária à ordem jurídica. É a possibilidade de entendimento do sujeito a respeito do caráter ilícito da conduta por ele desenvolvida. Ou seja: **a possibilidade de saber que o seu agir (ou não agir) é proibido.** Nessa perspectiva de ideias, a fim de verificar a presença desse elemento da culpabilidade, é preciso perquirir se o sujeito, ao praticar a sua conduta, tinha a possibilidade de compreender que aquele comportamento era ilícito, numa **análise essencialmente cultural** (e não biológica ou psíquica). E tudo isso porque, para ser merecedor de pena (culpável), deve possuir o agente essa potencial consciência da ilicitude.

Atenção!

O desconhecimento a respeito da ilicitude do comportamento e o desconhecimento da lei são conceitos distintos e inconfundíveis. Como bem se sabe, ninguém pode se escusar de cumprir a lei sob a alegação de desconhecê-la (CP, art. 21, *caput*, primeira parte; e LINDB, art. 3º). A lei, depois de publicada, é presumidamente conhecida de todos. Em nome da segurança jurídica, não se pode admitir que alguém ouse descumprir a lei sob o pretexto de não a conhecer. A falta de consciência da ilicitude do fato, frise-se, não está relacionada com o conhecimento (ou não) do texto legal por parte do sujeito, mas, sim, com a noção de que a sua conduta se revela errada e injusta. Trata-se do que o jurista alemão *Edmund Mezger* denominou de **"valoração paralela na esfera do profano"**. Em suma: ignorar a lei é desconhecer o conteúdo dos dispositivos legais, ao passo que ignorar a ilicitude do comportamento é desconhecer a contrariedade dessa conduta com a lei.

15.5.2 Causa excludente da potencial consciência da ilicitude

A única causa que afasta a potencial consciência da ilicitude é o **erro de proibição** (inevitável ou justificável), cujo instituto se encontra previsto no art. 21, *caput*, segunda parte, do Código Penal: *"O erro sobre a ilicitude do fato, se inevitável, isenta de pena; se evitável, poderá diminuí-la de um sexto a um terço"*.

15.5.2.1 Erro de proibição

15.5.2.1.1 Conceito

O erro de proibição é, nos termos da lei, o erro que incide sobre a ilicitude do fato. Ou seja: o agente acredita ser permitida e lícita uma conduta que, na verdade, é proibida e ilícita. Trata-se de um equivocado juízo de valoração por parte do agente do que é certo ou errado. Exemplo: um turista holandês, passeando pela praia de Copacabana no Rio de Janeiro, acende e fuma um cigarro de maconha, pensando tratar-se de uma conduta lícita, já que o uso desse entorpecente é permitido em alguns lugares de seu país de origem. Nota-se que o agente sabe exatamente o que faz (não erra quanto ao cenário fático), porém equivoca-se sobre a ilicitude de seu comportamento (supõe ser lícito o que é ilícito).

15.5.2.1.2 Espécies e consequências

O erro de proibição pode ser:

a) **justificável (ou desculpável ou invencível ou inevitável)**: trata-se daquele erro que não poderia ter sido evitado pelo agente, ou seja, o sujeito não tinha como saber a respeito da ilicitude do fato. Nesse caso, excluída estará a potencial consciência da ilicitude e, por via de consequência, a culpabilidade (isenção de pena).

b) **injustificável (ou indesculpável ou vencível ou evitável)**: trata-se daquele erro que poderia ter sido evitado pelo agente se atuasse com maior diligência e/ou prudência, ou seja, o sujeito tinha como saber a respeito da ilicitude do fato. Aqui, não há falar-se em exclusão da potencial consciência da ilicitude, mas, sim, em causa de diminuição de pena (redução de um sexto a um terço).

15.5.2.1.3 Modalidades

O erro de proibição pode ser:

a) **direto**: é o erro que incide sobre a ilicitude do fato (é o erro de proibição propriamente dito). O agente acredita, por erro, ser lícita a sua conduta, quando, na realidade, é ilícita.

b) **indireto**: é o erro que incide sobre:
- **a existência de uma causa excludente**: o agente acredita, equivocadamente, que a sua conduta está amparada por alguma discriminante, quando, na verdade, o comportamento é de todo ilícito. O agente imagina existir uma causa excludente que, na verdade, não existe. O sujeito não erra quanto aos pressupostos fáticos de uma excludente (erro de tipo permissivo), mas, sim, quanto à própria existência da discriminante (erro de proibição indireto). Exemplo: o agente, após surpreender a esposa em flagrante adultério, dispara com arma de fogo e mata a mulher e o amante, supondo que o comportamento estivesse acobertado pela legítima defesa da honra.
- **os limites de uma excludente**: o agente acredita, equivocadamente, que a sua conduta está dentro dos limites de uma discriminante, quando, na verdade, o comportamento é de todo excessivo. O sujeito não erra quanto aos pressupostos fáticos de uma excludente (erro de tipo permissivo), nem quanto à existência da discriminante (erro de proibição indireto), mas, sim, quanto aos seus li-

mites (erro de proibição indireto). Exemplo: o agente, depois de ter sido agredido fisicamente em uma festa por seu desafeto, desloca-se até a sua residência, apodera-se de uma faca e retorna ao evento festivo, em cuja ocasião desfere golpes com o instrumento perfurocortante contra o inimigo, supondo que o comportamento estivesse acobertado pela legítima defesa. Nota-se que o agente sabia a respeito da descriminante da legítima defesa, porém equivocou-se quanto ao seu alcance, pois a repulsa (reação) amparada pela norma excludente pressupõe uma agressão injusta atual ou iminente (e não pretérita).

15.5.2.1.4 Erro de proibição versus erro de tipo

As diferenças entre um instituto jurídico e outro podem ser sintetizadas de acordo com o seguinte gráfico:

	ERRO DE TIPO	ERRO DE PROIBIÇÃO
O que é?	O agente equivoca-se quanto aos fatos, cujo erro lhe impede de conhecer uma ou mais elementares da figura típica (o sujeito não sabe o que faz).	O agente compreende com perfeição os fatos, porém equivoca-se quanto à ilicitude de sua conduta (o sujeito sabe exatamente o que faz, mas não sabe que ofende a ordem jurídica).
E quais as consequências?	*a)* inevitável: afastamento do dolo e da culpa. Logo, exclusão da conduta e, por via de consequência, do fato típico. *b)* evitável: afastamento somente do dolo, respondendo o agente pelo crime a título de culpa, se houver, por evidente, a previsão expressa da modalidade culposa da infração penal.	*a)* inevitável: exclusão da potencial consciência da ilicitude e, por via de consequência, da culpabilidade (isenção de pena). *b)* evitável: diminuição da pena (de um sexto a um terço).

> **Atenção!**
>
> O erro de proibição indireto (erro que incide sobre a existência ou sobre os limites de uma excludente) também é chamado de "descriminante putativa por erro de proibição". E, como já dito alhures, o erro de tipo permissivo (erro que incide sobre os pressupostos fáticos de uma excludente) é chamado de "descriminante putativa por erro de tipo".
>
> O professor Guilherme Nucci explica, com precisão, a diferença entre crime putativo e erro de proibição: "São hipóteses inversas, pois, no crime putativo, o agente crê estar cometendo um delito (age com consciência do ilícito), mas não é crime; no erro de proibição, o agente acredita que nada faz de ilícito, quando, na realidade, trata-se de um delito" (NUCCI, 2020).

15.6 Exigibilidade de conduta diversa

15.6.1 Conceito

É a possibilidade de exigir do agente um comportamento diferente daquele por ele praticado. Isso porque, para ser merecedor de pena (culpável), é preciso que se possa exigir do sujeito, naquelas mesmas condições e circunstâncias a que estava submetido, o desenvolvimento de uma conduta em sintonia com a ordem jurídica, e não contrária ao Direito. Com efeito, não pode ser responsabilizado e, assim, suportar pena, o agente que, muito embora tenha praticado um fato típico e antijurídico, não poderia ter se comportado de outra forma.

15.6.2 Causas excludentes da exigibilidade de conduta diversa

São duas as causas que afastam a exigibilidade de conduta diversa. Vejamos, pois.

15.6.2.1 Coação moral irresistível

É aquela decorrente do emprego de grave ameaça (séria e idônea) como forma de exigir de alguém (coagido) a prática de determinada e específica conduta. Nos termos definidos pelo art. 22 do Código Penal, *"só é punível o autor da coação"*, ou seja, apenas será culpável (e, portanto, responsabilizado) o agente coator. Exemplo: o sujeito (coator), após sequestrar o filho de seu desafeto (coagido), constrange-lhe a subtrair objetos de valor da relojoaria em que trabalha, sob a ameaça de matar o ente querido acaso não desenvolva a tarefa criminosa patrimonial. O coagido, por conta da grave ameaça, acaba por cometer o crime de furto.

Atenção!

Coação física (*vis absoluta*) e coação moral (*vis compulsiva*) são conceitos distintos e inconfundíveis. A coação física concretiza-se pela força corporal imposta pelo coator ao coagido, que nada pode fazer, sendo, pois, um mero instrumento nas mãos daquele. Exemplo: o agente (coator), com o uso da força bruta, coloca uma arma de fogo nas mãos de outrem (coagido), forçando o acionamento do gatilho, cujo disparo atinge e mata a vítima pretendida. Nota-se que o coagido sequer pratica uma conduta, ante a ausência de vontade (logo, não há fato típico). Já a coação moral materializa-se pela grave ameaça feita pelo coator ao coagido, que é compelido a praticar a conduta criminosa sob pena de suportar um mal maior. Nota-se que o coagido pratica uma conduta típica e ilícita (há vontade, apesar de contaminada), porém não lhe era exigível comportar-se de maneira diversa (logo, não há culpabilidade).

Atenção!

A coação moral resistível não exclui a culpabilidade do agente, cuja circunstância, frise-se, é uma atenuante (CP, art. 65, inciso III, alínea "c"), a ser considerada pelo julgador na segunda fase da dosimetria da pena.

15.6.2.2 Obediência hierárquica

É o cumprimento de uma ordem não manifestamente ilegal proveniente de um superior hierárquico pelo subalterno. O agente (subalterno) pratica um fato típico e ilícito por força do cumprimento de uma ordem exarada pelo superior hierárquico, ou seja, em razão de obediência a um comando superior. Nos termos definidos pelo art. 22 do Código Penal, *só é punível o autor da ordem*, ou seja, apenas será culpável (e, portanto, responsabilizado) o agente hierarquicamente superior. Exemplo: um soldado de polícia, por ordem do comandante da escolta, dispara com arma de fogo e mata um criminoso que opunha resistência passiva ao mandado de prisão, supondo agir por obediência devida (exemplo de Nélson Hungria).

A partir daí, é forçoso concluir que a obediência hierárquica, para a sua perfeita conformação, pressupõe **três requisitos**, a saber: *a)* relação de Direito Público (hierarquia); *b)* ordem ilegal emanada de autoridade superior; e *c)* ilegalidade da ordem não manifesta (aquela ilegalidade imperceptível de acordo com o "critério do homem médio").

15.7 Teoria da coculpabilidade

Desenvolvida pelo jurista argentino *Eugenio Raúl Zaffaroni*, essa teoria apregoa no sentido de que o Estado e a sociedade também são responsáveis quando um crime é praticado por aquele indivíduo marginalizado socialmente e que não teve os seus direitos fundamentais garantidos. É uma divisão da responsabilidade entre o Estado, a sociedade e o agente infrator.

Essa teoria não tem por finalidade excluir a culpabilidade do agente infrator (a finalidade não é torná-lo isento de pena), senão explicar o comportamento criminoso daquele indivíduo que teve o poder de escolha (entre o lícito e o ilícito) viciado pelas condições sociais amplamente desfavoráveis, para então concluir que deva ele suportar um menor juízo de reprovação (abrandamento da pena). De fato, o sujeito que não teve acesso às mesmas oportunidades e direitos conferidos a outros indivíduos da sociedade possui limitado âmbito de autodeterminação, cuja circunstância enseja a redução do seu grau de reprovabilidade.

Para os adeptos desse entendimento, esta teoria pode ser considerada em favor do agente na segunda fase da dosimetria da pena, como circunstância atenuante inominada (CP, art. 66). Nota-se, contudo, que **o Superior Tribunal de Justiça não tem admitido a aplicação da teoria da coculpabilidade do Estado como justificativa para a prática de delitos** (STJ – AgRg no AREsp 1318170/PR – 5ª Turma – Relator Ministro Reynaldo Soares da Fonseca – DJe 01.03.2019; e HC 187132/MG – 6ª Turma – Relatora Ministra Maria Thereza de Assis Moura – DJe 18.02.2013).

15.8 Teoria da coculpabilidade às avessas

Esta teoria apresenta-se sob duas perspectivas, a saber:

a) o Estado, além de não implementar uma política pública de respeito aos direitos fundamentais e contribuir, assim, para a não inserção social daqueles marginalizados, ainda incrimina a própria vulnerabilidade (direcionamento do canhão punitivo aos excluídos da vida social). Ou seja: o Estado, além de não reconhecer a sua parcela de responsabilidade quando um crime é praticado por aquele indivíduo marginalizado e que não teve os seus direitos fundamentais garantidos, ainda incrimina condutas que só podem ser praticadas por aqueles mais frágeis socialmente. Exemplo: contravenção penal de vadiagem (LCP, art. 59).

b) o Estado deve punir mais severamente as infrações penais perpetradas por aquelas pessoas de significativo poder econômico e que abusam dessa condição para a execução dos crimes. Ou seja: aos ricos e poderosos há uma cobrança maior por parte do Estado, pelo que devem ser punidos de forma mais severa (maior juízo de reprovação). Exemplo: crimes tributários, econômicos etc.

16

Concurso de pessoas (codelinquência)

16.1 Conceito

Fala-se em concurso de pessoas (ou codelinquência) quando duas ou mais pessoas (autor/coautor e partícipe), unidas entre si pelo mesmo propósito criminoso e em comunhão consciente de esforços, praticam a mesma infração penal (crime ou contravenção penal).

16.2 Modalidades (ou formas)

Duas são as modalidades (ou formas) de concurso de pessoas, a saber: *a)* coautoria; e *b)* participação.

16.2.1 Teorias conceituais

Ante o silêncio do Código Penal, que não veiculou os conceitos de autoria e participação, coube à doutrina então a tarefa de alcançar essa definição, assim o fazendo por intermédio das seguintes teorias, a saber:

a) **teoria unitária (ou subjetiva)**: autor é todo aquele que, de alguma forma, contribui para a prática da infração penal, pouco importando tenha ou não realizado o verbo núcleo do tipo. Essa teoria não distingue autor de partícipe e tem por alicerce a teoria da equivalência dos antecedentes (ou teoria da *conditio sine qua non*), já que a simples colaboração, qualquer que tenha sido, é considerada causa do crime.

b) **teoria extensiva**: autor também é todo aquele que, de alguma forma, contribui para a prática da infração penal, pouco importando tenha ou não realizado a ação nuclear do tipo. Essa teoria não distingue autor de partícipe e tem por alicerce a teoria da equivalência dos antecedentes (ou teoria da *conditio sine qua non*), já que a simples colaboração, qualquer que tenha sido, é considerada causa do crime. Há uma única diferença apenas em relação à teoria anterior: essa teoria extensiva autoriza a divisão da autoria em graus, pelo que permite, por via de consequência, uma menor punição àquele autor que contribuiu de forma menos relevante para a produção do resultado (previsão de causas de diminuição de pena relacionadas à relevância da colaboração).

c) **teoria dualista (ou objetiva)**: esse teorema rompe com os conceitos até então delineados e cria dois atores criminosos: autor e partícipe. Essa teoria subdivide-se em:

- **teoria objetivo-formal**: autor é apenas aquele que realiza o verbo núcleo do tipo penal (conduta principal). E partícipe é todo aquele que, sem executar a ação nuclear típica, colabora, de alguma forma, para o cometimento da infração penal (conduta acessória).
- **teoria objetivo-material**: autor é aquele que contribui de forma mais relevante para a prática da infração penal. E par-

tícipe é quem colabora de forma menos efetiva. Para essa teoria, a definição de um e de outro ator criminoso, se autor ou partícipe, não está atrelada à prática ou não da ação nuclear típica. Para essa vertente teórica, o critério abraçado é outro: a importância e o relevo da contribuição para a produção do resultado (critério que gera insegurança jurídica, pois dá muita margem ao subjetivismo do intérprete).

- **teoria do domínio final do fato**: o jusfilósofo alemão Hans Welzel, no final da década de 1930, idealizou essa teoria como forma de equilibrar as teorias objetivo-formal e objetivo-material. Sob essa ótica, autor é todo aquele que possui o controle final do fato (é a "figura central"), ou seja, o controle sobre toda a empreitada e dinâmica criminosa (decisão a respeito de prática do crime, sobre a sua execução, circunstâncias, condições, interrupção etc.). Nos dizeres do jurista alemão Claus Roxin, autor é a "figura central do acontecer típico". E partícipe é quem contribui, de qualquer forma, para a prática da infração penal, de forma apenas acessória, sem qualquer domínio final do fato (é a "figura lateral"). Pouco importa, para o conceito de autoria e participação, se o agente praticou ou não o verbo núcleo do tipo penal. Para essa vertente teórica, o critério acolhido também é outro: o domínio final da ação.

Atenção!

A doutrina, em sua maioria, é no sentido de que **o Código Penal acolheu a teoria objetivo-formal** (CP, art. 29, *caput*). Nota-se, porém, que **a jurisprudência pátria, cada vez mais, tem adotado a teoria do domínio final do fato**, cujo teorema, frise-se, fora amplamente mencionado pelo Supremo Tribunal Federal por ocasião do julgamento da Ação Penal nº 470 (caso de corrupção que ficou popularmente batizado como "mensalão").

16.2.2 Autoria

Partindo da premissa que a nossa legislação abraçou a teoria objetivo-formal (teoria restritiva), **autor** é quem realiza a ação descrita no núcleo do tipo (conduta principal); e, se dois ou mais agentes praticarem o verbo nuclear, fala-se em **coautoria**.

16.2.2.1 Autoria imediata (ou direta) e autoria mediata (ou indireta)

A autoria pode ser:

a) **imediata (ou direta)**: é aquela em que o agente desenvolve a conduta típica e ilícita por si mesmo. Exemplo: o sujeito apodera-se de uma faca e desfere vários golpes em seu desafeto, causando-lhe, pois, a sua morte. Nesse caso, o agente é o autor imediato da infração penal.

b) **mediata (ou indireta)**: é aquela em que o agente desenvolve a conduta típica e ilícita não por si mesmo, mas por intermédio de uma outra pessoa, que, frise-se, funciona apenas como um mero instrumento de execução da infração penal, seja porque inculpável, seja porque atua sem dolo ou culpa, não havendo falar-se, nesse caso, em concurso de pessoas, por ausência de um dos requisitos imprescindíveis para a caracterização do instituto da "codelinquência" (vínculo subjetivo entre os agentes). Nota-se que apenas o autor mediato (o chamado "sujeito de trás") será responsabilizado criminalmente pela infração penal cometida.

A autoria mediata pode ocorrer nas seguintes hipóteses, a saber:

- **erro de tipo justificável provocado por terceiro (CP, art. 20, § 2º)**: o agente (autor mediato), para o cometimento

da infração penal, serve-se de uma pessoa que atua sem dolo ou culpa (autor imediato). Exemplo: o médico, desejando matar o paciente internado, entrega um comprimido venenoso à enfermeira para que disponibilize ao doente acamado, afirmando tratar-se de um medicamento sedativo; paciente, depois de ingeri-lo, morre envenenado.
- **inimputabilidade penal do executor (CP, art. 62, inciso III)**: o agente (autor mediato), para o cometimento da infração penal, serve-se de uma pessoa inimputável (autor imediato). Exemplo: o agente, desejando matar o seu desafeto, entrega uma arma de fogo a uma pessoa esquizofrênica (com incapacidade total de entendimento e de autodeterminação) com a orientação de que deve atirar na direção do alvo, que, por conta dos disparos, vem a morrer.
- **coação moral irresistível (CP, art. 22)**: o agente (autor mediato), para o cometimento da infração penal, serve-se de uma pessoa coagida moralmente de forma irresistível (autor imediato). Exemplo: o agente coator (autor mediato), após sequestrar o filho de seu desafeto (coagido), constrange-lhe a subtrair objetos de valor da relojoaria em que trabalha, sob a ameaça de matar o ente querido acaso não desenvolvesse a tarefa criminosa patrimonial. O coagido, por conta da grave ameaça, acaba por cometer o crime de furto (autor imediato).
c) **obediência hierárquica (CP, art. 22)**: o agente (autor mediato), para o cometimento da infração penal, serve-se de uma pessoa subalterna e sujeita ao cumprimento de ordem não manifestamente ilegal (autor imediato). Exemplo: o comandante (autor mediato) emite uma ordem ao soldado de polícia (autor imediato) para disparar com arma de fogo e matar um criminoso que oferecia resistência passiva ao cumprimento do mandado de prisão.
d) **erro de proibição justificável provocado por terceiro (CP, art. 21, *caput*)**: o agente (autor mediato), para o cometi-

mento da infração penal, serve-se de uma pessoa que não possuía a potencial consciência da ilicitude do comportamento desenvolvido. Exemplo: o agente de turismo (autor mediato), querendo fazer o uso de drogas, pede ao turista holandês que lhe acompanhe para que compre e carregue consigo a trouxinha de maconha (autor imediato).

Atenção!

Segundo Rogério Greco "Tem-se entendido, majoritariamente, não ser cabível autoria mediata em crimes de mão própria, uma vez que estes últimos são considerados personalíssimos, ou seja, aqueles que necessitam, para sua configuração, da atuação pessoal e intransferível do agente. No entanto, embora a posição doutrinária majoritária não admita a autoria mediata nos crimes de mão própria, no exemplo do crime de falso testemunho, pode haver quebra da regra geral. Assim, imagine-se a hipótese em que a testemunha seja coagida, irresistivelmente, a prestar um depoimento falso para beneficiar o autor da coação. Nesse caso, de acordo com a norma constante do art. 22 do Código Penal, somente será punido o autor da coação, sendo este, portanto, um caso de autoria mediata" (GRECO, 2017).

16.2.2.2 Autoria colateral ou coautoria imprópria

Fala-se em autoria colateral quando duas ou mais pessoas, sem que uma saiba da intenção da outra, desenvolvem, simultaneamente, uma conduta com o propósito de produzirem um mesmo resultado, que é de fato alcançado, porém em decorrência do comportamento de um só agente. Nota-se que não há falar-se em concurso de pessoas, por ausência de um dos requisitos indispensáveis para a configuração do instituto da "codelinquência" (liame subjetivo entre os agentes), pelo que cada sujeito responderá, autonomamente, por sua própria conduta. Exemplo: "A", "B" e "C", com o desejo comum de matarem "D", e sem que um saiba da ação do outro, preparam cada qual uma tocaia à beira da estrada em que o desafeto sempre atravessa para chegar à sua residência. Em determinado instante, enquanto "D" caminha pelo trecho, todos os agentes entocaiados disparam com arma de fogo em sua direção, cuja vítima vem a morrer por conta dos ferimentos provocados. Realizadas as perícias pertinentes, apura-se que o ofendido fora atingido apenas pelos disparos realizados por "A"; "B" e "C", por erro de pontaria, não conseguiram acertar o desafeto (tentativa branca). Nesse caso, "A" responderá pelo crime de homicídio qualificado consumado (CP, art. 121, inciso IV), ao passo que "B" e "C" responderão, cada qual (e não em concurso de pessoas), pelo crime de homicídio qualificado tentado (CP, art. 121, inciso IV, c/c art. 14, inciso II).

16.2.2.3 Autoria incerta

Fala-se em autoria incerta quando não se consegue apurar, em hipótese de autoria colateral, qual dos agentes efetivamente provocou o resultado. Nesse caso, todos os sujeitos responderão pelo crime em sua forma tentada (e nenhum pela forma consumada). E por quê? Por não se saber quem, de fato, tenha provocado o resultado, deve-se optar por punir de forma mais branda aquele que efetivamente causou o resultado do que acabar por punir mais severamente aquele que não alcançou o resultado. Em Direito Penal, na dúvida, deve prevalecer a solução que melhor favoreça o agente (princípio do *in dubio pro reo*).

16.2.2.4 Autoria desconhecida

Fala-se em autoria desconhecida quando o autor da infração penal não é conhecido. Trata-se do desconhecimento a respeito da autoria delitiva (a infração penal fora praticada, porém não se sabe a sua autoria).

> **Atenção!**
>
> Autoria incerta e autoria desconhecida são conceitos distintos e inconfundíveis. Na autoria incerta, os agentes são apurados e conhecidos, porém não se sabe quem provocou efetivamente o resultado. Já na autoria desconhecida, os agentes sequer são apurados e conhecidos (desconhecimento total de quem praticou a infração penal).

16.2.2.5 Autoria de escritório

É uma outra espécie de autoria mediata caracterizada, todavia, pelo uso de uma pessoa imputável na execução da infração. A teoria, que foi desenvolvida pelo jurista alemão *Claus Roxin*, visa a dar um tratamento mais adequado para crimes praticados em meio a uma organização hierarquizada e possibilitar o alcance dos verdadeiros mandantes, que são as pessoas de elevada posição hierárquica, com decisivo poder de mando. Por isso que, aqui, mandante (chamado autor de escritório) e executor nem sequer se conhecem, não combinam nada conjuntamente e não se consideram a si mesmos como portadores de decisões com força igual, situação notabilizada pela fungibilidade do executor. Por isso que a responsabilização do autor de escritório assenta-se no comandar, planejar e motivar o delito, sendo-lhe desnecessário conhecer o executor, o momento e o local precisos da execução do crime.

16.2.3 Participação

Partindo da premissa de que a nossa legislação abraçou a teoria objetivo-formal (teoria restritiva), **partícipe** é quem, sem desenvolver a conduta nuclear da figura típica, colabora de alguma forma para a prática da infração penal (conduta acessória).

16.2.3.1 Espécies

A participação pode ser:

a) **moral**: é aquela colaboração feita pelo induzimento (induzir é inspirar o sujeito à prática do crime, ou seja, é fazer nascer a ideia criminosa em sua mente) ou pela instigação (instigar é estimular o sujeito à prática do crime, ou seja, é reforçar a ideia criminosa já existente em sua mente).

b) **material**: é o auxílio e a assistência material, ou seja, a ajuda para o cometimento da infração penal. Exemplo: "A" e "B" decidem juntos matar um desafeto e narram o plano delitivo aos colegas "C" e "D". A partir daí, "C" passa a fomentar ainda mais a prática do crime doloso contra a vida, inclusive com outras sugestões de execução, de modo a robustecer ainda mais a ideia criminosa já existente na mente dos companheiros. "D", por sua vez, empresta aos colegas "A" e "B" duas armas de fogo municiadas para a execução delitiva, cujos agentes, utilizando-se desses artefatos, matam a vítima pretendida. Nesse caso, "A" e "B" são coautores do crime de homicídio, ao passo que "C" e "D" são partícipes (moral, na modalidade instigação, e material, respectivamente).

16.2.3.2 Natureza jurídica

O partícipe desenvolve apenas uma conduta acessória, já que não executa a ação nuclear da figura típica. Esse comportamento acessório somente será penalmente relevante se houver a prática da conduta principal pelo autor (realização do verbo núcleo do tipo penal). Há, portanto, uma relação de dependência entre uma e outra. Se o autor sequer dá início à execução delitiva, não há como responsabilizar o partícipe (não há conduta acessória sem que haja, necessariamente, uma conduta principal). Isso porque o Código Penal, em seu art. 31, dispôs que "*o ajuste, a determinação ou instigação e o auxílio, salvo disposição expressa em contrário, não são puníveis, se o crime não chega, pelo menos, a ser tentado*".

Existem quatro graus de acessoriedade, a saber:

a) **acessoriedade mínima**: a participação é reconhecida se o autor praticar um fato típico. A conduta acessória do partícipe será penalmente relevante (sujeita, portanto, à punição) se tiver colaborado com o autor para a prática de um fato típico. Essa proposição deve ser de logo rejeitada, pois não se pode admitir a ideia de punir o partícipe sem que o autor tenha praticado um fato ilícito. Com efeito, se o autor praticar um fato típico, porém lícito, sequer haverá infração penal, de modo que seria naturalmente ilógico (e injusto) punir a conduta acessória. Essa teoria permitiria punir aquele agente que induz, instiga ou auxilia outrem a atuar em legítima defesa, cuja consequência, frise-se, seria bastante absurda.

b) **acessoriedade limitada (ou média)**: a participação é reconhecida se o autor praticar um fato típico e ilícito. A conduta acessória do partícipe será penalmente relevante (sujeita, portanto, à punição) se tiver colaborado com o autor para a prática de um fato típico e antijurídico. **Essa é a proposição aceita e admitida pela doutrina majoritária**. A sua deficiência, no entanto, é não conseguir compatibilizar-se com o instituto da "autoria mediata".

c) **acessoriedade máxima (ou extrema)**: a participação é reconhecida se o autor praticar um fato típico, ilícito e culpável. A conduta acessória do partícipe será penalmente relevante (sujeita, portanto, à punição) se tiver colaborado com o autor para a prática de um fato típico, antijurídico e culpável. Há doutrinadores, a exemplo de *Flávio Augusto Monteiro de Barros*, que se filiam a essa classe de acessoriedade.

d) **hiperacessoriedade**: a participação é reconhecida se o autor praticar um fato típico, ilícito, culpável e punível. A conduta acessória do partícipe será penalmente relevante (sujeita, portanto, à punição) se tiver colaborado com o autor para a prática de um fato típico, antijurídico, culpável e punível. Essa proposição também deve ser descartada, porque é exageradamente permissiva ao possibilitar a impunidade do partícipe, mesmo naquelas hipóteses em que tenha sido praticada efetivamente uma infração penal pelo autor. Exemplo: "A" arquiteta a trama delitiva e contrata "B", de 18 (dezoito) anos de idade, para executar o plano elaborado e, assim, furtar objetos de valor de uma relojoaria, cuja tarefa criminosa é bem realizada. Pela lentidão da marcha processual, opera-se a prescrição da pretensão punitiva em relação ao autor "B" (redução do prazo prescricional pela metade, porque menor de 21 anos à época do crime, a teor do que dispõe o art. 115 do Código Penal), mas não em relação ao partícipe "A". Por via de consequência, "B" não será punido, já que a prescrição é uma das causas extintivas da punibilidade (CP, art. 107, inciso IV). De acordo com essa teoria, o partícipe "A" não poderia ser mais punido, já que o fato, em relação ao autor, tornou-se impunível, cuja solução, frise-se, seria por demais desarrazoada.

Grau (ou classe) de acessoriedade	Partícipe responderá criminalmente se colaborar com o autor que pratique um:
Mínima	Fato típico
Limitada (ou média)	Fato típico e ilícito
Máxima (ou extrema)	Fato típico, ilícito e culpável
Hiper	Fato típico, ilícito, culpável e punível

16.2.3.3 Participação em cadeia (ou participação mediata)

É a participação da participação. Fala-se em participação em cadeia (ou participação mediata), pois, quando um agente induz ou instiga outro sujeito para que esse, por sua vez, induza, instigue ou auxilie outrem à prática de uma infração penal. Exemplo: "A" instiga o colega "B" a emprestar uma arma de fogo à "C" para que esse possa matar o desafeto comum, cujo crime de homicídio é perpetrado. Nesse caso, "C" é o autor; "B", o partícipe (participação material); e "A", o partícipe do partícipe (participação moral). Nesse caso, todos os agentes responderão pelo crime doloso contra a vida, praticado contra a vítima em concurso de pessoas.

16.2.3.4 Participação sucessiva

Fala-se em participação sucessiva quando duas ou mais pessoas, sem que uma saiba da intenção da outra, induzem ou instigam outro sujeito à prática da infração penal (os partícipes não estão subjetivamente vinculados entre si). Exemplo: "A" induz "B" a roubar uma loja de conveniência, cuja concepção é posteriormente reforçada por "C" (instigação), que nada sabia a respeito do comportamento anterior de "A". A partir daí, por conta da indução e instigação, "B" pratica o crime patrimonial. Nesse caso, "B" é o autor, ao passo que "A" e "C" são os partícipes morais (em participação sucessiva).

16.2.3.5 Participação inócua ou coautoria fracassada

É aquela sem qualquer relevância e/ou eficiência causal, isto é, que em nada contribuiu para a produção do resultado. Exemplo: "A" decide matar o seu desafeto e pede ao colega "B" uma arma de fogo emprestada para esse específico propósito, cujo artefato é de pronto disponibilizado. "A", no entanto, acaba por matar a vítima envenenada, e não com disparos de arma de fogo. Nesse caso, não há falar-se em concurso de pessoas, por ausência de um dos requisitos imprescindíveis à sua caracterização (relação causal entre as condutas e o resultado).

16.2.3.6 Participação de menor importância

O Código Penal, em seu art. 29, § 1°, assim apregoa: "*Se a participação for de menor importância, a pena pode ser diminuída de um sexto a um terço*".

A participação de menor importância é, pois, aquela de pequena relevância e/ou eficiência causal. Trata-se de uma causa de diminuição de pena (de um sexto a um terço). E uma vez reconhecida a diminuta importância da participação, deverá o julgador, no instante da dosimetria da pena, promover a redução da reprimenda daí decorrente, porquanto não se trata de uma faculdade do juiz, mas, sim, de um direito público de liberdade do réu.

16.2.3.7 Participação negativa

Participação negativa (ou conivência) é a situação em que o agente não tem qualquer vínculo com a conduta criminosa (não induziu, instigou ou auxiliou o autor), nem tampouco a obrigação de impedir o resultado. Não há, na realidade, participação, pois a simples contemplação de um crime por alguém que não adota medidas para evitá-lo, e nem era obrigado a fazê-lo, não caracteriza o concurso de pessoas, que exige, dentre outros requisitos, conduta que apresente relevância causal para o alcance do resultado.

16.3 Requisitos

São três os requisitos para a configuração do concurso de pessoas, a saber:

a) **pluralidade de agentes**: há de se ter, ao menos, duas pessoas que contribuam para a prática da mesma infração penal (autores/coautores ou autor e partícipe).

b) **relação causal entre as condutas e o resultado**: as condutas desenvolvidas por cada um dos agentes devem necessariamente contribuir de forma efetiva para a produção do resultado (**eficiência causal** do comportamento de cada um dos sujeitos). Exemplo: "A" decide matar o seu desafeto e pede ao colega "B" uma arma de fogo emprestada para esse específico propósito, cujo artefato é de pronto disponibilizado. "A", no entanto, utiliza-se de um punhal de sua propriedade para matar a vítima. Nesse caso, não há falar-se em concurso de pessoas, pois a conduta de "B" não possuiu qualquer eficácia (relevância) causal, isto é, em nada colaborou para a produção do resultado "morte".

c) **liame subjetivo entre os agentes**: é a vontade de todos os agentes em contribuir para a prática da mesma infração penal (adesão ou concorrência de vontades). É a vontade de obtenção do mesmo resultado (vontade homogênea). Bem obtempera *Julio Fabbrini Mirabete*:

> Há que se exigir, também, um liame psicológico entre os vários autores, ou seja, a consciência de que cooperam numa ação comum. Não basta atuar o agente com dolo (ou culpa), sendo necessária uma relação subjetiva entre os concorrentes. Somente a adesão voluntária, objetiva (nexo causal) e subjetiva (nexo psicológico), à atividade criminosa de outrem, visando à realização do fim co-

mum, cria o vínculo do concurso de pessoas e sujeita os agentes à responsabilidade pelas consequências da ação. Inexistente esse liame psicológico, não há que se reconhecer o concurso de agentes disciplinado no art. 29.

Atenção!

Para a caracterização desse requisito, **não se exige um ajuste prévio nem expresso entre os agentes**, perfectibilizando-se esse vínculo subjetivo, assim, no instante em que um adere à conduta criminosa do outro. Exemplo: "A", agindo com *animus necandi*, surpreende o desafeto na via pública e passa a esfaqueá-lo. "B", pessoa desconhecida e que por ali transitava, saca de um canivete que carregava consigo e começa a também desferir golpes na vítima, que, por conta dos graves ferimentos, vem a morrer. Nesse caso, "A" e "B" são coautores do crime de homicídio.

Atenção!

Haverá o "concurso de pessoas" ainda que o autor desconheça a colaboração do partícipe, eis que, para a configuração desse requisito, como já dito alhures, basta apenas e tão somente que um adira à vontade criminosa do outro. Exemplo: o empregado, desejando concorrer para a subtração patrimonial, deixa aberta a porta da residência do empregador, de propósito, justamente para facilitar a entrada do ladrão, cujo larápio, que sequer conhecia essa ajuda dada pelo serviçal, ingressa no recinto privado e dali furta objetos de valor. Nesse caso, o ladrão (autor) e o empregado (partícipe material) responderão pelo crime de furto.

Atenção!

Para falar-se em "concurso de pessoas", **é preciso que a adesão (ou concorrência) de vontades ocorra antes de iniciada ou durante a fase de execução da infração penal**, ou seja, **deve preceder à fase consumativa**.

Se posterior à consumação, descartado estará o instituto jurídico da "codelinquência", podendo essa colaboração configurar, no entanto, um crime diverso e autônomo. Exemplos: *a)* "A", depois de já ter esfaqueado e matado o seu desafeto, procura o colega "B" e narra todo o evento delitivo, que até então nada sabia. "B", que também desejava a morte da vítima por conta de inimizade, e sem que o colega homicida saiba, desloca-se até a cena do crime, apodera-se do cadáver e promove o seu enterro em um lugar de difícil acesso. Nesse caso, "A" responderá pelo crime de homicídio (CP, art. 121) e "B" será responsabilizado pelo cometimento do delito de ocultação de cadáver (CP, art. 211). Nota-se que a conduta de "B", por ter sido desenvolvida posteriormente à realização do delito doloso contra a vida, não caracteriza a sua participação no crime, mas, sim, uma infração penal autônoma; e *b)* "A" confidencia à "B", dono de um "ferro velho", a intenção de subtrair um veículo automotor com a condição de que a res furtiva seja por ele adquirida depois do crime do furto, cuja proposta é de pronto aceita. A partir daí, "A" furta o veículo e "B" compra a *res*. Nesse caso, "A" (autor) e "B" (partícipe) responderão pelo crime de furto qualificado pelo concurso de pessoas (CP, art. 155, § 4°, inciso IV). Nota-se que "B" aderiu à vontade de "A" antes mesmo da prática do crime de furto (ou seja, antes da fase executiva), pelo que acabou por instigar (reforçar) essa ideia criminosa.

16.4 Consequência jurídica

Dispõe o art. 29, *caput*, do Código Penal: "*Quem, de qualquer modo, concorre para o crime incide nas penas a este cominadas, na medida de sua culpabilidade*".

Por força de lei, os autores/coautores e partícipes serão responsabilizados criminalmente pela prática da mesma infração penal (**identidade de infração penal para todos os sujeitos envolvidos**). E isso porque o Código Penal, **via de regra**, adotou a **teoria monista (monística ou unitária)**: as condutas de cada um dos agentes (individualmente consideradas) resultam na prática de uma única infração penal. A infração penal praticada por duas ou mais pessoas é, pois, única e indivisível, ou seja, haverá um só fato criminoso e todos os agentes responderão pelo mesmo ilícito. Em síntese: **unidade de infração penal e pluralidade de sujeitos**. Exemplo: enquanto um larápio (partícipe) permanece do lado de fora da residência para "dar cobertura", o outro (autor) invade o recinto privado e dali subtrai, para si e com ânimo de assenhoreamento definitivo, objetos de valor alheios. Trata-se de um único crime de furto qualificado pelo concurso de pessoas (CP, art. 155, § 4º, inciso IV), pelo que responderão, autor e partícipe, por esse mesmo ilícito penal patrimonial.

Excepcionalmente, porém, acolheu o Código Penal a **teoria pluralista (ou pluralística)**: as condutas de cada um dos agentes (individualmente consideradas) concorrem para a prática de várias infrações penais. Haverá um fato criminoso para cada um dos agentes envolvidos e cada qual responderá por uma infração penal distinta. Em síntese: **pluralidade de infração penal e pluralidade de sujeitos**. Exemplos: *a)* uma gestante consente para o namorado provocar-lhe o aborto (a gestante responderá pelo crime tipificado no art. 124, *caput*, segunda parte, do Código Penal, ao passo que o namorado estará sujeito às penas do delito inscrito no art. 126, *caput*, do Código Penal); *b)* um homem solteiro contrai matrimônio com uma mulher que sabe já ser casada (o homem responderá pelo crime tipificado no art. 235, § 1º, do Código Penal, ao passo que a mulher bígama estará sujeita às penas do delito inscrito no art. 235, *caput*, do Código Penal); *c)* um particular promete entregar considerável quantia em dinheiro para o oficial de justiça retardar o cumprimento de um mandado de intimação, cuja promessa é prontamente aceita pelo funcionário público (o particular responderá pelo crime tipificado no art. 333, *caput*, do Código Penal, ao passo que o oficial de justiça estará sujeito às penas do delito inscrito no art. 317, *caput*, do Código Penal); e *d)* um advogado oferece considerável quantia em dinheiro para a testemunha calar a verdade durante a sua oitiva em processo judicial (o advogado responderá pelo crime tipificado no art. 343, *caput*, do Código Penal, ao passo que a testemunha estará sujeita às penas do delito inscrito no art. 342, *caput*, do Código Penal).

Atenção!

Nas exceções pluralísticas, não há falar-se em "concurso de pessoas" (não há coautoria e/ou participação), pois cada agente responderá por uma infração penal diversa e distinta.

Atenção!

A doutrina, em sua esmagadora maioria, aponta a "identidade de infração penal" como sendo um dos requisitos do "concurso de pessoas". Ousamos discordar. Para nós, os requisitos da "codelinquência" são somente três: *a)* pluralidade de agentes; *b)* relação causal entre as condutas e o resultado; e *c)* vínculo subjetivo entre os sujeitos. A **"identidade de infração penal", frise-se, é apenas a consequência da teoria adotada como regra pelo Código Penal** (monista ou monística ou unitária).

16.5 Cooperação dolosamente distinta

O art. 29, § 2º, do Código Penal, estabelece que: *"Se algum dos concorrentes quis participar de crime menos grave, ser-*

-lhe-á aplicada a pena deste; essa pena será aumentada até metade, na hipótese de ter sido previsível o resultado mais grave".

Fala-se em cooperação dolosamente distinta quando um dos agentes quer colaborar para a prática de uma infração penal menos grave do que aquela efetivamente praticada pelo(s) outro(s) (**desvio subjetivo de conduta**). Exemplo: dois sujeitos combinam de furtar uma determinada residência, pois cientes de que moradores ali não estariam. Para a prática delitiva, os agentes pulam o muro, quebram uma janela, invadem o recinto privado e são surpreendidos com a presença de um dos moradores no local. A partir daí, "A" saca o revólver que carregava consigo e anuncia o assalto, cuja arma de fogo "B" até então desconhecia. Nota-se que "B", desde o início, quis concorrer para a prática de uma infração penal menos grave (crime de furto qualificado), e não para a infração penal mais grave efetivamente praticada (crime de roubo circunstanciado). Nesse caso, por força de lei (CP, art. 29, § 2°), "A" responderá pelo delito de roubo circunstanciado e "B" pelo de furto qualificado.

Atenção!

O agente que quis participar de crime menos grave estará sujeito às penas dessa infração penal, cuja reprimenda será aumentada até metade, porém, na hipótese de ter sido previsível o resultado mais grave.

16.6 Comunicabilidade de elementares e circunstâncias

O art. 30 do Código Penal bem anuncia que: *"Não se comunicam as circunstâncias e as condições de caráter pessoal, salvo quando elementares do crime"*.

De logo, rememoremos os conceitos já estudados:

a) **elementares**: são os dados integrantes (constitutivos) da infração penal, ou seja, aqueles dados sem os quais a infração penal não existe. É o chamado **tipo fundamental ou tipo básico**. Trata-se da infração penal em sua modalidade simples. Podem estar relacionadas ao agente (subjetiva ou pessoal) ou ao fato (objetiva ou real).

b) **circunstâncias**: são os dados acessórios que interferem apenas no *quantum* (aumento ou diminuição) de pena. É o chamado **tipo derivado**. Trata-se da infração penal em suas modalidades qualificada (alteração do balizamento punitivo para maior), circunstanciada (causas de aumento de pena) e privilegiada (causas de diminuição de pena). Podem estar relacionadas ao agente (subjetiva ou pessoal) ou ao fato (objetiva ou real).

A partir daí, podemos assim sintetizar o conteúdo jurídico do art. 30 do Código Penal:

a) **circunstâncias subjetivas**: são **sempre incomunicáveis**, ou seja, não se estendem aos demais agentes. Exemplo: "A", por não mais suportar ver o pai sofrer numa cama de hospital por conta de afecção incurável, contrata "B" para desligar o aparelho que lhe mantém vivo, cuja tarefa é realizada com êxito. Nesse caso, "A" responderá pelo crime de homicídio privilegiado, porque praticou a infração impelido por motivo de relevante valor moral (eutanásia), ao passo que "B" responderá pelo crime de homicídio qualificado, porque perpetrou o delito mediante paga ou promessa de recompensa. Isso porque o motivo não é uma elementar do crime, e sim uma circunstância subjetiva, de modo que não se comunica aos outros agentes.

b) **circunstâncias objetivas**: são **comunicáveis**, ou seja, estendem-se aos demais agentes, **desde que delas tenham conhecimento**, sob pena de admitir-se a responsabilização penal objetiva. Exemplos: *a)* "A", "B" e "C" decidem, juntos, roubar uma loja de conveniência. "A" planeja toda a trama criminosa, com a inclusão do emprego de arma de fogo, para que "B" e "C" possam executá-la com êxito. Durante a execução delitiva, enquanto "B" porta o revólver na direção do funcionário, "C" apodera-se do dinheiro da caixa registradora. Nesse caso, ainda que somente "B" tenha usado o revólver, todos os agentes responderão pela causa de aumento relativa ao emprego de arma de fogo (CP, art. 157, § 2º-A, inciso I), pois, por ser uma circunstância objetiva, comunica-se aos demais que dela tinham conhecimento; e *b)* "A" induz "B" a matar "C", sugerindo o uso de uma faca. "B", induzido à prática do crime por "A", mata "C", porém por envenenamento. Nesse caso, somente "B" responderá pela circunstância qualificadora relativa ao "emprego de veneno", pois, por ser de natureza objetiva, não se comunica ao partícipe que dela não tinha conhecimento.

c) **elementares (subjetivas e objetivas)**: são **comunicáveis**, ou seja, estendem-se aos demais agentes, **desde que delas tenham conhecimento**. Exemplo: "A" (solteiro) instiga o amigo "B" (casado) a contrair novo casamento, cujo ato é então realizado. Nesse caso, "A" e "B" responderão pelo crime de bigamia (CP, art. 235), pois a condição de "casado" é uma elementar (subjetiva) e, assim, comunica-se aos demais agentes.

Vejamos o quadro sinótico a seguir:

CIRCUNSTÂNCIAS SUBJETIVAS	CIRCUNSTÂNCIAS OBJETIVAS	ELEMENTARES (SUBJETIVAS e OBJETIVAS)
Sempre incomunicáveis.	**Comunicáveis**, desde que tenham ingressado na esfera de conhecimento.	**Comunicáveis**, desde que tenham ingressado na esfera de conhecimento.

17

Da pena (conceitos introdutórios)

17.1 Conceito

Alicerçada no *jus puniendi*, a pena é a resposta do Estado ao autor de um fato típico, ilícito e culpável. Trata-se da punição estatal previamente estabelecida em lei. Na lição de *Giuseppe Bettiol*, a pena é definida como sendo "a consequência jurídica do crime, isto é, a sanção estabelecida pela violação de um preceito penal".

Atenção!

Sanção penal é expressão de gênero que comporta duas espécies, a saber: *a)* pena (pressupõe culpabilidade); e *b)* medida de segurança (pressupõe periculosidade). Todo aquele que praticar uma infração penal (crime ou contravenção penal), pois, está sujeito a suportar uma sanção penal (pena ou medida de segurança). Daí falar-se que **o Direito Penal é um sistema de dupla via: a primeira via é a pena** (imputáveis e semi-imputáveis sem periculosidade); **e a segunda via, a medida de segurança** (inimputáveis e semi-imputáveis com periculosidade). E a partir dos estudos desenvolvidos pelo jurista alemão *Claus Roxin*, passou-se a falar em uma **terceira via do Direito Penal: a reparação dos danos à vítima**. Trata-se de uma via mais preocupada com o interesse da vítima de ter o seu dano reparado do que propriamente com o interesse punitivo estatal, que pode, em linha de princípio e situações excepcionais, permitir que o Estado deixe de impor a sanção penal ao autor de uma infração penal nos casos em que a reparação dos danos atende, tão bem ou melhor, aos propósitos da pena e às necessidades do ofendido. Nesse contexto, a vítima deixa de ocupar um polo secundário na persecução penal e passa a ser mais valorizada no âmbito criminal (o interesse punitivo do Estado cede espaço ao interesse do ofendido de ter o seu prejuízo reparado). É uma via alternativa de responsabilização criminal, já que o Estado abre mão de seu direito de punir por conta da reparação pelo infrator do dano causado à vítima. Nota-se que a legislação penal pátria já adota essa terceira via do Direito Penal, como, por exemplo, o disposto no art. 74, parágrafo único, da Lei Federal n° 9.099/1995.

17.2 Princípios

Os principais princípios informadores da pena são:

a) **princípio da reserva legal ou da estrita legalidade** (CF/88, art. 5°, inciso XXXIX; e CP, art. 1°): não há pena sem cominação legal, isto é, toda pena deve estar prevista em lei.

b) **princípio da anterioridade** (CF/88, art. 5°, inciso XXXIX; e CP, art. 1°): a pena deve estar definida em lei anterior ao fato cuja punição se pretende.

c) **princípio da humanidade** (CF/88, art. 5°, incisos XLVII e XLIX): toda pena deve respeitar a dignidade do condenado enquanto pessoa, permanecendo intocável o seu direito à integridade corporal e moral. Por isso é que são proibidas as seguintes penas: *a)* de morte, salvo em caso de guerra declarada; *b)* de caráter perpétuo; *c)* de trabalhos forçados; *d)* de banimento; e *e)* cruéis.

d) **princípio da pessoalidade ou da personalidade ou da intranscendência** (CF/88, art. 5°, incisos XLV): nenhuma pena passará da pessoa do condenado, isto é, ninguém mais além do autor de uma infração penal poderá ser alcançado pela reprimenda estatal. É absolutamente proibido, portanto, que a pena se dirija a quem não concorreu para a prática da infração penal. Nada impede, porém, que a obrigação de reparar o dano e a decretação do perdimento de bens (efeitos da condenação) sejam, nos termos da lei, estendidas aos sucessores do condenado e contra eles executadas, até o limite do valor do patrimônio transferido.

Atenção!

Esse princípio foi ferido de morte por ocasião do julgamento de Joaquim José da Silva Xavier (o "Tiradentes"), pois, além de ter sido condenado à morte por traição à Corte Portuguesa, ainda proibiram os seus filhos e netos de receberem a sua herança.

---

e) **princípio da proporcionalidade**: a pena deve guardar uma relação de proporcionalidade com a gravidade da infração penal praticada. Quanto mais grave o ilícito penal, mais intensa deverá ser a reprimenda; e quanto menos grave o ilícito penal, menos intensa deverá ser a resposta estatal. Esse princípio, frise-se, deve ser observado nos planos abstrato (direcionado ao legislador no instante da cominação da pena) e concreto (direcionado ao julgador no instante da aplicação da pena).

f) **princípio da individualização** (CF/88, art. 5°, inciso XLVI): deve ser dispensado ao agente exatamente a resposta que lhe caiba e na proporção do comportamento desenvolvido.

Esse princípio deve ser observado em três distintas fases, a saber: *a)* fase legislativa: o legislador estabelece o balizamento punitivo em abstrato, além de fixar as causas de aumento e diminuição e também as circunstâncias agravantes e atenuantes; *b)* fase judicial: o julgador deve aplicar a sanção de acordo com o sistema trifásico (CP, art. 68); e *c)* fase administrativa: é a fase executiva da pena, devendo o Estado zelar pelos direitos do condenado.

17.3 Finalidades

Os fins e os objetivos da pena são explicados por intermédio das seguintes teorias, a saber:

a) **teoria retributiva (ou absoluta)**: a finalidade da pena é simplesmente retributiva. Trata-se de retribuir o mal (violação do preceito penal) com outro mal (imposição de pena). O propósito da pena, portanto, é o de castigar o agente que praticou uma infração penal, em nada se preocupando com o seu processo de ressocialização. A pena é ferramenta de vingança estatal. Os dois maiores expoentes dessa teoria são os filósofos Georg Wilhelm Friedrich Hegel (germânico) e Immanuel Kant (prussiano).

b) **teoria preventiva (ou relativa):** a finalidade da pena é simplesmente preventiva. Trata-se de prevenir a prática de outras infrações penais. O propósito da pena, portanto, é o de advertir e avisar: *a)* o próprio agente infrator, para que, uma vez punido, não torne a delinquir (prevenção especial); e *b)* os demais integrantes da sociedade, para que, intimidados com a punição de outrem, abstenham-se de palmilhar o caminho do ilícito (prevenção geral). A pena é um contraestímulo à prática de infrações penais.

Um instrumento de controle e proteção social, já que tem por escopo evitar a proliferação e a repetição de condutas criminosas (prevenção delitiva).

c) **teoria unificadora (ou mista ou eclética)**: a finalidade da pena é dupla: retributiva e preventiva. Nessa perspectiva de ideias, os propósitos da pena são: *a)* punir o agente infrator; e *b)* evitar o cometimento de novas infrações penais (prevenção geral e específica). Trata-se, pois, de uma combinação das duas teorias anteriores: a pena possui, concomitantemente, os fins retributivo e preventivo. Ao mesmo tempo em que castiga o infrator (índole retributiva), a pena também traz em si uma função utilitarista ao reeducar o criminoso e provocar em toda a coletividade o efeito intimidatório (índole preventiva). **É a teoria adotada pelo Código Penal** (CP, art. 59, *caput*).

17.4 Espécies

De acordo com o Código Penal, as penas podem ser: *a)* privativas de liberdade (CP, art. 32, inciso I); *b)* restritivas de direitos (CP, art. 32, inciso II); e *c)* de multa (CP, art. 32, inciso III).

18

Pena privativa de liberdade

18.1 Conceito

Entende-se como aquela que elimina a liberdade do agente por conta da prática de uma infração penal. Por expressa disposição constitucional, essa supressão somente pode operar-se por determinado período (temporariedade), e jamais perpetuamente (CF/88, art. 5º, inciso XLVII, alínea "b"). O direito brasileiro não admite, pois, a chamada pena de "prisão perpétua".

18.2 Espécies

De acordo com o ordenamento jurídico-penal, três são as espécies de pena privativa de liberdade, a saber: *a)* reclusão (CP, art. 33); *b)* detenção (CP, art. 33); e *c)* prisão simples (LCP, art. 5º, inciso I).

Nos termos do que estabelece o art. 1º do Decreto-lei nº 3.914/1941 (Lei de Introdução do Código Penal), as penas de reclusão e detenção são cominadas aos crimes, ao passo que a pena de prisão simples é cominada às contravenções penais. A diferença entre as penas de reclusão e detenção diz respeito ao regime inicial de cumprimento da pena privativa de liberdade.

Com efeito, assim dispõe o art. 33, *caput*, do Código Penal: "A pena de reclusão deve ser cumprida em regime fechado, semiaberto ou aberto. A de detenção, em regime semiaberto, ou aberto, salvo necessidade de transferência a regime fechado".

Nessa toada de ideias, **podemos concluir** que:

- o condenado à pena de reclusão deverá iniciar o cumprimento da reprimenda em regime fechado, semiaberto ou aberto.
- o condenado à pena de detenção deverá iniciar o cumprimento da reprimenda em regime semiaberto ou aberto. Muito embora não possa jamais iniciar o cumprimento em regime fechado, poderá o apenado ser inserido nesse sistema no curso da execução penal, acaso haja necessidade, tudo devidamente motivado pelo juízo competente (regressão de regime).
- o condenado à pena de prisão simples deverá iniciar o cumprimento da reprimenda em regime semiaberto ou aberto (LCP, art. 6º). Além de não poder jamais iniciar o cumprimento em regime fechado, também não poderá o apenado ser inserido nesse sistema no curso da execução penal (nem mesmo em caso de regressão de regime).

18.3 Regimes de cumprimento

O Código Penal prevê três regimes de cumprimento da pena privativa de liberdade, a saber:

a) **regime fechado** (CP, art. 33, § 1º, alínea "a"): a pena é executada em estabelecimento de segurança máxima ou média. A penitenciária, frise-se, é o estabelecimento penal destinado ao condenado à pena de reclusão em regime fechado (LEP, art. 87). E as regras do regime fechado são:

- no início do cumprimento da pena, o condenado será submetido a exame criminológico de classificação para individualização da pena (CP, art. 34, *caput*);
- o condenado fica sujeito a trabalho no período diurno e a isolamento durante o repouso noturno ("período de silêncio"). O trabalho será em comum dentro do estabelecimento, na conformidade das aptidões ou ocupações anteriores do condenado, desde que compatíveis com a execução da pena (CP, art. 34, § 1º e § 2º). Nota-se que esse trabalho será sempre remunerado, garantindo-se ao condenado os benefícios da Previdência Social (CP, art. 39); e
- o trabalho externo é admissível ("trabalho extramuro"), desde que em serviço ou obras públicas realizadas por órgãos da Administração Direta ou Indireta, ou entidades privadas, tomadas as cautelas contra a fuga e em favor da disciplina (CP, art. 34, § 3º; e LEP, art. 36).

b) **regime semiaberto** (CP, art. 33, § 1º, alínea "b"): a pena é executada em colônia agrícola, industrial ou estabelecimento similar (LEP, art. 91). E as regras do regime semiaberto são:
- no início do cumprimento da pena, o condenado será submetido a exame criminológico de classificação para individualização da pena (CP, art. 35, *caput*);
- o condenado fica sujeito a trabalho em comum durante o período diurno (CP, art. 35, § 1º). Nota-se que esse trabalho será sempre remunerado, garantindo-se ao condenado os benefícios da Previdência Social (CP, art. 39); e
- o trabalho externo ("trabalho extramuro") e a frequência a cursos supletivos profissionalizantes, de instrução de segundo grau ou superior são admissíveis (CP, art. 35, § 2º).

Atenção!

O que vem a ser *regime semiaberto harmonizado* (ou também chamado de humanitário)? É aquele que decorre da Súmula Vinculante nº 56 do STF:

"*A falta de estabelecimento penal adequado não autoriza a manutenção do condenado em regime prisional mais gravoso, devendo-se observar, nessa hipótese, os parâmetros fixados no RE 641.320/RS*". Este regime ocorre quando o condenado sai do regime fechado, e, não havendo vagas disponíveis para cumprir a pena em regime semiaberto, é colocado em liberdade, porém, mediante aplicação de medidas cautelares diversas da prisão. A mais comum é a monitoração por meio de tornozeleira eletrônica, somada à proibição de se ausentar da comarca em que reside, além do recolhimento domiciliar noturno.

c) **regime aberto** (CP, art. 33, § 1°, alínea "c"): a pena é executada em casa de albergado ou estabelecimento adequado (LEP, art. 93), fundamentando-se na autodisciplina e senso de responsabilidade do condenado (CP, art. 36, *caput*). E as regras do regime aberto são:

- o condenado deverá, fora do estabelecimento e sem vigilância, trabalhar, frequentar curso ou exercer outra atividade autorizada, permanecendo recolhido durante o período noturno e nos dias de folga (CP, art. 35, § 1°); e
- o condenado será transferido do regime aberto, se praticar fato definido como crime doloso, se frustrar os fins da execução, ou se, podendo, não pagar a multa cumulativamente aplicada. Trata-se, pois, da chamada regressão de regime (CP, art. 35, § 2°).

Atenção!

O chamado **"regime domiciliar"** (ou **"prisão albergue domiciliar"**) não é propriamente um regime autônomo de cumprimento da pena privativa de liberdade. Trata-se, a bem da verdade, de **uma benesse legal concedida a determinadas categorias de pessoas que cumprem pena em regime aberto**, que, ao invés de cumprirem a pena em casa de albergado, passam a cumprir a reprimenda em sua residência particular.

Ou seja: **o recolhimento em residência particular ("regime domiciliar") é um substitutivo à casa de albergado (regime aberto).** Esse benefício está previsto no **art. 117 da Lei de Execução Penal** e destina-se: *a)* ao condenado maior de 70 (setenta) anos; *b)* ao condenado acometido de doença grave; *c)* à condenada com filho menor ou deficiente físico ou mental; e *d)* à condenada gestante.

Atenção!

"Regime domiciliar" (ou "prisão albergue domiciliar"), "prisão domiciliar" e "recolhimento domiciliar" são conceitos distintos e inconfundíveis. O **"regime domiciliar"**, com previsão no art. 117 da Lei de Execução Penal, pressupõe condenação definitiva e destina-se aos beneficiários de regime aberto. Tem incidência, portanto, apenas na fase de execução penal. É, assim, uma prisão-pena (a pena passa a ser cumprida em residência particular). Já a **"prisão domiciliar"**, com previsão no Código de Processo Penal (art. 317 e art. 318), dispensa condenação definitiva e destina-se aos presos preventivamente. Tem incidência, portanto, nas fases investigativa e processual. É, assim, uma forma de cumprimento da prisão preventiva (o juiz decreta a prisão preventiva e determina o seu cumprimento em forma de prisão domiciliar). Por sua vez, o **"recolhimento domiciliar"**, com previsão no Código de Processo Penal (art. 319, inciso V), é uma medida cautelar autônoma diversa da prisão (o juiz impõe o recolhimento domiciliar no período noturno e nos dias de folga, sob pena de ser convertida essa medida em prisão preventiva no caso de descumprimento injustificado por parte do agente). Tem incidência, portanto, nas fases investigativa e processual.

Atenção!

De acordo com o art. 102 da Lei Federal nº 7.210/1984 (LEP), a cadeia pública é destinada ao recolhimento de presos provisórios (prisão preventiva e prisão temporária).

Atenção!

As matérias sobre os "direitos do preso" (CP, art. 38) e o "trabalho do preso" (CP, art. 39), por força do que dispôs o art. 40 do Código Penal, foram reguladas por lei especial (Lei Federal n° 7.210/1984 – Lei de Execução Penal).

18.4 Fixação do regime inicial de cumprimento da pena

Nos termos do que apregoa o art. 59, inciso III, do Código Penal, deve o magistrado estabelecer na sentença condenatória o regime inicial de cumprimento da pena privativa de liberdade imposta em desfavor do agente. E, **para a escolha do regime inicial**, deverá o juiz atentar-se aos **quatro critérios** estabelecidos no art. 33, § 2° e § 3°, do Código Penal, a saber: *a)* espécie de pena (reclusão ou detenção); *b)* quantidade de pena (*quantum*); *c)* reincidência; e *d)* circunstâncias judiciais (CP, art. 59).

Vejamos, pois, os seguintes esquemas:

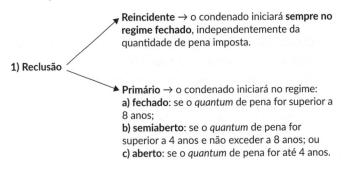

1) Reclusão
- **Reincidente** → o condenado iniciará **sempre no regime fechado**, independentemente da quantidade de pena imposta.
- **Primário** → o condenado iniciará no regime:
  a) **fechado**: se o *quantum* de pena for superior a 8 anos;
  b) **semiaberto**: se o *quantum* de pena for superior a 4 anos e não exceder a 8 anos; ou
  c) **aberto**: se o *quantum* de pena for até 4 anos.

Atenção!

O **Superior Tribunal de Justiça, com a edição da Súmula n° 269, flexibilizou e mitigou o rigor da lei**, já que passou a admitir a adoção do regime semiaberto aos reincidentes condenados à pena reclusiva de até 4 (quatro) anos, desde que favoráveis as circunstâncias judiciais. Vejamos, pois, o enunciado sumular: "*É admissível a adoção do regime prisional semiaberto aos reincidentes condenados a pena igual ou inferior a quatro anos se favoráveis as circunstâncias judiciais*". **Ousamos discordar desse entendimento sumulado do Superior Tribunal de Justiça**, pois afronta o texto expresso da lei. Os regimes iniciais semiaberto e aberto, frise-se, reclamam a primariedade por parte do agente (CP, art. 33, § 2°, alíneas "b" e "c"). Para nós, o condenado à pena de reclusão que for reincidente deverá iniciar o cumprimento de sua reprimenda em regime fechado, independentemente do *quantum* de pena imposto em seu desfavor.

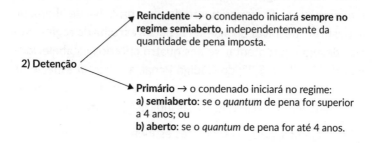

O julgador, no que diz respeito à fixação do regime inicial de cumprimento de pena, não está adstrito apenas ao critério atinente ao *quantum* de pena, sendo perfeitamente possível, assim, a determinação de um regime inicial mais gravoso do que a quantidade de pena aplicada permitir, desde que, evidentemente, as circunstâncias judiciais assim recomendem (CP, art. 33, § 3°). Nessa toada de ideias, nada impede que o juiz, desde que fundamente idoneamente a sua decisão, determine que **o agente primário condenado à pena:**

- **de reclusão**, inicie o cumprimento da reprimenda em: *a)* regime fechado, ainda que o *quantum*, muito embora superior a 4 anos, não exceda a 8 anos; ou *b)* regime semiaberto, mesmo que o *quantum* não ultrapasse os 4 anos.

■ **de detenção**, inicie o cumprimento da reprimenda em regime semiaberto, ainda que o *quantum* não ultrapasse os 4 anos.

A respeito da temática, a Suprema Corte já pacificou o entendimento no sentido da possibilidade de fixação de regime inicial mais severo do que a pena imposta permitir. Eis a **Súmula nº 719 do Supremo Tribunal Federal**: *"A imposição do regime de cumprimento mais severo do que a pena aplicada permitir exige motivação idônea"*. Nota-se, por fim, que a gravidade abstrata da infração penal, por si só, não é motivação idônea a justificar a imposição de regime mais gravoso do que o aceitável em decorrência da quantidade de pena imposta. Nesse sentido é a **Súmula nº 718 do Supremo Tribunal Federal**: *"A opinião do julgador sobre a gravidade em abstrato do crime não constitui motivação idônea para a imposição de regime mais severo do que o permitido segundo a pena aplicada"*. E na mesma direção é a **Súmula nº 440 do Superior Tribunal de Justiça**: *"Fixada a pena-base no mínimo legal, é vedado o estabelecimento de regime prisional mais gravoso do que o cabível em razão da sanção imposta, com base apenas na gravidade abstrata do delito"*.

18.5 Progressão de regime

De acordo com o art. 33, § 2º, do Código Penal, a pena privativa de liberdade deverá ser **executada em forma progressiva**, segundo o mérito do condenado, com a consequente transferência para regime de cumprimento menos rigoroso. O sistema progressivo de cumprimento de pena consiste, pois, na passagem do condenado por regimes de severidade decrescente, com a finalidade precípua de prepará-lo paulatinamente para retornar ao convívio social.

A Lei Federal nº 7.210/1984, em seu art. 112 – cujo dispositivo sofreu substancial modificação a partir da Lei Federal nº 13.964/2019 ("Lei Anticrime") –, exige, para a progressão de regime prisional, **dois requisitos**, a saber:

a) **objetivo (formal)**: cumprimento de determinada fração de pena no regime anterior, cujo *quantum* varia de acordo com a qualidade da infração penal. É um requisito de ordem temporal. Vejamos os quadros sinóticos a seguir.

ANTES DA "LEI ANTICRIME"		
Qualidade da infração penal	Fração de pena	Fundamento
Crime não hediondo	1/6 (um sexto)	art. 112 da Lei de Execução Penal
Crime hediondo e assemelhados (praticado **antes** do advento da Lei Federal nº 11.464/2007)	1/6 (um sexto)	art. 112 da Lei de Execução Penal e Súmula nº 471 do Superior Tribunal de Justiça
Crime hediondo e assemelhados (praticado **depois** do advento da Lei Federal nº 11.464/2007)	2/5 (dois quintos): primário ou 3/5 (três quintos): reincidente	Art. 2º, § 2º, da Lei Federal nº 8.072/1990

APÓS A "LEI ANTICRIME"		
Qualidade da infração penal	Fração de pena (primário)	Fração de pena (reincidente)
Crime sem violência à pessoa ou grave ameaça	16%	20%
Crime com violência à pessoa ou grave ameaça	25%	30%
Crime hediondo ou equiparado (sem resultado morte)	40%	60%

APÓS A "LEI ANTICRIME"		
Qualidade da infração penal	Fração de pena (primário)	Fração de pena (reincidente)
Crime hediondo ou equiparado (com resultado morte)	50%	70%
Condenado por exercer o comando, individual ou coletivo, de organização criminosa estruturada para a prática de crime hediondo ou equiparado	50%	50%
Condenado pela prática do crime de constituição de milícia privada	50%	50%

Atenção!

Na hipótese de ser o agente primário e o crime for praticado sem violência à pessoa ou grave ameaça, trouxe a nova legislação uma fração menor de pena a ser cumprida no regime anterior (antes do advento da Lei Federal nº 13.964/2019, a fração era de um sexto, ou seja, de 16,66%), pelo que deve retroagir em benefício do condenado (CF, art. 5º, inciso XL).

Atenção!

O marco temporal para a obtenção de nova progressão de regime é o dia em que o condenado adimpliu o requisito objetivo, e não a data de seu efetivo ingresso no regime anterior. Vale dizer: a data-base para fins de concessão de nova progressão é aquela em que o apenado preencheu os requisitos legais no regime anterior (STF – HC 115254/SP – 2ª Turma – Relator Ministro Gilmar Mendes – Julgamento em 15.12.2015 – Publicação em 26.02.2016). Exemplo: o condenado progrediu do regime fechado ao semiaberto por decisão judicial exarada em 2 de outubro de 2015, porém já havia cumprido a correspondente fração de pena no dia 2 de maio de 2015, de modo que esta última data deverá ser a data-base para nova progressão. Ou seja: a fração de pena a ser cumprida pelo sentenciado para que faça jus à progressão ao regime aberto será contada a partir do dia 2 de maio de 2015 (data em que havia preenchido o requisito temporal para o ingresso no regime semiaberto), e não do dia 2 de outubro de 2015 (data em que efetivamente ingressou no regime semiaberto).

Atenção!

No rol acima não consta tratamento específico da progressão de regime relativa ao condenado pela prática de crime hediondo ou assemelhado, reincidente genérico, isto é, condenado por crime que não hediondo e nem assemelhado. Duas posições se formaram em razão disso: 1ª) A lei não disse nada sobre reincidência específica ou genérica. Assim, a depender do caso, deve ser aplicado o percentual de 60% e 70% para a progressão de regime dos reincidentes condenados por crimes hediondos ou equiparados. 2ª) é a posição atual do STJ: "Assim, por ausência de previsão legal, o julgador deve integrar a norma aplicando a analogia in bonam partem. No caso (condenado por crime hediondo com resultado morte, reincidente não específico), diante da lacuna na lei, deve ser observado o lapso temporal relativo ao primário. Impõe-se, assim, a aplicação do contido no inciso VI, a, do referido artigo da Lei de Execução Penal, exigindo-se, portanto, o cumprimento de 50% da pena para a progressão de regime (AgRg no REsp 1919672/MG, Rel. Min. Felix Fischer, 5ª T., j. em 30/03/2021 + AgRg no HC 640.014/AC, Rel. Min. Ribeiro Dantas, 5ª T., j. em 23/03/2021, DJe 29/03/2021)". O STF também adotou essa posição e fixou, sobre o tema, a seguinte tese com repercussão geral: "Tendo em vista a legalidade e a taxatividade da norma penal (artigo 5º, XXXIX, CF), a alteração promovida pela Lei 13.964/2019 no artigo 112 da LEP não autoriza a incidência do percentual de 60% (inciso VII) aos condenados reincidentes não específicos para o fim de progressão de regime. Diante da omissão legislativa, impõe-se a analogia in bonam partem, para aplicação, inclusive retroativa, do inciso V do artigo 112 da LEP (lapso temporal de 40%) ao condenado por crime hediondo ou equiparado sem resultado morte reincidente não específico". (STF. ARE 1.327.963/SP. rel. Min. Gilmar Mendes, j. Plenário Virtual finalizado em 17.9.2021).

b) **subjetivo (material)**: boa conduta carcerária comprovada pelo diretor do estabelecimento (LEP, art. 112, § 1°).

Atenção!

Em se tratando de **crime contra a administração pública**, há ainda **um terceiro requisito** para a progressão de regime, a saber: reparação do dano que causou ou devolução do produto do ilícito praticado, com os acréscimos legais (CP, art. 33, § 4°).

Atenção!

De acordo com o art. 112, § 3°, da Lei Federal n° 7.210/1984 (com a redação que lhe foi dada pela Lei Federal n° 13.769/2018), a **mulher gestante ou que for mãe ou responsável por crianças ou pessoas com deficiência** está sujeita a um regramento especial para a progressão de regime (**progressão especial**). Nesse caso, **os requisitos para a progressão de regime são, cumulativamente**: *a)* não ter cometido crime com violência ou grave ameaça à pessoa; *b)* não ter cometido o crime contra seu filho ou dependente; *c)* ter cumprido ao menos 1/8 (um oitavo) da pena no regime anterior; *d)* ser primária e ter bom comportamento carcerário, comprovado pelo diretor do estabelecimento; e *e)* não ter integrado organização criminosa. Nota-se que o cometimento de novo crime doloso ou falta grave implicará na revogação desse benefício da progressão especial, e, uma vez revogada a benesse, estará a condenada sujeita à regra geral (e não mais especial) para obter nova progressão de regime (LEP, art. 112, § 4°).

Atenção!

O **exame criminológico**, desde o advento da Lei Federal n° 10.792/2003, **não mais é requisito** para a progressão de regime, nada impedindo o juiz, porém, de exigi-lo no caso concreto, desde que em decisão fundamentada (**facultatividade do exame criminológico**). Nesse sentido é a **Súmula Vinculante n° 26 do Supremo Tribunal Federal**: "*Para efeito de progressão de regime no cumprimento de pena por crime hediondo, ou equiparado, o juízo da execução observará a inconstitucionalidade do art. 2° da Lei n° 8.072, de 25 de julho de 1990, sem prejuízo de avaliar se o condenado preenche, ou não, os requisitos objetivos e subjetivos do benefício, podendo determinar, para tal fim, de modo fundamentado, a realização de exame criminológico*". E na mesma direção é a **Súmula n° 439 do Superior Tribunal de Justiça**: "*Admite-se o exame criminológico pelas peculiaridades do caso, desde que em decisão motivada*".

18.6 Detração penal

18.6.1 Conceito

O art. 42 do Código Penal assim dispõe: "*Computam-se, na pena privativa de liberdade e na medida de segurança, o tempo de prisão provisória, no Brasil ou no estrangeiro, o de prisão administrativa e o de internação em qualquer dos estabelecimentos referidos no artigo anterior*".

Eis o conceito, pois, de detração: é o desconto do período em que o condenado permaneceu preso provisoriamente (prisão preventiva e prisão temporária) ou internado do montante total da pena privativa de liberdade imposta ou da medida de segurança aplicada. Exemplo: o agente, por conta da prática do crime de roubo circunstanciado com emprego de arma de fogo (CP, art. 157, § 2º-A, inciso I), permaneceu preso preventivamente pelo período de 1 (um) ano, tendo sido, ao final do processo, condenado definitivamente a cumprir uma pena de reclusão de 6 (seis) anos e 8 (oito) meses em regime inicial semiaberto. Por força da detração, deve ser abatido desse *quantum* o período atinente à prisão provisória, pelo que restará a cumprir, assim, 5 (cinco) anos e 8 (oito) meses de pena privativa de liberdade.

18.6.2 Competência

Até o advento da Lei Federal nº 12.736/2012, competia exclusivamente ao juízo da execução penal decidir sobre a detração, por força do que dispõe o art. 66, inciso III, alínea "c", da Lei Federal nº 7.210/1984. Tratava-se, pois, de um incidente da execução penal, que era decidido nos autos do processo executivo de pena.

A partir das modificações legislativas introduzidas pela Lei Federal nº 12.736/2012, **compete, atualmente, também ao juízo da cognição** (juiz de primeira instância ou tribunal de justiça) considerar a detração penal por ocasião do decreto condenatório, inclusive com reflexo direto na determinação do regime inicial de cumprimento da pena privativa de liberdade (CPP, art. 387, § 2º). Trata-se agora, pois, de matéria a ser decidida nos autos do processo de conhecimento (ação penal). Exemplo: o agente, por conta da prática do crime de estupro de vulnerável (CP, art. 217-A), permaneceu preso preventivamente pelo período de 1 (um) ano, tendo sido, ao final do processo, condenado definitivamente a cumprir uma pena de reclusão de 9 (nove) anos, em cuja sentença já deverá ser abatido o período atinente à prisão provisória, pelo que restará uma pena privativa de liberdade de 8 (oito) anos em regime inicial semiaberto (para fins de determinação do regime inicial de cumprimento de pena, considera-se apenas o *quantum* remanescente de pena, e não o *quantum* total imposto).

18.6.3 Detração penal versus prisão provisória em processo distinto

De logo, eis o questionamento: o tempo de prisão provisória do agente em um processo que resultou em sua absolvição pode ser abatido em um outro processo que tenha sido condenado **(detração paralela)**?

Apesar de existir divergência doutrinária a respeito do tema, prevalece o entendimento de que é possível sim considerar a detração em processo diverso daquele em que o agente permaneceu segregado provisoriamente, desde que, frise-se, a infração penal pela qual fora o agente condenado tenha sido praticada antes do ilícito que justificou a sua prisão provisória no processo pelo qual fora absolvido. E a justificativa dessa posição é evitar que o criminoso conquiste uma espécie de "crédito de pena cumprida" com a sociedade, pois poderia, a partir daí, simplesmente praticar uma infração penal como forma de compensar um saldo de pena já cumprido, cuja ideia, frise-se, nos parece inconcebível.

18.6.4 Detração penal em penas restritivas de direitos e de multa

O art. 42 do Código Penal é, literalmente, no sentido de que a detração somente tem aplicação nas penas privativas de liberdade, permitindo-nos, assim, a conclusão de que esse instituto jurídico não se estende às penas restritivas de direitos e de multa. Ocorre, porém, que a doutrina, em sua maioria, não obstante o texto expresso de lei, posiciona-se na direção de que é possível sim aplicar-se a detração em três espécies de penas restritivas de direitos (prestação de serviço à comunidade ou a entidades públicas, interdição temporária de direitos e limitação de fim de semana), sob o fundamento de que são penas aplicadas em substituição à pena privativa de liberdade pelo mesmo tempo de sua duração (CP, art. 55). Como ensina Alexis Couto Brito:

> O que de fato aconteceu é que o réu permaneceu cerceado de sua liberdade de forma totalmente indevida. E é sobre isso que trata o instituto da detração. Não faz sentido que a pena privativa de liberdade seja considerada nos exatos termos de um dia de prisão provisória para um dia de prisão definitiva, e a pena restritiva, de menor intensidade e reprovação, apenas o seja em uma fração de uma hora de prestação por um dia de prisão. O correto seria considerar cada hora de prisão como uma hora de prestação de serviço ou limitação de final de semana. Ou no mínimo, como indica o art. 149, § 1º, que cada dia de prisão seja considerado como o cumprimento de 8 horas de prestação de serviço ou limitação de fim de semana (BRITO, 2019).

18.6.5 Detração penal e cômputo do prazo prescricional

A doutrina tem discutido se, no cálculo da prescrição, deve ser considerada a quantidade de pena efetivamente imposta ou apenas o *quantum* de pena que restava por cumprir, com o consequente abatimento do período em que o condenado permaneceu preso provisoriamente. Discute-se em doutrina, assim, se a detração tem (ou não) reflexo na contagem do prazo prescricional. Exemplifiquemos: se o agente, por conta da prática do crime de estupro de vulnerável (CP, art. 217-A), permaneceu preso preventivamente pelo período de 3 (três) anos e ao final do processo fora condenado definitivamente a cumprir uma pena de 9 (nove) anos de reclusão, é de questionar se o prazo prescricional seria regulado com base na pena restante (6 anos, com prescrição em 12 anos, nos termos do que dispõe o art. 109, inciso III, do Código Penal) ou com fundamento na pena total imposta (9 anos, com prescrição em 16 anos, firme no que dispõe o art. 109, inciso II, do Código Penal)? Não obstante haja posição doutrinária em sentido contrário, **somos do entendimento de que a detração penal (contabilização do período da pena provisória) não deve ser considerada no cômputo do prazo prescricional**, máxime porque o art. 113 do Código Penal tem aplicação restrita às hipóteses ali veiculadas (evasão do condenado e revogação do livramento condicional), cujo dispositivo legal, frise-se, não incluiu o tempo de prisão provisória para fins de cálculo prescricional. Esse é, aliás, o entendimento firmado pelo Supremo Tribunal Federal, muito bem exemplificado pelo seguinte julgado:

> esta Corte possui entendimento no sentido de que o período de prisão provisória do réu é levado em conta apenas para o desconto da pena a ser cumprida, sendo irrelevante para fins de contagem do prazo prescricional, que deve ser analisado a partir da pena concretamente imposta pelo julgador e não do restante da reprimenda a ser executada pelo Estado (STF – RHC 161069/ES – Relator Ministro Celso de Mello – Julgamento em 18.12.2018).

19

Pena restritiva de direito

19.1 Conceito

Entende-se por pena restritiva de direito aquela que suprime ou restringe determinado direito do agente por conta da prática de uma infração penal. É imposta em substituição à pena privativa de liberdade. Fala-se, por isso, em pena alternativa.

19.2 Espécies

De acordo com o ordenamento jurídico-penal, **cinco são as espécies** de penas restritivas de direitos (CP, art. 43), a saber:

a) prestação pecuniária;
b) perda de bens e valores;
c) prestação de serviço à comunidade ou a entidades públicas;
d) interdição temporária de direitos; e
e) limitação de fim de semana.

> **Atenção!**
>
> Esse rol do art. 43 do Código Penal é taxativo (exaustivo), e não meramente exemplificativo. Assim, não pode o julgador aplicar qualquer outra pena restritiva de direito em desfavor do agente, devendo obediência, pois, à enumeração legal.

19.3 Características

A pena restritiva de direito tem três características principais, a saber:

a) **substitutividade:** a pena restritiva de direito é substitutiva, já que é aplicada em substituição à pena privativa de liberdade (pena substitutiva). Essa espécie de pena, frise-se, não está prevista no preceito secundário da norma penal incriminadora. O julgador, depois de aplicar a pena privativa de liberdade em desfavor do agente, promove a sua substituição por uma ou mais penas restritivas de direitos, desde que, evidentemente, presentes os requisitos de ordem legal.

> **Atenção!**
>
> Essa característica não é absoluta. O art. 28 da Lei Federal nº 11.343/2006 (crime de porte de droga para consumo pessoal), por exemplo, é uma norma penal incriminadora de exceção, pois prevê diretamente, em seu preceito secundário, penas restritivas de direitos (advertência sobre os efeitos das drogas; prestação de serviços à comunidade; e medida educativa de comparecimento a programa ou curso educativo), e não pena privativa de liberdade. Nesse caso, as penas restritivas de direitos não são substitutivas.

b) **autonomia**: a pena restritiva de direito é autônoma (existência própria), já que não pode ser cumulada com a pena privativa de liberdade.

Atenção!

Essa característica também não é absoluta. O art. 78 da Lei Federal nº 8.078/1990, por exemplo, autoriza a cumulação das penas restritivas de direitos ali previstas (interdição temporária de direitos; publicação em órgãos de comunicação de grande circulação ou audiência, às expensas do condenado, de notícia sobre os fatos e a condenação; e prestação de serviços à comunidade) com a pena privativa de liberdade. Outro exemplo é a Lei Federal nº 9.503/1997 (Código de Trânsito Brasileiro), cujo diploma normativo, em alguns de seus dispositivos (art. 306 e art. 307, exemplificativamente), permite sejam cumuladas a pena restritiva de direito com a pena privativa de liberdade.

---

c) **precariedade**: a pena restritiva de direito é precária, pois pode ser reconvertida em pena privativa de liberdade, em caso de descumprimento injustificado da restrição imposta.

19.4 Classificação

A pena restritiva de direito pode ser comum (ou genérica) ou específica (ou especial). As **comuns (ou genéricas)** são aquelas que podem ser aplicadas em quaisquer infrações penais, como, por exemplo, a prestação de serviço à comunidade ou a entidades públicas. Já as **específicas (ou especiais)** são aquelas que apenas podem ser aplicadas em determinadas e pontuais infrações penais, como, por exemplo, a suspensão ou proibição de se obter a permissão ou a habilitação para dirigir veículo automotor (CTB, art. 306 e art. 308).

19.5 Duração

De acordo com o que estabelece o art. 55 do Código Penal, as penas restritivas de direitos consistentes em prestação de serviço à comunidade ou a entidades públicas, interdição temporária de direitos e limitação de fim de semana **terão a mesma duração da pena privativa de liberdade substituída**. As penas de prestação pecuniária e de perda de bens e valores (penas restritivas de direitos de natureza real), frise-se, não estão sujeitas, por óbvio, a qualquer prazo temporal, porquanto se extinguem com o pagamento do numerário estabelecido e com o confisco dos bens, respectivamente.

Atenção!

A pena de prestação de serviço à comunidade ou a entidades públicas pode ser cumprida em menor tempo se a pena substituída for superior a 1 (um) ano, com a ressalva, porém, de que o seu cumprimento nunca poderá ser em tempo inferior à metade da pena privativa de liberdade fixada (CP, art. 46, § 4º).

19.6 Requisitos para a substituição

A pena privativa de liberdade deve ser substituída por penas restritivas de direitos sempre que estiverem presentes, cumulativamente, os requisitos de ordem legal (objetivos e subjetivos). Trata-se, portanto, de um direito público subjetivo do réu, e não de uma faculdade do juiz.

Vejamos, pois, os requisitos legais para a substituição:

a) **natureza do crime e quantidade de pena (CP, art. 44, inciso I)**: se o crime for culposo, é possível a substituição, independentemente da quantidade de pena privativa de liberdade aplicada. Se o crime for doloso, é possível a substituição, desde que: *a)* a pena privativa de liberdade aplicada seja de até 4 (quatro) anos; e *b)* o crime tenha sido praticado sem violência ou grave ameaça à pessoa.

Atenção!

Na hipótese de concurso de crimes (concurso material, concurso formal ou crime continuado), para fins de análise da satisfação do requisito objetivo atinente ao *quantum* de pena, deve-se considerar o total da pena imposta (já com a somatória ou com os acréscimos legais).

Atenção!

Apesar do texto legal, a doutrina, em sua maioria, tem entendido pela possibilidade da substituição da pena privativa de liberdade por restritiva de direitos, mesmo na hipótese de crimes dolosos praticados com violência ou grave ameaça à pessoa, desde que, contudo, sejam infrações definidas como sendo de menor potencial ofensivo (*vide* Lei Federal n° 9.099/1995, art. 61). Exemplo: crimes de lesão corporal leve (CP, art. 129), constrangimento ilegal (CP, art. 146) e ameaça (CP, art. 147).

Atenção!

A **Súmula n° 588 do Superior Tribunal de Justiça** é no seguinte sentido: "*A prática de crime ou contravenção penal contra a mulher com violência ou grave ameaça no ambiente doméstico impossibilita a substituição da pena privativa de liberdade por restritiva de direitos*".

b) **não reincidência em crime doloso (CP, art. 44, inciso II)**: é possível a substituição se o réu não for reincidente em crime doloso. Excepcionalmente, porém, admite-se seja substituída a pena privativa de liberdade por restritiva de direitos, mesmo na hipótese de réu reincidente em crime doloso, desde que, contudo, estejam presentes dois requisitos (CP, art. 44, § 3º), a saber: *a)* medida socialmente recomendável; e *b)* reincidência não específica (os crimes devem ser de espécies diferentes, isto é, de tipos penais distintos).

Embora a decisão não tenha efeitos vinculantes, recentemente o STJ entendeu que a proibição de substituição da pena exige reincidência em crimes idênticos. Isso porque o impedimento absoluto à substituição da pena privativa de liberdade pela restritiva de direitos, por causa de reincidência do réu (art. 44, § 3º, do Código Penal), só é aplicável no caso da reincidência no mesmo crime (constante do mesmo tipo penal). Nos demais casos de reincidência – como em crimes de mesma espécie, que violam o mesmo bem jurídico, mas constam de tipos diferentes –, cabe ao Judiciário avaliar se a substituição é ou não recomendável em virtude da condenação anterior. (STJ. AREsp 1.716.664. 3ª Seção. Rel Min. Ribeiro Dantas. Julgamento em 09.09.2021).

c) **princípio da suficiência (CP, art. 44, inciso III)**: é possível a substituição se a culpabilidade, os antecedentes, a conduta social e a personalidade do condenado, bem como os motivos e as circunstâncias do crime indicarem a suficiência da medida (princípio da suficiência).

19.7 Regras para a substituição

O art. 44, § 2º, do Código Penal, estabelece as regras para a substituição da pena privativa de liberdade por penas restritivas de direitos, cujo dispositivo pode ser assim destrinchado:

a) **condenação até 1 (um) ano**: o juiz pode substituir a pena privativa de liberdade por multa ou por uma pena restritiva de direitos.

b) **condenação superior a 1 (um) ano**: o juiz pode substituir a pena privativa de liberdade por uma pena restritiva de direitos e multa, ou por duas penas restritivas de direitos.

Atenção!

O art. 60, § 2°, do Código Penal, de acordo com a doutrina majoritária, foi revogado tacitamente pela Lei Federal n° 9.714/1998, cuja legislação acrescentou o § 2° ao art. 44 do Código Penal. Nessa perspectiva de ideias, poderá o juiz substituir a pena privativa de liberdade por multa, mesmo na hipótese de condenação superior a 6 (seis) meses, desde que, evidentemente, não ultrapasse o patamar de 1 (um) ano.

19.8 Reconversão em pena privativa de liberdade

A reconversão da pena restritiva de direito em pena privativa de liberdade ocorre nas seguintes hipóteses:

a) **descumprimento injustificado da restrição imposta**: dispõe o art. 44, § 4°, primeira parte, do Código Penal: "*A pena restritiva de direitos converte-se em privativa de liberdade quando ocorrer o descumprimento injustificado da restrição imposta*". Assim, acaso o condenado descumpra injustificadamente a pena restritiva de direitos, deve o juiz reconvertê-la em pena privativa de liberdade, desde que respeitados os preceitos constitucionais do contraditório e da ampla defesa (CF/88, art. 5°, inciso LV), sob pena de nulidade da decisão. Antes dessa decisão de reconversão, portanto, deve o juiz possibilitar ao condenado a oportunidade de explicar as razões pelas quais descumpriu a pena restritiva de direitos. Na ausência de justificativa legítima e razoável por parte do condenado, deve o juiz reconverter a pena restritiva de direitos em pena privativa de liberdade (**reconversão obrigatória**). E no cálculo da pena privativa de liberdade a executar, deverá ser deduzido o tempo cumprido da pena restritiva de direitos (detração penal), respeitado o saldo mínimo de 30 (trinta) dias de detenção ou reclusão (CP, art. 44, § 4°, parte final). Significa dizer: o condenado deverá cumprir, pelo menos, 30 (trinta) dias de pena privativa de liberdade.

b) **Superveniência de condenação a pena privativa de liberdade:** dispõe o art. 44, § 5°, do Código Penal: "*Sobrevindo condenação a pena privativa de liberdade, por outro crime, o juiz da execução penal decidirá sobre a conversão, podendo deixar de aplicá-la se for possível ao condenado cumprir a pena substitutiva anterior*". Assim, acaso sobrevenha condenação a pena privativa de liberdade por outro crime, o juiz pode deixar de reconverter a pena restritiva de direito em pena privativa de liberdade se forem compatíveis o cumprimento simultâneo de uma e de outra (**reconversão facultativa**). Exemplo: pena restritiva de direito consistente em prestação pecuniária com a superveniência de condenação à pena privativa de liberdade (reclusão ou detenção, independentemente do regime inicial). Por outro lado, na impossibilidade de cumprimento simultâneo da pena substituída anterior com a pena privativa de liberdade decorrente da nova condenação, deverá o juiz reconverter aquela pena restritiva de direito (**reconversão obrigatória**). Exemplo: pena restritiva de direito consistente em prestação de serviço à comunidade ou a entidades públicas com a superveniência de condenação à pena privativa de liberdade de reclusão em regime inicialmente fechado.

19.9 Penas restritivas de direitos em espécie

Como já dito alhures, são cinco as espécies de penas restritivas de direitos (CP, art. 43). Vejamos, pois, cada uma delas, separadamente.

19.9.1 Prestação pecuniária

É o pagamento em dinheiro à vítima, a seus dependentes ou a entidade pública ou privada com destinação social. Trata-se de uma ordem preferencial. O valor a ser fixado pelo juiz não poderá ser inferior a 1 (um) salário-mínimo, nem superior a 360 (trezentos e sessenta) salários-mínimos. E o valor pago, frise-se, deverá ser deduzido do montante de eventual condenação em ação de reparação civil, se coincidentes os beneficiários (CP, art. 45, § 1º). Se houver aceitação e concordância por parte do beneficiário, a prestação pecuniária (pagamento em dinheiro) pode ser substituída por uma prestação de outra natureza (CP, art. 45, § 2º). Exemplo: pagamento com imóvel, entrega de cestas básicas, fornecimento de mão de obra etc.

Atenção!

De acordo com o art. 17 da Lei Federal nº 11.340/2006, *"é vedada a aplicação, nos casos de violência doméstica e familiar contra a mulher, de penas de cesta básica ou outras de prestação pecuniária, bem como a substituição de pena que implique o pagamento isolado de multa".*

19.9.2 Perda de bens e valores

É a tomada de bens e valores que integram o patrimônio lícito do condenado com a sua consequente transferência em favor do Fundo Penitenciário Nacional. O seu valor terá como teto – o que for maior – o montante do prejuízo causado ou do proveito obtido pelo agente ou por terceiro, em consequência da prática do crime (CP, art. 45, § 3º).

Atenção!

Perda de bens e valores e confisco são conceitos distintos e inconfundíveis. Uma é pena restritiva de direito e que recai sobre o patrimônio lícito do condenado. O outro é efeito genérico da condenação e que recai sobre os instrumentos ou produto do crime.

19.9.3 Prestação de serviço à comunidade ou a entidades públicas

É a atribuição de tarefas gratuitas ao condenado (CP, art. 46, § 1º), ou seja, não remuneradas, a serem cumpridas em entidades assistenciais, hospitais, escolas, orfanatos e outros estabelecimentos congêneres, em programas comunitários ou estatais (CP, art. 46, § 2º). Essas tarefas atribuídas ao condenado, que devem estar de acordo com as suas aptidões, devem ser cumpridas à razão de 1 (uma) hora de tarefa por dia de condenação, fixadas de modo a não prejudicar a sua jornada normal de trabalho (CP, art. 46, § 3º). Se a pena substituída for superior a 1 (um) ano, frise-se, é facultado ao condenado cumprir a prestação de serviço em tempo menor, porém nunca inferior à metade da pena privativa de liberdade fixada (CP, art. 46, § 4º).

Atenção!

Essa pena restritiva de direito somente é aplicável às condenações superiores a 6 (seis) meses de privação da liberdade (CP, art. 46, *caput*).

19.9.4 Interdição temporária de direitos

São medidas que impedem provisoriamente o condenado de exercer determinadas atividades ou de frequentar determinados lugares. As penas de interdição temporária de direitos são as seguintes (CP, art. 47):

- proibição do exercício de cargo, função ou atividade pública, bem como de mandato eletivo;
- proibição do exercício de profissão, atividade ou ofício que dependam de habilitação especial, de licença ou autorização do poder público;
- suspensão de autorização ou de habilitação para dirigir veículo;
- proibição de frequentar determinados lugares; e
- proibição de inscrever-se em concurso, avaliação ou exame públicos.

19.9.5 Limitação de fim de semana

É a obrigação imposta ao condenado de permanecer, aos sábados e domingos, por 5 (cinco) horas diárias, em casa de albergado ou outro estabelecimento adequado, em cuja ocasião poderão ser ministrados cursos e palestras, ou atribuídas atividades educativas (CP, art. 48, *caput* e parágrafo único).

20

Pena de multa

20.1 Conceito

A pena de multa consiste no pagamento de uma quantia de valor fixada na sentença em favor do Fundo Penitenciário Nacional (CP, art. 49, *caput*).

20.2 Critério adotado para a pena de multa

O preceito secundário da norma penal incriminadora, ao cominar a pena de multa (isolada, alternativa ou cumulativamente com a pena privativa de liberdade), limita-se apenas à sua previsão, sem quantificar, contudo, o seu valor. A fixação do *quantum*, frise-se, observará o **"critério do dia-multa"**. Ou seja: a pena de multa será calculada em dias-multa. É o sistema adotado pelo Código Penal (CP, art. 49, *caput*).

20.3 Aplicação da pena de multa

Para a aplicação da pena de multa, deve o juiz observar duas distintas e sucessivas fases **(sistema bifásico)**, a saber:

a) **definição da quantidade de dias-multa**: de acordo com o art. 49, *caput*, parte final, do Código Penal, deve o magistrado, num primeiro momento, fixar o número de dias-multa, que não pode ser inferior a 10 (dez) nem superior a 360 (trezentos e sessenta). Nessa fase, há de ser observado o critério trifásico de aplicação da pena (CP, art. 68, *caput*), ou seja, para a quantificação dos dias-multa, deverão ser valoradas as circunstâncias judiciais (CP, art. 59, *caput*), as agravantes e atenuantes e, por fim, as majorantes e minorantes.

b) **definição do valor do dia-multa**: conforme dispõe o art. 49, § 1°, do Código Penal, uma vez decidida a quantidade de dias-multa, deve o magistrado definir o valor unitário do dia-multa, compreendido entre os limites de 1/30 (um trigésimo) e 5 (cinco) vezes o valor do maior salário mínimo vigente no tempo do fato. Esse valor unitário do dia-multa, frise-se, deve ser estabelecido de acordo com a situação econômica do condenado (CP, art. 60, *caput*). Registre-se, por fim, que o juiz poderá aumentar o valor fixado até o triplo se entender, em virtude da capacidade financeira do condenado, pela ineficácia do montante, ainda que aplicado no máximo (CP, art. 60, § 1°).

Atenção!

Tratando-se de crimes praticados contra o sistema financeiro nacional, o magistrado poderá aumentar o valor do dia-multa **até o décuplo** do limite máximo previsto (Lei Federal n° 7.492/1986, art. 33). Por ser uma norma especial, prevalece sobre a norma geral prevista no Código Penal (CP, art. 60, § 1°). **Incidência do princípio da especialidade.**

20.4 Cumprimento da pena de multa

A pena de multa deve ser cumprida pelo condenado no prazo de 10 (dez) dias, contado a partir do trânsito em julgado da sentença penal condenatória (CP, art. 50, *caput*, primeira parte). Com o pagamento da multa, a pena será então declarada extinta.

A legislação pátria possibilita ao condenado o pagamento da multa em prestações mensais, iguais e sucessivas, desde que não tenha, evidentemente, condições financeiras para solver o pagamento de uma só vez e assim requeira ao Juízo das Execuções Penais (CP, art. 50, *caput*, parte final).

É possível, ainda, que a multa seja paga pelo condenado mediante o desconto em seu vencimento ou salário, desde que a pena pecuniária tenha sido aplicada isoladamente, cumulativamente com pena restritiva de direitos ou tenha sido concedida a suspensão condicional da pena (CP, art. 50, § 1º). Nessa específica hipótese de pagamento, frise-se, não deve o desconto incidir sobre os recursos indispensáveis ao sustento do condenado e de sua família (CP, art. 50, § 2º). Nos termos da lei, o limite máximo do desconto mensal será o da quarta parte da remuneração e o mínimo, o de um décimo (LEP, art. 168, inciso I).

20.5 Descumprimento da pena de multa

Se o condenado não cumprir a pena de multa imposta, isto é, se não realizar o pagamento voluntário do numerário estabelecido no prazo legal, deverá o Ministério Público promover a pertinente execução dessa dívida de valor junto à Vara das Execuções Penais (CP, art. 51). Isso significa dizer que a pena de multa, se descumprida pelo condenado, não poderá ser convertida (na hipótese de ter sido aplicada diretamente

– "multa abstrata" ou "multa originária") ou reconvertida (na hipótese de ter sido aplicada em substituição – "multa substitutiva" ou "multa vicariante") em pena privativa de liberdade.

Consequência do descumprimento: Restou superado o entendimento de que o inadimplemento da pena de multa não obstava a extinção da punibilidade do apenado. Tanto o Supremo Tribunal Federal como o Superior Tribunal de Justiça entendem atualmente que não se pode declarar extinção da punibilidade quando pendente pagamento da multa criminal. Ao apreciar a Ação Direta de Inconstitucionalidade n° 3.150 (Rel. Min. Marco Aurélio, Rel. p/ Acórdão Ministro Roberto Barroso, Tribunal Pleno, *DJe* 06.08.2019), o Supremo Tribunal Federal firmou o entendimento de que a alteração do art. 51 do Código Penal, promovida Lei n° 9.268/1996, não retirou o caráter de sanção criminal da pena de multa, de modo que a primazia para sua execução incumbe ao Ministério Público e o seu inadimplemento obsta a extinção da punibilidade do apenado. O STJ assim já entendeu também (*vide* ProAfR no REsp 1.785.861/SP, Rel. Min. Rogerio Schietti Cruz, 3ª Seção, j. em 20.10.2020, *DJe* 02.12.2020), embora posteriormente, por força da Revisão de Tese do Tema 931, referido Tribunal tenha entendido que "o inadimplmento da sanção pecuniária, pelo condenado que comprovar impossibilidade de fazê-lo, não obsta o reconhecimento da extinção da punibilidade" (REsp. 1.785.383/SP, Rel. Rogerio Schietti Cruz, 3ª seção, j. em 24.11.2021, *DJe* 30.11.2021).

Atenção!

Entendia-se, majoritariamente, que a legitimidade para promover a execução da multa pendente de pagamento era exclusivamente da Procuradoria da Fazenda Pública (competência da Vara das Execuções Fiscais). Essa posição, inclusive, está consagrada na **Súmula n° 521** do **Superior Tribunal de Justiça**: "*A legitimidade para a execução fiscal de multa pendente de pagamento imposta em sentença condenatória é exclusiva da Procuradoria da Fazenda Pública*". Acontece, porém, que, no dia 13 de dezembro de 2018, o **Plenário do Supremo Tribunal Federal**, no julgamento da **ADI 3.150/DF (em conjunto com a 12ª Questão de Ordem na AP 470)**, proferiu entendimento diametralmente oposto, na direção de que seria atribuição do Ministério Público promover a execução de multas em condenações penais junto à Vara das Execuções Penais, sob o fundamento de que a multa, não obstante fosse uma dívida de valor, conservaria o seu caráter de pena. E se o Ministério Público, depois de intimado, não promovesse a execução da multa no prazo de 90 (noventa) dias – prazo analogicamente extraído do art. 687, inciso I, do Código de Processo Penal –, deveria o juiz da execução penal dar ciência do feito ao órgão competente da Fazenda Pública para que executasse o valor perante a Vara das Execuções Fiscais, observando-se o procedimento previsto na Lei Federal nº 6.830/1980. Para a Corte Suprema, portanto, a legitimidade da Procuradoria da Fazenda Pública e a competência da Vara Fiscal seriam apenas subsidiárias. Para encerrar de vez o embate intelectual travado entre os Tribunais Superiores (STF e STJ), a Lei Federal nº 13.694/2019 ("Lei Anticrime") deu nova redação legal ao art. 51 do Código Penal e cravou expressamente na direção de que a multa será executada perante o Juízo das Execuções Penais, estabelecendo, pois, a legitimidade ativa do Ministério Público (única e exclusiva) para promover a sua execução, sob o rito da Lei Federal nº 6.830/1980.

20.6 Cumulação de multas

Nada impede a cumulação de penas de multa. Imaginemos a hipótese, por exemplo, de ter sido o agente condenado pela prática do crime de induzimento à especulação (CP, art. 174), cuja infração penal é punida com pena privativa de liberdade e multa (cumulativamente). Imposta pena privativa de liberdade de reclusão no patamar de 1 (um) ano, o magistrado, firme no art. 44, § 2°, do Código Penal, substitui essa pena por multa (multa substitutiva ou vicariante), de modo a provocar a sua cumulação com outra pena de multa (multa abstrata ou originária).

Atenção!

Se o crime estiver previsto na legislação penal especial, não será possível essa cumulação de multas, nos termos do que orienta a **Súmula n° 171 do Superior Tribunal de Justiça**: "*Cominadas cumulativamente, em lei especial, penas privativa de liberdade e pecuniária, é defesa a substituição da prisão por multa*". Ou seja: a cumulação de penas de multa apenas será possível na hipótese de estar o crime tipificado no Código Penal.

20.7 Multa *versus* prestação pecuniária

Muito embora sejam penas alternativas, multa e prestação pecuniária não se confundem. Vejamos, pois, as principais diferenças.

	MULTA	PRESTAÇÃO PECUNIÁRIA
Espécie de pena	Pena de multa	Pena restritiva de direitos
Destinação	Fundo Penitenciário Nacional (Funpen)	Vítima, seus dependentes ou entidade pública ou privada com destinação social
Critério de fixação	Dias-multa	Salário mínimo
Possibilidade de reconversão em pena privativa de liberdade	Não admite	Admite

21

Aplicação da pena privativa de liberdade

21.1 Sistemas de aplicação

No que toca à aplicação da pena privativa de liberdade, há dois sistemas (ou critérios), a saber:

a) **sistema bifásico**: de acordo com esse critério, **desenvolvido por *Roberto Lyra***, a pena é aplicada em duas fases: *a)* pena-base, em cuja etapa o juiz deverá considerar as circunstâncias judiciais e também as agravantes e atenuantes; e *b)* pena definitiva, em cuja fase o juiz levará em conta as causas de aumento e de diminuição.

b) **sistema trifásico**: de acordo com esse critério, **idealizado por *Nélson Hungria***, a pena é aplicada em três fases: *a)* pena-base, em cuja etapa o juiz deverá considerar as circunstâncias judiciais (CP, art. 59); *b)* pena intermediária, em cuja fase o juiz valorará as agravantes e atenuantes (CP, art. 61 ao art. 66); e *c)* pena definitiva, em cuja etapa o juiz considerará as causas de aumento e de diminuição. **É o sistema adotado pelo direito penal brasileiro.** Com efeito, assim dispõe o art. 68 do Código Penal: "*A pena--base será fixada atendendo-se ao critério do art. 59 deste Código; em seguida serão consideradas as circunstâncias atenuantes e agravantes; por último, as causas de diminuição e de aumento*".

Atenção!

Há doutrinadores, a exemplo de *Alberto Silva Franco*, que sustentam a posição de que a pena privativa de liberdade é aplicada em quatro fases **(sistema tetrafásico)**. Para essa corrente doutrinária, além das três fases já destacadas do sistema trifásico, haveria ainda uma outra e derradeira fase, consistente na operação de substituição da pena privativa de liberdade pela pena restritiva de direito ou pela pena de multa.

21.2 Regras gerais do sistema trifásico

Como já dito alhures, abraçou o Código Penal o critério trifásico para a fixação da pena, pelo que deverá o julgador, no instante da dosimetria da pena, observar **três distintas fases**, tudo regido pelo seguinte regramento:

a) **primeira fase**: para a fixação da pena-base, o julgador, à luz das circunstâncias judiciais (CP, art. 59), deverá observar rigorosamente as balizas punitivas, ou seja, não poderá jamais fixar a reprimenda abaixo do mínimo nem acima do máximo legal. O juiz está adstrito e vinculado, pois, ao balizamento punitivo expressamente previsto em lei. E o *quantum* de aumento ou de diminuição da pena é de livre critério do julgador, já que a lei nada prevê a esse respeito (discricionariedade motivada). Exemplo: a pena cominada em abstrato ao crime de furto simples é de 1 (um) a 4 (quatro) anos de reclusão (CP, art. 155, *caput*). Mesmo que todas as circunstâncias judiciais sejam favoráveis ao réu condenado, ainda assim não poderá o juiz fixar a pena-base abaixo de 1 (um) ano; assim como também não poderá aplicar a pena-base num patamar superior a 4 (quatro) anos na hipótese de serem todas as circunstâncias desfavoráveis.

b) **na segunda fase**: para a fixação da pena intermediária, o julgador, atento às agravantes e atenuantes, também deverá observar rigorosamente as balizas punitivas e, assim, não poderá jamais fixar a reprimenda abaixo do mínimo nem acima do máximo legal. O juiz também está adstrito e vinculado ao balizamento punitivo expressamente previsto em lei. E, da mesma forma, o *quantum* de aumento ou de diminuição da pena é de livre critério do julgador, já que a lei nada prevê a esse respeito (discricionariedade motivada). Exemplo: a pena cominada em abstrato ao crime de furto simples é de 1 (um) a 4 (quatro) anos de reclusão (CP, art. 155, *caput*). Mesmo que existam diversas circunstâncias atenuantes em favor do réu condenado, ainda assim não poderá o juiz fixar a pena intermediária abaixo de 1 (um) ano; assim como também não poderá aplicar a pena intermediária num patamar superior a 4 (quatro) anos, na hipótese de existirem várias circunstâncias agravantes.

Atenção!

Nesse sentido, é a **Súmula n° 231 do Superior Tribunal Justiça**: *"A incidência da circunstância atenuante não pode conduzir à redução da pena abaixo do mínimo legal"*.

---

c) **na terceira fase**: para a fixação da pena definitiva, o julgador, atento às causas de aumento e/ou de diminuição, não mais estará atrelado ao balizamento punitivo em abstrato, pelo que poderá fixar a reprimenda aquém do mínimo ou além do máximo legal. Ou seja: a pena definitiva poderá ultrapassar os patamares mínimo e máximo abstratamente previstos em lei. Nessa última etapa, o *quantum* de aumento ou de diminuição da pena não é de livre critério do julgador, já que a lei estabelece de forma expressa a fração que deve a reprimenda ser aumentada ou diminuída (vinculativo), que, frise-se, incide sobre a pena intermediária (e não sobre a pena-base). Exemplo: o agente é condenado pela prática de um crime de furto simples tentado. Circunstâncias judiciais todas favoráveis ao réu condenado (pena-base, portanto, em 1 ano) e inexistência de atenuantes e/ou agravantes (pena intermediária, pois, mantida em 1 ano). Presente apenas a causa de diminuição de pena atinente à tentativa (CP, art. 14, parágrafo único). Assim, diminuída a pena intermediária em 1/3 (um terço), a pena definitiva restará fixada em 8 (oito) meses de reclusão (abaixo do mínimo legal).

21.3 Circunstâncias judiciais (pena-base)

O juiz fixará a pena-base de acordo com as circunstâncias judiciais enumeradas no art. 59 do Código Penal. Ao todo, **são oito as circunstâncias judiciais** que devem ser consideradas individualmente pelo julgador nessa primeira fase da dosimetria da pena.

21.3.1 Culpabilidade

É o juízo de censura e/ou reprovabilidade que recai sob os ombros do autor de um fato típico e antijurídico. Culpabilidade é, assim, merecimento de pena. Se o agente for culpável, será merecedor de pena; se for inculpável, não merecerá qualquer espécie de pena. Entendemos que o legislador, ao elencar a culpabilidade como circunstância judicial, foi bastante impreciso e de pouco tecnicismo jurídico, pois esse elemento diz respeito à possibilidade de aplicação de pena, e não ao quantum de reprimenda. Bem por isso é que a doutrina majoritária se posiciona no sentido de que a culpabilidade, como circunstância judicial, deve ser entendida como o "grau de reprovabilidade" da conduta desenvolvida pelo agente.

21.3.2 Antecedentes

São todos os dados que dizem respeito à vida pregressa do agente. Trata-se de verificar, pois, o seu anterior envolvimento em infrações penais, ou seja, o seu passado criminal.

O princípio da presunção de inocência (ou princípio da não culpabilidade), inscrito no art. 5°, inciso LVII, da Constituição Federal, apregoa na direção de que ninguém deverá ser considerado culpado até o trânsito em julgado de sentença penal condenatória. Assim, por força desse postulado constitucional, **não podem ser considerados como maus antecedentes**: *a)* inquéritos policiais arquivados; *b)* inquéritos policiais ainda em tramitação; *c)* ações penais ainda em tramitação; e *d)* ações penais já encerradas com decisão extintiva da punibilidade ou com decisão absolutória. Nesse sentido, inclusive, é a **Súmula n° 444 do Superior Tribunal Justiça**: "*É vedada a utilização de inquéritos policiais e ações penais em curso para agravar a pena-base*".

As infrações penais eventualmente praticadas pelo agente à época de sua menoridade penal (atos infracionais de competência do Juízo da Infância e Juventude) também não podem ser consideradas como maus antecedentes. Essa é, inclusive, a posição adotada pelo Superior Tribunal de Justiça, muito bem exemplificada pelo seguinte julgado: "*É firme o entendimento na egrégia Terceira Seção desta Corte Superior de Justiça no sentido de que a prática de atos infracionais não pode ser utilizada para fins de reincidência ou maus antecedentes, por não serem as infrações consideradas crimes, mas podem ser consideradas para a manutenção da prisão preventiva, levando-se em conta a análise da personalidade do agente*" (STJ. HC 526742/SP. 5ª T. Rel. Min. Joel Ilan Paciornik. Julgamento em 22.10.2019).

À luz de tais constatações, forçoso é concluir que **maus antecedentes são apenas aquelas condenações criminais definitivas (transitadas em julgado) que não têm força para perfectibilizar a agravante da reincidência**, cujas hipóteses são as seguintes: *a)* condenação pretérita por crime militar próprio ou político (CP, art. 64, inciso II); e *b)* nova infração penal praticada precede o trânsito em julgado da condenação pela prática de um crime anterior. Por fim, conforme decidiu a Suprema Corte "Não se aplica para o reconhecimento dos maus antecedentes o prazo quinquenal de prescrição da reincidência, previsto no art. 64, I, do Código Penal" (STF. Plenário. RE 593818/SC, Rel. Min. Roberto Barroso, julgado em 17/8/2020 (Repercussão Geral - Tema 150)).

21.3.3 Conduta social

É a forma de comportar-se do agente nos meios familiar, laborativo e social. Trata-se de verificar, pois, o seu comportamento perante a família, a sociedade etc.

Obtempera *Ricardo Augusto Schmitt:*

> A conduta social tem caráter comportamental, revelando-se pelo relacionamento do acusado no meio em que vive, perante a comunidade, a família e os colegas de trabalho. De-

vem ser valorados o relacionamento familiar, a integração comunitária e a responsabilidade funcional do agente. Serve para aferir sua relação de afetividade com os membros da família, o grau de importância na estrutura familiar, o conceito existente perante as pessoas que residem em sua rua, em seu bairro, o relacionamento pessoal com a vizinhança, a vocação existente para o trabalho, para a ociosidade e para a execução de tarefas laborais (SCHMITT, 2013).

21.3.4 Personalidade

É a índole do agente. Trata-se de verificar, pois, o seu temperamento e o seu caráter, isto é, se é pessoa inclinada (ou não) para a prática de infrações penais. É o retrato psíquico do autor da conduta criminosa (o seu perfil psicológico).

Cezar Roberto Bitencourt explica que:

> (...) deve ser entendida como síntese das qualidades morais e sociais do indivíduo. Na análise da personalidade deve-se verificar a sua boa ou má índole, sua maior ou menor sensibilidade ético-social, a presença ou não de eventuais desvios de caráter de forma a identificar se o crime constitui um episódio acidental na vida do réu (BITENCOURT, 2015).

21.3.5 Motivos do crime

É a razão de ser do crime (o seu porquê). Trata-se de verificar, pois, a causa psicológica impulsionadora do comportamento criminoso do agente.

O motivo do crime pode configurar, em alguns casos, uma: *a)* elementar da infração penal; *b)* qualificadora ou privilegiadora; *c)* agravante ou atenuante; ou *d)* causa de aumento ou de diminuição. Nessas hipóteses, frise-se, a motivação do crime não poderá ser valorada como circunstância judicial (favorável ou desfavorável), sob pena de admitir-se o *bis in idem*. Exemplo: o motivo torpe caracteriza uma das qualificadoras do crime de homicídio (CP, art. 121, § 2º, inciso I), razão pela qual não poderá ser valorado como circunstância judicial, pois já serviu de fundamento para a perfectibilização do tipo penal em sua forma qualificada, impedida que está, pois, a sua dupla valoração.

21.3.6 Circunstâncias do crime

São os dados que dizem respeito ao modo de operação (*modus operandi*) do agente. Trata-se de verificar, pois, o tempo e local da infração penal, a sua forma de execução etc.

De acordo com *Celso Delmanto*,

> são as circunstâncias que cercaram a prática da infração penal e que podem ser relevantes no caso concreto (lugar, maneira de agir, ocasião etc.). Note-se, também quanto a essas, que não devem pesar aqui certas circunstâncias especialmente previstas, no próprio tipo, ou como circunstâncias legais ou causas especiais (exemplos: repouso noturno, lugar ermo etc.), para evitar dupla valoração (*bis in idem*) (DELMANTO, 2010).

21.3.7 Consequências do crime

São os efeitos decorrentes da prática da infração penal, isto é, o seu resultado em relação à vítima, os seus familiares e à comunidade em geral. Trata-se de verificar, pois, a extensão do dano produzido a partir do cometimento do delito.

Bem adverte *Rogério Montai de Lima*:

As consequências do crime, quando próprias do tipo, não servem para justificar a exasperação da reprimenda na primeira etapa da dosimetria. As consequências devem ser anormais à espécie para valoração desta circunstância judicial, ou seja, que extrapolem o resultado típico esperado. Os resultados próprios do tipo não podem ser valorados (LIMA, 2012).

21.3.8 Comportamento da vítima

É a própria conduta praticada pela vítima. Trata-se de verificar, pois, se o ofendido, de alguma forma, provocou ou facilitou a prática da infração penal.

Ensina *Rogério Montai de Lima:*

> A circunstância judicial do comportamento da vítima apresenta relevância nos casos de incitar, facilitar ou induzir o réu a cometer o crime. Caso contrário, se a vítima em nada contribuiu, a circunstância judicial não pode ser valorada negativamente. Assim, o comportamento da vítima, circunstância taxada como neutra, só tem relevância jurídica para minorar a pena do réu (se a vítima contribui para o crime, trata-se de causa de redução da pena-base; se a vítima nada contribui para o crime, trata-se de circunstância neutra) (LIMA, 2012).

Atenção!

Em Direito Penal, não há falar-se em compensação de culpas. Imaginemos a hipótese em que o agente, por conduzir o seu veículo em velocidade excessiva, atropele e lesione a vítima, cujo transeunte atravessava a via pública, no entanto, sem observar a faixa de pedestre. Nesse caso, o agente responderá pelo crime de lesão corporal culposa na direção de veículo automotor (CTB, art. 303), já que as culpas não podem ser compensadas. Frise-se, porém, que o comportamento culposo também desenvolvido pela vítima será valorado como circunstância judicial (favorável ao agente) no instante de aplicação da pena.

21.4 Agravantes e atenuantes (pena intermediária)

O juiz fixará a pena intermediária de acordo com as agravantes (CP, art. 61 e art. 62) e atenuantes (CP, art. 65 e art. 66), cujas circunstâncias incidirão sobre o montante de pena já estabelecido na etapa anterior.

21.4.1 Agravantes

São as circunstâncias expressamente previstas em lei, em rol taxativo (CP, art. 61 e art. 62), de natureza objetiva ou subjetiva, com a finalidade de agravar (aumentar) a pena.

Atenção!

As circunstâncias agravantes, à exceção da reincidência, são aplicáveis apenas aos crimes dolosos e preterdolosos, porquanto são incompatíveis com os delitos culposos.

Atenção!

Prevalece na doutrina e na jurisprudência o entendimento no sentido de que as circunstâncias agravantes, à exceção da reincidência, não são aplicáveis às contravenções penais.

21.4.1.1 Reincidência

21.4.1.1.1 Conceito

Essa circunstância agravante está definida no art. 63 do Código Penal ("*verifica-se a reincidência quando o agente comete novo crime, depois de transitar em julgado a sentença que, no País ou no estrangeiro, o tenha condenado por crime anterior*") e no art. 7º da Lei de Contravenções Penais ("*verifica-se a reincidência quando o agente pratica uma contravenção depois de passar em julgado a sentença que o tenha condenado, no Brasil ou no estrangeiro, por qualquer crime, ou, no Brasil, por motivo de contravenção*"), cujos dispositivos podem ser assim sintetizados:

Infração penal anterior	Sentença penal condenatória	Infração penal posterior	Consequência
Crime (no Brasil/Brasil ou estrangeiro)	Transitada em julgado	Crime	Reincidência (CP, art. 63)
Crime (Brasil ou estrangeiro)	Transitada em julgado	Contravenção Penal	Reincidência (LCP, art. 7º)
Contravenção Penal (Brasil)	Transitada em julgado	Contravenção Penal	Reincidência (LCP, art. 7º)
Contravenção Penal (Brasil)	Transitada em julgado	Crime	Primariedade (omissão legislativa)
Contravenção Penal (estrangeiro)	Transitada em julgado	Crime ou contravenção penal	Primariedade (omissão legislativa)

Atenção!

Para fins de caracterização da reincidência, não é necessário que a sentença criminal condenatória definitiva estrangeira seja homologada pela justiça brasileira (basta apenas a existência desse édito condenatório).

Aplicação da pena privativa de liberdade 301

Atenção!

Nos termos do que apregoa o art. 64, inciso II, do Código Penal, para efeito de reincidência, não se consideram os crimes militares próprios (são aquelas infrações penais tipificadas apenas no Código Penal Militar – Decreto-lei nº 1.001/1969, como, por exemplo, a deserção e o motim) e os crimes políticos (Lei Federal nº 7.170/1983). É importante, porém, atentar-se à seguinte ressalva: se a condenação definitiva anterior for por conta da prática de um crime militar próprio, apenas estará afastada a reincidência se houver o posterior cometimento de um crime comum ou militar impróprio. Isso, porque a prática posterior de um novo crime militar próprio configurará a reincidência do agente, de acordo com o que dispõe o art. 71 do Decreto-lei nº 1.001/1969.

Atenção!

A condenação definitiva anterior por contravenção penal, muito embora não sirva para caracterizar a reincidência se o agente cometer (depois do trânsito em julgado) um crime (omissão legislativa), autoriza a valoração negativa de seus antecedentes (STJ – RHC 20951/RJ – 6ª Turma – Relator Ministro Rogério Schietti Cruz – Julgamento em 04.02.2014 – Publicação em 24.02.2014).

21.4.1.1.2 Comprovação

Tradicionalmente, defendia-se a ideia de que a reincidência somente poderia ser comprovada por intermédio da certidão da sentença condenatória transitada em julgado, com todos os seus dados (certidão circunstanciada expedida pelo cartório criminal). Atualmente, porém, prevalece o entendimento de que a reincidência pode ser demonstrada por meio da folha de antecedentes criminais do agente (documento mais simples do que a certidão circunstanciada cartorária). Tanto é assim que, em junho de 2019, o **Superior Tribunal de Justiça** editou a **Súmula n° 636**: "*A folha de antecedentes criminais é documento suficiente a comprovar os maus antecedentes e a reincidência*".

21.4.1.1.3 Sistema da temporariedade

O Código Penal adotou o sistema da temporariedade (e não o sistema da perpetuidade), de modo que a reincidência não acompanha o agente por toda a sua vida, mas apenas por um determinado período. A reincidência é, portanto, temporária (e não perpétua).

A sentença penal condenatória definitiva pela prática de infração penal anterior, depois de um lapso temporal determinado, não poderá mais ser considerada para efeito de reincidência. Trata-se, pois, do chamado **período depurador da reincidência**. Com efeito, nos termos do que dispõe o art. 64, inciso I, do Código Penal, para efeito de reincidência, "*não prevalece a condenação anterior, se entre a data do cumprimento ou extinção da pena e a infração posterior tiver decorrido período de tempo superior a 5 (cinco) anos, computado o período de prova da suspensão ou do livramento condicional, se não ocorrer revogação*". Vale dizer: a anterior sentença condenatória transitada em julgado perde a sua eficácia para fins de reincidência se tiverem decorrido mais de 5 (cinco) anos da data do cumprimento ou da extinção da pena (período depurador da reincidência).

Atenção!

Será contabilizado o período de prova da suspensão condicional da pena ou do livramento condicional acaso essas benesses não tenham sido revogadas. Ou seja: o prazo de 5 (cinco) anos será contado a partir do início do período de prova (e não do dia em que a pena fora cumprida ou extinta). Se os benefícios forem revogados, frise-se, o prazo de 5 (cinco) anos será contado a partir da data do cumprimento ou da extinção da pena.

Atenção!

As condenações criminais definitivas que não têm força para caracterizar a reincidência serão consideradas para a valoração dos antecedentes do agente (circunstância judicial). Os antecedentes, portanto, estão sujeitos ao sistema da perpetuidade (e não ao sistema da temporariedade). Vale dizer: **a condenação definitiva anterior alcançada pelo período depurador quinquenal (CP, art. 64, inciso I) afasta a reincidência do agente, porém não obsta o reconhecimento de seus maus antecedentes.**

21.4.1.1.4 Pluralidade de condenações definitivas anteriores (multirreincidência)

A mesma condenação criminal não pode servir para caracterizar, ao mesmo tempo, maus antecedentes e reincidência, sob pena de bis in idem. Nesse sentido, inclusive, é a **Súmula n° 241 do Superior Tribunal de Justiça**: "*A reincidência penal não pode ser considerada como circunstância agravante e, simultaneamente, como circunstância judicial*".

Na hipótese de pluralidade de condenações definitivas anteriores (multirreincidência), porém, é certo que uma fará incidir a agravante da reincidência, ao passo que a outra servirá para configurar os maus antecedentes do agente. A jurisprudência, nos casos de multirreincidência, tem entendido pela possibilidade de se considerar uma condenação definitiva para o reconhecimento da agravante da reincidência e a outra para caracterizar os maus antecedentes do agente, não havendo falar-se, pois, em bis in idem (STJ – AgRg no REsp 1072726/RS – 6ª Turma – Relator Ministro Paulo Gallotti – Julgamento em 06.11.2008 – Publicação em 19.12.2008).

21.4.1.1.5 Classificação

A reincidência pode ser:

a) **ficta (ou presumida ou imprópria) ou real (ou própria)**: tem-se a **reincidência ficta** quando o agente pratica uma nova infração penal depois do trânsito em julgado da sentença penal condenatória pela prática de infração penal anterior, ainda que a sanção penal daí decorrente não tenha sido totalmente cumprida. E tem-se a **reincidência real** quando o agente pratica uma nova infração penal depois de já ter cumprida em sua integralidade a sanção penal decorrente da condenação criminal anterior.

Atenção!

O Código Penal acolheu o critério ficto (ou presumido) da reincidência. Assim, para ser considerado reincidente, basta que o agente cometa um novo crime após a definitividade da sentença condenatória decorrente da prática de crime anterior.

---

b) **genérica ou específica**: fala-se em **reincidência genérica** quando as infrações penais cometidas pelo agente são de espécies diferentes (tipos penais distintos). Exemplo: depois do trânsito em julgado da sentença condenatória pela prática de crime de furto (CP, art. 155), comete o agente o delito de homicídio (CP, art. 121). E fala-se em **reincidência específica** quando as infrações penais praticadas pelo agente são da mesma espécie (mesmo tipo penal). Exemplo: depois do trânsito em julgado da sentença condenatória pela prática de crime de roubo (CP, art. 157), comete o agente um novo delito de roubo (CP, art. 157).

Atenção!

Essa classificação é bastante importante, porquanto à reincidência específica é dispensado um tratamento jurídico mais severo, a exemplo do que dispõe o art. 44, § 3°, e o art. 83, inciso V, do Código Penal.

21.4.1.1.6 Crime de porte de drogas para consumo pessoal e reincidência

Como bem se sabe, a natureza jurídica da infração penal inscrita no art. 28 da Lei Federal n° 11.343/2006 (porte de drogas para consumo pessoal) é de crime (STF – RE 430105 QO – Relator Ministro Sepúlveda Pertence – 1ª Turma – Julgamento em 13.02.2007 – Publicação em DJe 26.04.2007). Partindo dessa premissa, seria naturalmente lógico, então, o entendimento no sentido de que a condenação definitiva anterior pela prática desse crime serviria para fins de reincidência se o agente praticasse (depois do trânsito em julgado) uma nova infração penal (crime ou contravenção penal). Não foi essa, todavia, a posição recentemente consolidada pelo **Superior Tribunal de Justiça**, cuja Corte de Justiça, com fundamento no **princípio constitucional da proporcionalidade**, tem entendido na direção de que **a existência de condenação definitiva por crime anterior de porte de drogas para consumo pessoal não serve para caracterizar a reincidência.** Recentemente, no dia 30.10.2019, a Exma. Ministra Laurita Vaz, do Superior Tribunal de Justiça, em decisão monocrática no julgamento do *Habeas Corpus* n° 521.181/SP, afastou a agravante da reincidência com a seguinte fundamentação: *"Se contravenções penais, puníveis com prisão simples, não têm o condão de gerar reincidência (art. 63 do Código Penal), também o crime de posse de drogas para consumo próprio não deve gerar tal efeito – sob pena de ofensa ao princípio* *da proporcionalidade –, haja vista ser punível com medidas muito mais brandas".*

E a partir daí, questiona-se: **se a condenação definitiva anterior, pelo delito previsto no art. 28 da Lei n° 11.343/2006, não tem força para gerar a reincidência, serviria para configurar os maus antecedentes do agente?** O Superior Tribunal de Justiça, a esse respeito, omitiu-se, porquanto limitou a discussão ao âmbito da reincidência. Parece-nos mais correta a posição de que essa anterior condenação definitiva pelo crime de porte de drogas para consumo pessoal, se imprestável para fins da reincidência, ao menos deve autorizar a valoração negativa dos antecedentes do agente (maus antecedentes), pois comprova o seu envolvimento pretérito na prática de infração penal, cuja circunstância, frise-se, não pode nem deve ser ignorada pelo julgador.

21.4.1.2 Ter o agente cometido o crime

21.4.1.2.1 Por motivo fútil ou torpe

De acordo com a Exposição de Motivos da Parte Especial do Código Penal, entende-se por motivo torpe aquele que *"suscita a aversão ou repugnância geral"*. É a motivação abjeta, desprezível, que expressa baixeza. E, por motivo fútil, aquele que, *"pela sua mínima importância, não é causa suficiente para o crime"*. É a motivação insignificante, de somenos importância.

Atenção!

Muito embora exista discussão doutrinária a respeito, predomina o entendimento de que a ausência de motivo não configura a motivação fútil, cuja posição tem por alicerce o princípio da reserva legal.

Atenção!

A vingança e o ciúme podem configurar (ou não) a motivação torpe, a depender das circunstâncias do caso concreto, pelo que deve ser valorada a causa originária desses sentimentos.

21.4.1.2.2 *Para facilitar ou assegurar a execução, a ocultação, a impunidade ou vantagem de outro crime*

Essa agravante incidirá sempre que houver uma conexão (um elo finalístico) entre um crime e outro. O agente pratica um delito com o especial fim de facilitar ou assegurar: *a)* a execução de um outro que ainda será cometido **(conexão teleológica)**; ou *b)* a ocultação, a impunidade ou a vantagem de um outro já cometido **(conexão consequencial)**.

Atenção!

Na conexão teleológica, incidirá essa circunstância agravante ainda que o crime posterior não seja efetivamente praticado.

21.4.1.2.3 *À traição, de emboscada, ou mediante dissimulação, ou outro recurso que dificultou ou tornou impossível a defesa do ofendido*

Essa agravante diz respeito ao modo ou à forma de execução do crime. O agente pratica o delito valendo-se de recurso que dificulta ou impossibilita a defesa da vítima.

A lei, exemplificativamente, trouxe algumas hipóteses casuísticas, a saber:

a) traição: é a aleivosia, a deslealdade;
b) emboscada: é o ataque inesperado, a armadilha, a cilada, a tocaia; e

c) dissimulação: é o fingimento, o disfarce das reais intenções.

21.4.1.2.4 Com emprego de veneno, fogo, explosivo, tortura ou outro meio insidioso ou cruel, ou de que podia resultar perigo comum

Essa agravante diz respeito ao meio empregado pelo agente para a prática do crime. O agente pratica o delito valendo-se de meio insidioso (aquele que é imperceptível para a vítima) ou cruel (aquele que submete a vítima a um sofrimento desnecessário e atroz) ou de que possa resultar perigo comum (aquele com possibilidade de alcançar um número indeterminado de pessoas).

A lei, exemplificativamente, trouxe algumas hipóteses casuísticas, a saber:

a) veneno (meio insidioso): é a substância (preparada ou natural) que, por sua atuação química, destrói ou perturba as funções vitais de um organismo;
b) fogo (meio cruel e que também pode resultar perigo comum, conforme as circunstâncias);
c) explosivo (meio de que possa resultar perigo comum); e
d) tortura (meio cruel): é a imposição à vítima de uma intensa dor física ou psicológica.

21.4.1.2.5 Contra ascendente, descendente, irmão ou cônjuge

Essa agravante está relacionada aos vínculos de parentesco do agente. A prática de crime contra ascendente (pessoa de quem se descende, a exemplo do pai, mãe, avô, bisavô etc.), descendente (pessoa de quem se ascende, a exemplo do filho, neto etc.), irmão ou cônjuge (pessoa com quem se mantém um vínculo matrimonial) revela uma maior insensibilidade por parte do agente, razão pela qual se justifica o agravamento da pena.

Atenção!

Considerando que a lei faz referência explícita à expressão "cônjuge", prevalece o entendimento de que não incidirá essa circunstância agravante se o crime for praticado contra o companheiro ou a companheira (relação de união estável), sob o fundamento de que é vedada a analogia *in malam partem* no Direito Penal.

21.4.1.2.6 Com abuso de autoridade ou prevalecendo-se de relações domésticas, de coabitação ou de hospitalidade, ou com violência contra a mulher na forma da lei específica

Vejamos as hipóteses enumeradas em lei:

a) com abuso de autoridade: a expressão "abuso de autoridade", aqui, deve ser compreendida no âmbito de uma relação privada (e não de direito público) em que há uma ascendência do agente para com a vítima, a exemplo do que ocorre na tutela (tutor e tutelado);

b) com prevalência (aproveitando-se o agente) de relações: *a)* domésticas: aquelas formatadas no âmbito familiar em sentido amplo, com ou sem vínculo de parentesco (tio, primo, babá, empregada doméstica etc.); *b)* de coabitação: é a habitação comum (sob o mesmo teto); e *c)* de hospitalidade: é a hospedagem, o acolhimento provisório de alguém.

c) com violência contra a mulher na forma da lei específica: infração penal cometida em contexto de violência doméstica e familiar contra a mulher, nos termos da lei específica (art. 5º da Lei Federal nº 11.340/2006). Essa agravante não incidirá se o crime praticado for o de lesão corporal, sob pena de se incorrer em *bis in idem*, já que manifesta a identidade dessa circunstância agravante com a elementar da respectiva infração penal (CP, art. 129, § 9º). Poderá incidir a agravante, todavia, acaso sejam outras as infrações penais perpetradas, a exemplo dos crimes de constrangimento ilegal (CP, art. 146), ameaça (CP, art. 147) etc.

21.4.1.2.7 Com abuso de poder ou violação de dever inerente a cargo, ofício, ministério ou profissão

Vejamos as hipóteses enumeradas em lei:

a) com abuso de poder: a expressão "abuso de poder", aqui, deve ser compreendida no âmbito de uma relação de direito público (e não privada) em que o agente público se excede no exercício de sua função; e

b) com violação de dever inerente a: *a)* cargo: cargo público "*é o conjunto de atribuições e responsabilidades previstas na estrutura organizacional que devem ser cometidas a um servidor*" (Lei Federal nº 8.112/1990, art. 3º); *b)* ofício: é a atividade preponderantemente manual (eletricista, motorista etc.); *c)* ministério: é a atividade de natureza religiosa (pastor de igreja etc.); e *d)* profissão: é a atividade preponderantemente intelectual, porquanto pressupõe conhecimento de alguma área específica para o seu exercício (médico, advogado, arquiteto etc.).

21.4.1.2.8 Contra criança, maior de 60 (sessenta) anos, enfermo ou mulher grávida

Vejamos as hipóteses enumeradas em lei:

a) criança: é "*a pessoa até doze anos de idade incompletos*" (Lei Federal nº 8.069/1990, art. 2º);

b) maior de 60 (sessenta) anos de idade: idoso é a pessoa com idade igual ou superior a sessenta anos (Lei Federal nº 10.741/2003, art. 1º). Essa agravante não incidirá se o crime for praticado contra o idoso no exato dia em que completa o seu sexagésimo aniversário, já que a lei usou da expressão "maior" de sessenta anos de idade;

c) enfermo: é a pessoa que se encontra doente, combalida; e
d) mulher grávida: é a mulher que se encontra em estado de gravidez, gestante.

21.4.1.2.9 Quando o ofendido estava sob a imediata proteção da autoridade

Todos os integrantes de uma sociedade estão, de alguma forma, sob a proteção da autoridade pública (do Estado). Essa agravante apenas incidirá, frise-se, quando a vítima estiver sob a imediata proteção da autoridade, isto é, numa relação de dependência ou sujeição, como, por exemplo, o indivíduo que é conduzido preso por agentes policiais, a testemunha que é conduzida coercitivamente pelo oficial de justiça etc.

Atenção!

O Supremo Tribunal Federal reconheceu essa circunstância agravante na hipótese de assassinato de presidiário por outros detentos, sob o fundamento de que a vítima *"estava despojada de diversos direitos como efeito da condenação, inclusive do direito de locomoção e de outros meios de defesa, e tutelada pela administração do presídio e pelo Juízo das Execuções Criminais"* (STF – HC 71120/SP – 2ª Turma – Relator Ministro Maurício Corrêa – Julgamento em 02.05.1995 – Publicação em 30.06.1995).

21.4.1.2.10 Em ocasião de incêndio, naufrágio, inundação ou qualquer calamidade pública, ou de desgraça particular do ofendido

O agente pratica o delito aproveitando-se de uma situação:

a) calamitosa: um desastre, uma catástrofe que causa dano a um grupo generalizado de pessoas. A lei, exemplificativamente, trouxe algumas hipóteses casuísticas de calamidade pública, a saber: *a)* incêndio: é a propagação do fogo com a consequente causação de estragos; *b)* naufrágio: é o afundamento, a perda de uma embarcação; e *c)* inundação: é o transbordamento das águas que cobre determinada extensão de um terreno, o alagamento; ou

b) de desgraça particular da vítima: é um acontecimento lamentável (funesto), um contratempo na vida de alguém.

21.4.1.2.11 Em estado de embriaguez preordenada

Embriaguez preordenada é aquela em que o agente já se embriaga com o propósito de praticar posteriormente a infração penal, como uma forma de encorajamento.

21.4.1.3 Agravantes no caso de concurso de pessoas

A pena será ainda agravada em relação ao agente que:

21.4.1.3.1 Promove ou organiza a cooperação no crime ou dirige a atividade dos demais agentes

É o agente coordenador e construtor de toda a trama criminosa. Essa agravante tem incidência na hipótese de autoria de escritório (autoria intelectual).

21.4.1.3.2 Coage ou induz outrem à execução material do crime

Vejamos as hipóteses enumeradas em lei:

a) coagir outrem à prática de crime: a coação pode ser física (é aquela que se concretiza pela força corporal imposta pelo coator ao coagido, que nada pode fazer, sendo, pois, um mero instrumento nas mãos daquele) ou moral (é aquela decorrente do emprego de grave ameaça como forma de exigir de alguém a prática de determinada e específica conduta).

Atenção!

Muito embora haja discussão doutrinária a respeito, somos do entendimento de que **essa agravante apenas tem incidência na hipótese de coação moral (resistível ou irresistível)**, pois na coação física sequer há conduta por parte do coagido (apenas responderá pelo crime o coator sem a incidência dessa agravante). De se ressalvar, contudo, que não há falar-se em concurso de pessoas na hipótese de coação moral irresistível, por ausência de um dos requisitos imprescindíveis para a caracterização do instituto da "codelinquência" (vínculo subjetivo entre os agentes). Impropriedade, portanto, legislativa, já que trouxe essa agravante no dispositivo destinado ao concurso de pessoas (CP, art. 62).

b) **induzir outrem à prática de crime:** é inspirar o sujeito à prática do crime, ou seja, é fazer nascer a ideia criminosa em sua mente.

21.4.1.3.3 Instiga ou determina a cometer o crime alguém sujeito à sua autoridade ou não punível em virtude de condição ou qualidade pessoal

Vejamos as hipóteses enumeradas em lei:

a) instigar: é estimular o sujeito à prática do crime, ou seja, é reforçar a ideia criminosa já existente em sua mente; ou

b) determinar: é ordenar a prática do crime, é impor o cometimento do delito.

Atenção!

Exige a lei que a instigação ou a determinação ao cometimento do crime sejam direcionadas a alguém: *a)* sujeito à sua autoridade: diz respeito a qualquer relação de subordinação; ou *b)* não punível em virtude de condição ou qualidade pessoal: diz respeito aos inimputáveis.

21.4.1.3.4 Executa o crime, ou nele participa, mediante paga ou promessa de recompensa

É o agente criminoso mercenário (autor ou partícipe), ou seja, aquele que concorre para o crime impulsionado pela ganância exagerada: ou porque já recebeu uma recompensa (mediante paga), ou porque ainda irá recebê-la a partir do cometimento do ilícito penal (mediante promessa de recompensa), incidindo essa agravante, frise-se, ainda que não venha a obtê-la efetivamente (basta que tenha concorrido para o crime motivado por essa promessa de compensação).

21.4.2 Atenuantes

São as circunstâncias expressamente previstas em lei, em rol exemplificativo (CP, art. 65 e art. 66), de natureza objetiva ou subjetiva, com a finalidade de atenuar (diminuir) a pena.

Atenção!

As circunstâncias atenuantes são aplicáveis aos crimes dolosos, preterdolosos e culposos.

Atenção!

Prevalece na doutrina e na jurisprudência o entendimento no sentido de que as circunstâncias atenuantes são aplicáveis às contravenções penais.

21.4.2.1 Ser o agente menor de 21 (vinte e um), na data do fato, ou maior de 70 (setenta) anos, na data da sentença

Vejamos as hipóteses enumeradas em lei:

a) menoridade relativa: trata-se do agente menor de 21 (vinte e um) anos de idade na data do crime. De acordo com o art. 4º do Código Penal, considera-se praticado o crime no momento da conduta (ação ou omissão), pouco importando o momento da produção do resultado (teoria da ação).

Atenção!

A **Súmula nº 74 do Superior Tribunal de Justiça** é no seguinte sentido: *"Para efeitos penais, o reconhecimento da menoridade do réu requer prova por documento hábil"*. A menoridade do agente, portanto, deve ser demonstrada por prova documental idônea (certidão de nascimento, documento de identificação civil, título de eleitor etc.), não bastando, para a sua comprovação, a simples alegação da parte interessada.

---

b) senilidade: trata-se do agente maior de 70 (setenta) anos de idade na data da sentença. De acordo com o art. 389 do Código de Processo Penal, considera-se publicada a sentença no dia em que é entregue em mão do escrivão.

21.4.2.2 O desconhecimento da lei

Nos termos do que dispõe o art. 21, *caput*, do Código Penal, *"o desconhecimento da lei é inescusável"*. O desconhecimento da lei, portanto, não autoriza nem justifica o seu descumprimento, pelo que responderá o agente pela conduta criminosa praticada. Com efeito, ninguém pode se escusar de cumprir a lei sob a alegação de desconhecê-la (CP, art. 21, *caput*, primeira parte; e LINDB, art. 3º). A lei, depois de publicada, é presumidamente conhecida de todos. Em nome da segurança jurídica, não se pode admitir que alguém ouse descumprir a lei sob o pretexto de não a conhecer. Essa circunstância, porém, funciona como uma atenuante de pena.

21.4.2.3 Ter o agente cometido o crime por motivo de relevante valor social ou moral

De acordo com a Exposição de Motivos da Parte Especial do Código Penal, entende-se por motivo de relevante valor social ou moral *"o motivo que, em si mesmo, é aprovado pela moral prática, como, por exemplo, a compaixão ante o irremediável sofrimento da vítima (caso do homicídio eutanásico), a indignação contra um traidor da pátria etc."*

Atenção!

O valor social está relacionado ao interesse da coletividade como um todo (exemplo: matar o traidor da pátria), ao passo que o valor moral está ligado ao interesse particular do agente (exemplo: eutanásia). Tanto um quanto outro, frise-se, devem ser relevantes, ou seja, expressivos e significativos.

21.4.2.4 Ter o agente procurado, por sua espontânea vontade e com eficiência, logo após o crime, evitar-lhe ou minorar-lhe as consequências, ou ter, antes do julgamento, reparado o dano

Vejamos as hipóteses enumeradas em lei:

a) ter procurado, de forma espontânea e eficiente, evitar ou diminuir as consequências do crime logo após a sua prática: trata-se do agente que, arrependido pelo comportamento criminoso praticado, empreende os esforços no sentido de minorar os seus efeitos. Para incidir essa atenuante, é preciso que o agente atue logo após a prática delituosa (período não determinado pela lei, que deve ser interpretado de acordo com o caso concreto), cuja atuação deve ser ainda espontânea (sem interferência alheia) e eficiente (efetiva).

b) ter reparado o dano antes do julgamento: trata-se do agente que, antes do julgamento em primeira instância, repara o dano que causou de forma integral e voluntária (livre de coação).

Atenção!

A reparação do dano nem sempre funcionará como circunstância atenuante (CP, art. 65, inciso III, alínea "b"). Vejamos, pois, as seguintes hipóteses: *a)* nos crimes cometidos sem violência ou grave ameaça à pessoa, a reparação do dano (voluntária, pessoal e integral) antes do recebimento da peça acusatória funciona como causa de diminuição de pena (CP, art. 16 – arrependimento posterior); *b)* no crime de peculato culposo, se o agente reparar o dano antes da sentença irrecorrível, extinta estará a sua punibilidade (causa especial extintiva da punibilidade); e se o fizer depois, a sua pena será reduzida pela metade (causa de diminuição de pena); e *c)* no crime de estelionato na modalidade fraude no pagamento por meio de cheque – emissão de cheque sem provisão de fundos (CP, art. 171, § 2º, inciso VI), se o agente pagar o cheque até o recebimento da denúncia, extinta estará a sua punibilidade (causa extintiva da punibilidade), nos termos do que dispõe a Súmula nº 554 do Supremo Tribunal Federal.

21.4.2.5 Ter o agente cometido o crime sob coação a que podia resistir, ou em cumprimento de ordem de autoridade superior, ou sob a influência de violenta emoção, provocada por ato injusto da vítima

Vejamos as hipóteses enumeradas em lei:

a) coação resistível: trata-se do agente que comete o crime por ter sido coagido física ou moralmente (coação resistível). Nesse caso, frise-se, haverá concurso de pessoas. Em desfavor do coator incidirá uma circunstância agravante (CP, art. 62, inciso II) e em benefício do coagido incidirá essa circunstância atenuante.

Atenção!

Vale rememorar: *a)* na coação física irresistível, não há conduta por parte do coagido, de modo que não pratica, assim, um fato típico; e *b)* na coação moral irresistível, o coagido desenvolve um fato típico e antijurídico, porém não culpável, já que não se podia exigir-lhe a prática de conduta diversa (inexigibilidade de conduta diversa). O coagido é, portanto, isento de pena.

b) cumprimento de ordem de autoridade superior: trata-se do agente que comete o crime em razão de obediência de uma ordem manifestamente ilegal exarada pela autoridade superior. Nesse caso, frise-se, haverá concurso de pessoas. Em desfavor do superior hierárquico incidirá uma circunstância agravante (CP, art. 62, inciso III) e em benefício do subalterno incidirá essa circunstância atenuante.

Atenção !

Vale rememorar que o agente subalterno estará isento de pena se praticar o fato típico e antijurídico por cumprir uma ordem não manifestamente ilegal proveniente de autoridade superior. A obediência hierárquica afasta a exigibilidade de conduta de diversa e, portanto, exclui a culpabilidade.

c) influência de violenta emoção provocada por ato injusto da vítima: trata-se do agente que comete o crime influenciado por uma forte perturbação dos sentimentos (turbação) decorrente de um ato injusto da vítima.

Atenção!

O homicídio emocional é aquele cometido sob o domínio de violenta emoção logo em seguida à injusta provocação da vítima (CP, art. 121, § 1°). Registre-se que o vocábulo "domínio" (estado de choque emocional intenso que anula a capacidade de autocontrole do agente) é mais expressivo do que o vocábulo "influência".

21.4.2.6 Ter o agente confessado espontaneamente, perante a autoridade, a autoria do crime

É a confissão espontânea do agente (sem interferência alheia), perante a autoridade (delegado de polícia, juiz de direito etc.), de que praticou a infração penal. É a declaração e admissão de sua própria culpa. O propósito da lei, aqui, é o de beneficiar o agente que se mostra arrependido pelo mal praticado e colabora para a descoberta da verdade.

Atenção!

No que diz respeito ao seu conteúdo, a confissão pode ser: *a)* simples (ou pura): é aquela em que o agente simplesmente reconhece a autoria da infração penal praticada sem alegar qualquer fato que possa excluir o crime ou isentá-lo de pena; e *b)* qualificada: é aquela em que o agente admite a autoria da infração penal cometida, porém alega em seu benefício algum fato excludente do crime ou de isenção de pena. Exemplo: o agente admite o disparo de arma de fogo feito contra a vítima, causa eficiente de sua morte, porém com a explicação de que agiu em legítima defesa. Há discussão doutrinária e jurisprudencial a respeito da possibilidade de reconhecimento (ou não) dessa circunstância atenuante na hipótese de confissão qualificada. **Há decisões do Supremo Tribunal Federal, frise-se, nos dois sentidos**, a saber: *a)* a confissão qualificada não faz incidir a atenuante (STF – HC 119671/SP – 1ª Turma – Relator Ministro Luiz Fux – Julgamento em 05.11.2013 – Publicação em 03.12.2013); e *b)* a confissão qualificada faz incidir a atenuante (STF - HC 99436/RS - 1ª Turma - Relatora Ministra Cármen Lúcia - Julgamento em 26.10.2010 - Publicação em 06.12.2010). De todo modo, seja simples ou qualificada, firmou-se o entendimento de que deve incidir a circunstância atenuante em favor do agente se a sua confissão, de alguma forma, serviu para a formação do convencimento do julgador. Nessa direção é a **Súmula nº 545 do Superior Tribunal de Justiça**: "*Quando a confissão for utilizada para a formação do convencimento do julgador, o réu fará jus à atenuante prevista no art. 65, III, d, do Código Penal*".

Atenção!

No que toca ao crime de tráfico ilícito de drogas (Lei Federal nº 11.343/2006, art. 33), somente incidirá essa circunstância atenuante se o agente admitir a prática da distribuição lucrativa do entorpecente (traficância). Eis a **Súmula nº 630 do Superior Tribunal de Justiça**: "*A incidência da atenuante da confissão espontânea no crime de tráfico ilícito de entorpecentes exige o reconhecimento da traficância pelo acusado, não bastando a mera admissão da posse ou propriedade para uso próprio*".

21.4.2.7 Ter o agente cometido o crime sob a influência de multidão em tumulto, se não o provocou

Trata-se do agente que comete o crime influenciado por uma multidão em tumulto, desde que não tenha sido o provocador da algazarra.

21.4.2.8 Atenuante inominada

De acordo com o art. 66 do Código Penal, "*a pena poderá ser ainda atenuada em razão de circunstância relevante, anterior ou posterior ao crime, embora não prevista expressamente em lei*". Exemplo: teoria da coculpabilidade.

21.4.3 Concurso de circunstâncias agravantes e atenuantes

Assim estabelece o art. 67 do Código Penal: *"No concurso de agravantes e atenuantes, a pena deve aproximar-se do limite indicado pelas circunstâncias preponderantes, entendendo-se como tais as que resultam dos motivos determinantes do crime, da personalidade do agente e da reincidência".*

Assim, na hipótese de concorrerem agravantes e atenuantes, devem preponderar as seguintes circunstâncias: *a)* motivos determinantes do crime; *b)* personalidade do agente; e *c)* reincidência. Uma circunstância preponderante (mais forte, mais valiosa) deve prevalecer sobre a outra, não podendo serem compensadas, de modo que o julgador irá mais aumentar (se a agravante for preponderante) ou mais diminuir (se a atenuante for preponderante) a pena na segunda fase da dosimetria. Por outro lado, as circunstâncias equivalentes (de mesma força, de mesmo peso) devem ser compensadas (neutralização). Vale dizer: o concurso entre circunstância agravante e atenuante de idêntico valor ocasiona o afastamento de ambas, ou seja, a pena não deverá ser aumentada nem diminuída na segunda fase da dosimetria.

Atenção!

E no concurso da atenuante da confissão espontânea e da agravante da reincidência? São circunstâncias equivalentes? A questão é espinhosa e **há divergência inclusive entre os Tribunais Superiores**, senão vejamos. Para o **Superior Tribunal de Justiça**, a atenuante da confissão espontânea, na medida em que compreende a personalidade do agente, é tão preponderante quanto a agravante da reincidência **(são circunstâncias equivalentes)**, pelo que devem ser compensadas (STJ – REsp 1805132/RS – Relatora Ministra Laurita Vaz – Julgamento em 24.04.2019 – Publicação em 26.04.2019; e STJ – HC 437972/SP –

5ª Turma – Relator Ministro Reynaldo Soares da Fonseca – Julgamento em 11.09.2018 – Publicação em 20.09.2018). **Nota-se, porém, que o próprio Tribunal da Cidadania afasta essa compensação na específica hipótese de multirreincidência do agente, considerando preponderante, nesse caso, a respectiva circunstância agravante** (STJ – AgRg-HC 473486/SP – 6ª Turma – Relator Ministro Nefi Cordeiro – Julgamento em 06.12.2018 – Publicação em 19.12.2018). Por outro lado, e diferentemente, entende o **Supremo Tribunal Federal** no sentido de que prepondera sobre a confissão a reincidência, de modo que **não são circunstâncias equivalentes** (STF – HC 135819/DF – 1ª Turma – Relator Ministro Marco Aurélio – Julgamento em 29.05.2018 – Publicação em 13.06.2018).

21.5 Causas de aumento e de diminuição de pena

O juiz fixará a pena definitiva de acordo com as causas de aumento (majorantes) e de diminuição (minorantes) de pena, cujas circunstâncias incidirão sobre o montante de pena já estabelecido na etapa anterior (com a incidência das circunstâncias agravantes e atenuantes), e não sobre a pena-base.

Essas causas de aumento e de diminuição de pena encontram-se previstas na:

a) Parte Geral do Código Penal: são as denominadas **causas genéricas**, pois aplicam-se a todos os crimes em geral. Exemplo: art. 14, parágrafo único, do Código Penal (a minorante da tentativa é de aplicação a todo e qualquer crime).

b) Parte Especial do Código Penal e na legislação extravagante: são as denominadas **causas específicas**, pois aplicam-se apenas a determinados e específicos crimes. Exemplo: art. 155, § 1º, do Código Penal (a majorante do repouso noturno é de aplicação restrita ao crime de furto).

Anota-se, ainda, que o *quantum* de aumento e de diminuição de pena pode ser uma fração:

a) **fixa**: a lei não confere qualquer margem ao julgador, já que estabelece de forma precisa o quanto a pena deve ser aumentada ou diminuída. Exemplo: art. 155, § 1º, do Código Penal (a majorante do repouso noturno faz incidir o aumento de um terço).

b) **variável**: a lei confere uma margem ao julgador, já que não estabelece uma específica fração, mas, sim, um balizamento a ser observado. Exemplo: art. 14, parágrafo único, do Código Penal (a minorante da tentativa faz incidir uma diminuição de um a dois terços).

21.5.1 Concurso de causas de aumento e de diminuição

Assim estabelece o art. 68, parágrafo único, do Código Penal: "*No concurso de causas de aumento ou de diminuição previstas na parte especial, pode o juiz limitar-se a um só aumento ou a uma só diminuição, prevalecendo, todavia, a causa que mais aumente ou diminua*".

Assim, na hipótese de concorrerem majorantes e/ou minorantes, deve o juiz observar a regra inscrita no art. 68, parágrafo único, do Código Penal, cujo dispositivo pode ser assim destrinchado:

a) **duas ou mais causas de aumento ou de diminuição previstas na Parte Geral do Código Penal**: o juiz deve aplicar todas as causas. Exemplo: concurso das minorantes atinentes à tentativa (CP, art. 14, parágrafo único) e ao arrependimento posterior (CP, art. 16). O julgador, nesse caso, deverá aplicar as duas causas de diminuição.

> **Atenção!**
>
> Em se tratando de causas de aumento, o segundo aumento incidirá sobre a pena já aumentada em decorrência da primeira majorante (é o denominado "sistema dos juros sobre juros"). E em se tratando de causas de diminuição, a segunda diminuição recairá sobre a pena já diminuída por conta da primeira minorante.

b) **duas ou mais causas de aumento ou de diminuição previstas na Parte Especial do Código Penal**: o juiz pode aplicar apenas uma das causas (a que mais aumenta ou a que mais diminui). Trata-se de uma faculdade do juiz, ou seja, é uma opção. Exemplo: crime de roubo praticado em concurso de duas ou mais pessoas com a restrição da liberdade da vítima (CP, art. 157, § 2º, incisos II e V). O julgador, nesse caso, poderá limitar-se a um só aumento.

c) **duas ou mais causas de aumento ou de diminuição (uma prevista na Parte Geral e a outra na Parte Especial do Código Penal)**: o juiz deve aplicar todas as causas. Exemplo: crime de furto de pequeno valor tentado (CP, art. 155, § 2º, c/c art. 14, parágrafo único). O julgador, nesse caso, deverá aplicar as duas minorantes.

d) **uma causa de aumento e uma causa de diminuição (da Parte Geral ou da Parte Especial do Código Penal):** o juiz deve aplicar todas as causas. Exemplo: crime de furto tentado praticado durante o repouso noturno (CP, art. 155, § 1º, c/c art. 14, parágrafo único). O julgador, nesse caso, deverá aplicar as duas causas: primeiro a majorante, e depois a minorante (nessa ordem).

21.6 Considerações finais

Uma vez fixada a pena privativa de liberdade, com a observância das três distintas e sucessivas fases, deverá o juiz, ainda: *a)* estabelecer o regime inicial de cumprimento da pena (CP, art. 59, inciso III); e *b)* verificar a possibilidade de substituição da pena privativa de liberdade aplicada por outra espécie de pena (CP, art. 59, inciso IV).

22

Concurso de crimes

22.1 Conceito

Fala-se em concurso de crimes quando o agente, mediante a prática de uma ou mais condutas, pratica duas ou mais infrações penais.

22.2 Espécies

Três são as espécies (ou formas) de concurso de crimes, a saber: *a)* concurso material (CP, art. 69); *b)* concurso formal (CP, art. 70); e *c)* crime continuado (CP, art. 71).

22.3 Concurso material

22.3.1 Conceito

De acordo com o art. 69, *caput*, do Código Penal, fala-se em **concurso material (ou real)** quando o agente, mediante mais de uma ação ou omissão (pluralidade de condutas), pratica dois ou mais crimes, idênticos ou não (pluralidade de crimes).

22.3.2 Espécies

No que diz respeito à identidade de infração, o concurso material pode ser:

a) **homogêneo**: se os crimes praticados forem idênticos. São aqueles que, além de estarem previstos no mesmo tipo penal (pouco importando sejam consumados ou tentados, ou se simples, privilegiados ou qualificados), protegem bens jurídicos idênticos. Exemplo: o agente, logo depois de surpreender a esposa em flagrante adultério, mata a sua mulher e o amante. O agente desenvolveu duas condutas que resultaram em dois crimes idênticos: delitos de homicídio (CP, art. 121).

b) **heterogêneo**: se os crimes praticados forem distintos. Exemplo: o agente, depois de privar a liberdade da ex-namorada mediante sequestro, estupra a vítima no cativeiro. O agente desenvolveu duas condutas que resultaram em dois crimes distintos: delitos de sequestro e estupro (CP, art. 148 e art. 213).

Atenção!

Admite-se o concurso material (heterogêneo) entre os crimes de roubo circunstanciado pelo emprego de arma de fogo (CP, art. 157) e de quadrilha armada (CP, art. 288), não havendo falar-se em *bis in idem*, por duas principais razões, a saber: *a)* inexiste qualquer relação de dependência ou subordinação entre as condutas; e *b)* os bens jurídicos tutelados pelas respectivas normas são diversos (STF – HC 113413 – Relator Ministro Ricardo Lewandowski – Julgamento em 16.10.2012 – Publicação em 12.11.2012).

22.3.3 Sistema de aplicação da pena

No que diz respeito ao **concurso material** de crimes, adotou o Código Penal o **sistema do cúmulo material** (somatório das penas). Isso significa que o juiz, na sentença condenatória, fixará a pena de cada um dos crimes separadamente (individualmente), para, somente depois, somá-las.

Atenção!

No caso de aplicação cumulativa de penas de reclusão e de detenção, executa-se primeiro aquela (CP, art. 69, *caput*, parte final), ou seja, não haverá a somatória das penas.

Atenção!

Inexistindo conexão entre as diversas infrações penais praticadas, tendo sido inclusive objeto de ações penais distintas, não há falar-se em concurso material de crimes, mas, sim, em unificação (soma) de penas, cuja matéria é de competência do juízo das execuções penais (LEP, art. 66, inciso III, alínea "a").

22.4 Concurso formal

22.4.1 Conceito

De acordo com o art. 70, *caput*, do Código Penal, fala-se em **concurso formal (ou ideal)** quando o agente, mediante uma só ação ou omissão (unidade de conduta), pratica dois ou mais crimes, idênticos ou não (pluralidade de crimes).

22.4.2 Espécies

No que diz respeito à identidade de infração, o concurso formal pode ser:

a) **homogêneo**: se os crimes praticados forem idênticos (aqueles com previsão no mesmo tipo legal, pouco importando sejam consumados ou tentados, ou se simples, privilegiados ou qualificados). Exemplo: o agente atropela e mata culposamente dois pedestres que atravessavam a via pública. O agente desenvolveu uma conduta que resultou em dois crimes idênticos: delitos de homicídio culposo na direção de veículo automotor (CTB, art. 302).

b) **heterogêneo**: se os crimes praticados forem distintos. Exemplo: o agente atropela dois pedestres que atravessavam a via pública, provocando a morte de um e lesões corporais no outro. O agente desenvolveu uma conduta que resultou em dois crimes distintos: delitos de homicídio culposo e de lesão corporal culposa na direção de veículo automotor (CTB, arts. 302 e 303).

E no que diz respeito ao desígnio do agente, o concurso formal pode ser:

a) **perfeito (próprio)**: o agente, mediante uma só ação ou omissão, pratica dois ou mais crimes, idênticos ou não, mas com **unidade de desígnio** (não atua com desígnios autônomos), ou seja, sem o propósito (dolo direto ou dolo eventual) de produzir, com uma única conduta, mais de uma infração. Exemplos: o agente, dolosamente, dispara com arma de fogo e mata seu desafeto (crime de homicídio doloso), cujo projétil, por ter perfurado o corpo da vítima, atinge e lesiona uma terceira pessoa (crime de lesão corporal culposa).

b) **imperfeito (impróprio)**: o agente, mediante uma só ação ou omissão, pratica dois ou mais crimes, idênticos ou não, mas com **pluralidade de desígnios** (atua com desígnios autônomos), ou seja, já com o propósito (dolo direto ou dolo eventual) de produzir, com uma única conduta, mais de uma infração. Exemplo: o agente, com a intenção de matar dois desafetos de uma vez, enfileira as vítimas e efetua um só disparo com arma de fogo, provocando-lhes a morte (crimes de homicídio dolosos).

Atenção!

O agente entra armado num ônibus de transporte coletivo e anuncia o assalto, pelo que subtrai, para si e com ânimo de assenhoreamento definitivo, objetos de valor de cinco passageiros. Entende-se que **o delito de roubo praticado contra vítimas diferentes em um único contexto fático configura o concurso formal de crimes (e não crime único)**, ante a pluralidade de bens jurídicos ofendidos. O Superior Tribunal de Justiça já decidiu no sentido de que esse concurso formal é: *i)* **impróprio ou imperfeito** (STJ – HC 179676/SP – 6ª Turma – Relator Ministro Nefi Cordeiro – Julgamento em 22.09.2015 – Publicação em 19.10.2015); e *ii)* **próprio ou perfeito** (STJ – AgRg no HC 446360/AC – 6ª Turma – Relator Ministro Antônio Saldanha Palheiro – Julgamento em 21.06.2018 – Publicação em 02.08.2018).

22.4.3 Sistema de aplicação da pena

No que diz respeito ao concurso formal de crimes, é preciso distinguir:

a) **concurso formal perfeito (próprio)**: o Código Penal adotou o **sistema da exasperação** (aplicação de uma só pena, porém com aumento de determinada fração). Nesse caso, o juiz deve aplicar a mais grave das penas, ou, se iguais, somente uma delas, mas aumentada, em qualquer caso, **de um sexto até metade** (CP, art. 70, *caput*, primeira parte). E o critério de aumento segue uma diretriz bastante simples: quanto menor o número de infrações penais praticadas, menor deverá ser o aumento (e vice-versa). Alicerçado neste raciocínio, construiu a jurisprudência o seguinte tabelamento:

Quantidade de infrações penais	Fração de aumento
2 (duas)	1/6 (um sexto)
3 (três)	1/5 (um quinto)
4 (quatro)	1/4 (um quarto)
5 (cinco)	1/3 (um terço)
6 (seis) ou mais	1/2 (metade)

b) **concurso formal imperfeito (impróprio)**: o Código Penal adotou o **sistema do cúmulo material** (somatória das penas). Isso significa que o juiz, na sentença condenatória, fixará a pena de cada um dos crimes praticados separadamente (individualmente), para, somente depois, somá-las (CP, art. 70, *caput*, parte final).

Atenção!

No **concurso formal perfeito (próprio)**, acaso o sistema da exasperação seja prejudicial ao agente, deverá o juiz aplicar o sistema do cúmulo material. Trata-se da regra do **"concurso material benéfico"** consagrada no art. 70, parágrafo único, do Código Penal. Exemplo: o agente, dolosamente, dispara com arma de fogo e mata seu desafeto (crime de homicídio doloso – CP, art. 121), cujo projétil, por ter perfurado o corpo da vítima, atinge e lesiona uma terceira pessoa (crime de lesão corporal culposa – CP art. 129, § 6º). Pelo sistema da exasperação, adotado como regra para o concurso formal perfeito (próprio), aplicar-se-ia a mais grave das penas (6 anos – mínimo legal previsto para o delito de homicídio), que, aumentada de 1/6 (um sexto), resultaria num total de 7 (sete) anos de reclusão. Nesse caso, para que não haja deformação na aplicação da pena, deverá o juiz adotar, excepcionalmente, o sistema do cúmulo material, porquanto mais benéfico ao agente, já que a pena resultaria num total de 6 (seis) anos e 2 (dois) meses de reclusão. De fato, não seria justo punir mais severamente o agente que provocou um resultado a título de culpa do que se tivesse dado causa a título de dolo.

22.5 Crime continuado

22.5.1 Conceito

De acordo com o art. 71, *caput*, do Código Penal, fala-se em **crime continuado** quando o agente, mediante mais de uma ação ou omissão (pluralidade de condutas), pratica dois ou mais crimes da mesma espécie (pluralidade de crimes) e, pelas condições de tempo, lugar, maneira de execução e outras semelhantes, devem os subsequentes ser havidos como continuação do primeiro. Exemplo: o agente, responsável pelo caixa do supermercado, pretendendo subtrair o montante de mil reais, apodera-se semanalmente da quantia de duzentos e cinquenta reais, com o propósito de que seja desapercebida pelo patrão a sua ação criminosa. Nota-se, assim, que o Código Penal se filiou à **teoria da ficção jurídica**, pois considera os vários crimes praticados pelo agente como sendo apenas um único delito, ou seja, todos os delitos transformam-se (ficticiamente) num só.

22.5.2 Requisitos

Quatro são os requisitos do crime continuado, a saber:

a) **pluralidade de condutas**: é a prática de mais de uma ação ou omissão. Pluralidade de condutas, frise-se, não se confunde com pluralidade de atos. Há condutas fragmentáveis (ou seja, compostas por vários atos) e infragmentáveis (ou seja, que se esgotam com um só ato).

b) **pluralidade de crimes da mesma espécie**: é a prática de dois ou mais crimes da mesma espécie. E o que se entende por crimes da mesma espécie? Há discussão doutrinária e jurisprudencial a respeito, pelo que há dois distintos entendimentos, a saber:

- crimes da mesma espécie são aqueles que, além de estarem previstos no mesmo tipo penal (pouco importando sejam consumados ou tentados, ou se simples, privilegiados ou qualificados), protegem bens jurídicos idênticos. Nota-se que, nessa perspectiva, os crimes de roubo e de latrocínio, não obstante estejam tipificados no mesmo dispositivo legal (CP, art. 157), não tutelam exatamente os mesmos bens jurídicos (roubo: só o patrimônio; latrocínio: patrimônio e vida), pelo que não são, assim, crimes da mesma espécie. É o entendimento prevalente na doutrina e jurisprudência.
- crimes da mesma espécie são aqueles que protegem o mesmo bem jurídico. Nessa perspectiva, os crimes de furto e de receptação seriam considerados da mesma espécie, pois essas infrações penais tutelam o patrimônio.

Atenção!

Em decisões recentes, afastando-se do entendimento majoritário, o Superior Tribunal de Justiça posicionou-se no sentido de que, para fins da aplicação do instituto do crime continuado (CP, art. 71), os crimes de estupro (CP, art. 213) e de estupro de vulnerável (CP, art. 217-A) são da mesma espécie, não obstante estejam previstos em tipos penais distintos (STJ – AgRg no REsp 1797986/GO – 5ª Turma – Relator Ministro Jorge Mussi – Julgamento em 10.09.2019 – Publicação em 24.09.2019; e STJ – REsp 1767902/RJ – 6ª Turma – Relator Ministro Sebastião Reis Júnior – Julgamento em 13.12.2018 – Publicação em 04.02.2019).

c) **homogeneidade de circunstâncias objetivas**: a continuidade delitiva pressupõe uma similitude entre os crimes praticados, a saber:

- **condição temporal semelhante**: entre a prática de um crime e outro não pode decorrer um período relevante e significativo. Ante a ausência de qualquer previsão legal a respeito, a jurisprudência tem entendido que o lapso temporal entre os crimes praticados não pode superar trinta dias. Nota-se, no entanto, que este interregno temporal consagrado pela jurisprudência não é absoluto, pelo que serve tão somente como parâmetro objetivo para o julgador.
- **condição espacial semelhante**: os crimes devem ter sido praticados na mesma cidade ou, no máximo, em cidades contíguas ou limítrofes.
- **modo de execução semelhante**: os crimes devem ter sido praticados de forma padronizada, ou seja, com o mesmo *modus operandi*. Assim, não há falar-se em continuidade delitiva entre um crime de furto com destruição de obstáculo (CP, art. 155, § 4º, inciso I) e um crime de furto mediante fraude (CP, art. 155, § 4º, inciso II).
- **outras semelhanças**: expressão que, por ser genérica, permite o emprego da interpretação analógica, de modo a permitir sejam consideradas outras circunstâncias objetivas reveladoras do crime continuado.

d) **unidade de desígnio**: é o liame subjetivo entre os crimes (devem guardar entre si um elo de continuidade), ou seja, os vários crimes devem ser resultado de um plano previamente formulado pelo agente. Do contrário, se ausente este requisito subjetivo, não há falar-se em continuidade delitiva, mas, sim, em habitualidade (reiteração) delitiva.

Atenção!

Uma boa parte da doutrina, a exemplo de *Damásio Evangelista de Jesus*, e principalmente da jurisprudência, tem entendido que o crime continuado é regido pela **teoria objetivo-subjetiva (mista)**, pois reclama a conjugação de elementos de natureza objetiva (homogeneidade de circunstâncias objetivas) e subjetiva (unidade de desígnio) para a sua caracterização. Uma outra parcela da doutrina, no entanto, a exemplo de *José Frederico Marques*, posiciona-se na direção de que o crime continuado é iluminado pela **teoria puramente objetiva**, porquanto exige apenas requisitos de ordem objetiva para o seu aperfeiçoamento, conforme assim delineado no item 59 da Exposição de Motivos do Código Penal. Sob esta ótica, seriam apenas três os requisitos caracterizadores da continuidade delitiva: pluralidade de condutas, pluralidade de crimes da mesma espécie e homogeneidade de circunstâncias objetivas.

22.5.3 Classificação

O crime continuado pode ser simples ou qualificado, senão vejamos. Fala-se em **continuidade delitiva qualificada** quando se trata de crime continuado doloso praticado com violência ou grave ameaça à pessoa contra vítimas diferentes. Trata-se de um conceito específico (CP, art. 70, parágrafo único). Nas outras duas hipóteses – *a)* crime continuado doloso praticado sem violência ou grave ameaça à pessoa contra a mesma vítima ou vítimas diferentes; e *b)* crime continuado doloso praticado com violência ou grave ameaça à pessoa contra a mesma vítima –, fala-se em **continuidade delitiva simples**. Trata-se de um conceito geral e subsidiário (CP, art. 70, *caput*).

22.5.4 Sistema de aplicação da pena

No que diz respeito à continuidade delitiva, adotou o Código Penal o **sistema da exasperação** (aplicação de uma só pena, porém com aumento de determinada fração). Mas é preciso distinguir:

a) **crime continuado simples**: o juiz deve aplicar a pena de um só dos crimes, se idênticas, ou a mais grave, se diversas, aumentada, em qualquer caso, **de um sexto a dois terços** (CP, art. 71, *caput*). E o critério de aumento segue uma diretriz bastante simples: quanto menor o número de infrações penais praticadas, menor deverá ser o aumento (e vice-versa). Alicerçado neste raciocínio, construiu a jurisprudência o seguinte tabelamento:

Quantidade de infrações penais	Fração de aumento
2 (duas)	1/6 (um sexto)
3 (três)	1/5 (um quinto)
4 (quatro)	1/4 (um quarto)
5 (cinco)	1/3 (um terço)
6 (seis)	1/2 (metade)
7 (sete) ou mais	2/3 (dois terços)

b) **crime continuado qualificado**: o juiz deve aplicar a pena de um só dos crimes, se idênticas, ou a mais grave, se diversas, aumentada, em qualquer caso, **até o triplo** (CP, art. 71, parágrafo único). Muito embora não indique a lei a fração mínima de aumento, entende-se ser de um sexto, por decorrência de interpretação sistemática.

Atenção!

No crime continuado qualificado, acaso o sistema da exasperação seja prejudicial ao agente, deverá o juiz aplicar o sistema do cúmulo material. Trata-se da regra do "concurso material benéfico" (CP, art. 71, parágrafo único).

22.5.5 Crime continuado e conflito de leis penais no tempo

Eis a **Súmula nº 711 do Supremo Tribunal Federal**: "*A lei penal mais grave aplica-se ao crime continuado ou ao crime permanente, se a sua vigência é anterior à cessação da continuidade ou da permanência*".

22.6 Multas no concurso de crimes

O art. 72 do Código Penal assim estabelece: "*No concurso de crimes, as penas de multa são aplicadas distinta e integralmente*". Assim, no que diz respeito às penas de multa no concurso de crimes, acolheu a legislação penal o **sistema do cúmulo material**. Isso significa que o juiz, na sentença condenatória, seja qual for a espécie de concurso de crimes (concurso material, concurso formal ou crime continuado), fixará a pena de multa de cada um dos delitos separadamente (individualmente), para, somente depois, somá-las. É o que diz o texto expresso de lei. Porém, a jurisprudência, em sua significativa maioria, tem entendido que, por conta das circunstâncias especiais do crime continuado – considerado crime único por ficção jurídica –, a regra não se aplica para esta modalidade de concurso. Em síntese: o art. 72 do Código Penal restringe-se aos casos dos concursos material e formal, não se encontrando no âmbito de abrangência da continuidade delitiva (STJ - HC 221782/RJ - 6ª Turma - Relator Ministro Vasco Della Giustina - Desembargador convocado do TJ/RS - Julgamento em 20.03.2012 - Publicação em 11.04.2012).

22.7 Limite das penas

A Lei Federal n° 13.964/2019 ("Lei Anticrime") deu nova redação legal ao art. 75 do Código Penal e elevou o tempo máximo de cumprimento das penas privativas de liberdade de 30 (trinta) anos para **40 (quarenta) anos**. Em síntese: ninguém poderá ficar mais do que 40 (quarenta) anos em cumprimento de pena, ainda que tenha suportado condenação em patamar bem superior. E por que a lei estabelece um prazo máximo? A uma, porque a Constituição da República veda a pena de caráter perpétua (CF, art. 5°, inciso XLVII, alínea "b"). E a duas, para que o condenado tenha a esperança de liberdade e a aceitação da disciplina.

Atenção!

Em caso de condenação a penas privativas de liberdade cuja soma seja superior a 40 (quarenta) anos, deverá o juiz unificá-las para que se atenda ao limite máximo previsto em lei (CP, art. 75, § 1°). Esta pena unificada, no entanto, não será considerada para fins de concessão de benesses legais (livramento condicional e progressão de regime). Eis a **Súmula n° 715 do Supremo Tribunal Federal**: *"A pena unificada para atender ao limite de trinta anos de cumprimento, determinado pelo art. 75 do Código Penal, não é considerada para a concessão de outros benefícios, como o livramento condicional ou regime mais favorável de execução"*. Imaginemos a hipótese de que o agente (primário) tenha sido condenado a uma pena de 200 (duzentos) anos de reclusão pela prática de crimes hediondos com resultado morte em concurso material. Para que possa obter a progressão de regime, por exemplo, o condenado deverá cumprir 50%

(LEP, art. 112, inciso VI, alínea "a") da pena total imposta (200 anos), e não da pena unificada (40 anos), o que equivale a 100 anos de reclusão. Isso significa dizer que o condenado cumprirá 40 (quarenta) anos (tempo máximo de duração da execução da pena) de pena em regime fechado.

Atenção!

Nas contravenções penais, a duração da pena de prisão simples não pode, em caso algum, ser superior a 5 (cinco) anos. Eis o tempo máximo de prisão simples (LCP, art. 10).

22.8 Concurso de infrações

No concurso de infrações penais, isto é, no concurso entre crime e contravenção penal, executa-se primeiro a pena mais grave (reclusão ou detenção), para, somente depois, executar a outra (prisão simples). Ou seja: não há falar-se em somatória de penas. Trata-se da regra consagrada pelo art. 76 do Código Penal.

23

Suspensão condicional da pena ("sursis")

23.1 Conceito

É uma benesse legal que tem por finalidade suspender a execução da pena privativa de liberdade imposta, desde que presentes os requisitos inscritos em lei. O agente, mesmo condenado, não cumpre a pena privativa de liberdade e permanece em liberdade (porque a execução da pena é suspensa), com a obrigação, porém, de cumprir determinadas e específicas condições por um certo período (período de prova).

Presentes os requisitos de ordem legal, frise-se, deve o magistrado conceder a suspensão condicional da pena ao agente. Trata-se, portanto, de um direito público subjetivo do condenado, e não de uma faculdade do juiz.

23.2 Sistemas

A respeito do "sursis", há três distintos sistemas, a saber:

a) **sistema *probation system*:** neste sistema de origem anglo-americana, o juiz, após o devido processo legal, reconhece a responsabilidade criminal do agente, porém, ao invés de proferir sentença condenatória com a consequente aplicação de pena, suspende a respectiva ação penal e submete o réu ao cumprimento de determinadas condições durante certo lapso temporal (período de prova). Se o agente não cumprir o quanto determinado, o processo penal será reiniciado com a consequente prolação da sentença condenatória. Este sistema não foi acolhido pela legislação pátria.

b) **sistema *probation of first offenders act*:** neste sistema de origem norte-americana, o juiz, sem reconhecer a responsabilidade criminal do agente, suspende prematuramente a ação penal com a consequente submissão do réu ao cumprimento de determinadas condições durante certo lapso temporal (período de prova). Se o agente não cumprir o quanto determinado, o processo penal será reiniciado e devidamente instruído, prosseguindo-se até julgamento final. Este sistema foi acolhido excepcionalmente pela legislação pátria. Com efeito, a Lei Federal nº 9.099/1995, em seu art. 89, previu a medida despenalizadora da suspensão condicional do processo ("sursis processual").

c) **sistema europeu continental:** neste sistema de origem belga-francês, o juiz, após o devido processo legal, reconhece a responsabilidade criminal do agente e profere sentença condenatória com a consequente aplicação de pena, porém suspende a sua execução, submetendo o réu ao cumprimento de determinadas condições durante certo lapso temporal (período de prova). Se o agente não cumprir o quanto determinado, a pena será executada. Este sistema foi acolhido de regra pela legislação pátria. Com efeito, é o sistema abraçado pelo Código Penal (art. 77 e seguintes).

23.3 Requisitos legais

O benefício da suspensão condicional da pena deve ser concedido pelo juiz ao agente sempre que estiverem presentes, cumulativamente, os requisitos de ordem legal (objetivos e subjetivos).

Vejamos, pois, os requisitos legais para a concessão da benesse:

a) **espécie da pena:** de acordo com o art. 77, *caput*, do Código Penal, a pena imposta em desfavor do agente deve ser da espécie "privativa de liberdade" (reclusão, detenção ou prisão simples). E como reforço, o art. 80 do Código Penal é explícito na direção de que o "sursis" não se estende às penas restritivas de direitos, nem à de multa.

b) **quantidade da pena:** o art. 77, *caput*, do Código Penal, ainda exige que a pena privativa de liberdade imposta em desfavor do agente seja igual ou inferior a dois anos. A *contrario sensu*, o condenado à pena privativa de liberdade fixada em patamar superior a dois anos não fará jus ao benefício da suspensão condicional do processo. Essa regra geral, no entanto, comporta exceções, senão vejamos:

- se o condenado for pessoa maior de setenta anos de idade ("sursis" etário) ou razões de saúde assim justificarem ("sursis" humanitário ou profilático), o benefício será concedido nos casos de condenação à pena privativa de liberdade não superior a quatro anos (CP, art. 77, § 2°); e
- a Lei Federal n° 9.605/1998 (Lei dos Crimes Ambientais), em seu art. 16, admite a concessão do benefício nos casos de condenação à pena privativa de liberdade não superior a três anos.

Atenção!

Na hipótese de concurso de crimes (concurso material, concurso formal ou crime continuado), para fins de análise da satisfação do requisito objetivo atinente ao *quantum* de pena, deve-se considerar o total da pena imposta (já com a somatória ou com os acréscimos legais).

c) **não reincidência em crime doloso:** a benesse somente poderá ser concedida se o réu não for reincidente em crime doloso (CP, art. 77, inciso I). Excepcionalmente, porém, admite-se a concessão da suspensão condicional da pena mesmo na hipótese de réu reincidente em crime doloso, desde que, contudo, na condenação anterior tenha sido aplicada apenas a pena de multa (CP, art. 77, § 1°). É o que dispõe, inclusive, a **Súmula n° 499 do Supremo Tribunal Federal**: *"Não obsta à concessão do 'sursis' condenação anterior à pena de multa"*.

Atenção!

Admite-se a concessão do "sursis" ao agente reincidente em crime culposo.

d) **princípio da suficiência:** de acordo com o art. 77, inciso II, somente poderá ser concedida a benesse se a culpabilidade, os antecedentes, a conduta social e a personalidade do agente, bem como os motivos e as circunstâncias do crime indicarem a suficiência da medida (princípio da suficiência).

e) **não ser indicada ou cabível a substituição da pena privativa de liberdade por restritiva de direito:** o "sursis" somente poderá ser concedido se a pena privativa de liberdade não puder ser substituída por penas restritivas de direitos (CP, art. 77, inciso III). A suspensão condicional da pena é, portanto, um benefício subsidiário.

23.4 Espécies

A suspensão condicional da pena pode ser:

a) **simples**: é aquela concedida na hipótese de ter o agente deixado de reparar o dano injustificadamente e/ou lhe forem desfavoráveis as circunstâncias inscritas no art. 59 do Código Penal. Neste caso, deverá o condenado, no primeiro ano do período de prova, prestar serviços à comunidade ou submeter-se à limitação de fim de semana (CP, art. 78, § 1º).

b) **especial**: é aquele concedido na hipótese de ter o agente reparado o dano (salvo comprovada impossibilidade de fazê-lo) e lhe forem favoráveis as circunstâncias inscritas no art. 59 do Código Penal. Neste caso, o condenado, no primeiro ano do período de prova, não precisará prestar serviços à comunidade ou submeter-se à limitação de fim de semana, cujas obrigações, frise-se, serão substituídas pelas seguintes condições, aplicadas cumulativamente, a saber (CP, art. 78, § 2º): *a)* proibição de frequentar determinados lugares; *b)* proibição de ausentar-se da comarca onde reside sem autorização judicial; e *c)* comparecimento pessoal e obrigatório a juízo, mensalmente, para informar e justificar suas atividades.

Atenção!

O **"sursis" etário** (condenado maior de setenta anos de idade ao tempo da sentença ou acórdão condenatório) e o **"sursis" humanitário ou profilático** (condenado acometido de problema de saúde que justifique a benesse) **podem ser simples ou especiais**, a depender da reparação (ou não) do dano e da favorabilidade (ou não) das circunstâncias elencadas no art. 59 do Código Penal.

Como bem apontam os professores Humberto Barrionuevo Fabretti; Gianpaolo Poggio Smanio, "A única diferença é que enquanto o sursis etário justifica-se pela idade do condenado no momento da sentença, o sursis humanitário justifica-se pela sua condição de saúde" (FABRETTI; SMANIO, 2019).

23.5 Condições

Deverá o juiz, na própria sentença condenatória em que conceder o benefício do "sursis", especificar as condições a que estará submetido o condenado durante o período de prova. E as condições podem ser:

a) **legais**: são aquelas inscritas expressamente em lei (CP, art. 78, § 1º – "sursis" simples; e CP, art. 78, § 2º – "sursis" especial). Trata-se de **condições obrigatórias**.

b) **judiciais**: são aquelas estabelecidas pelo juiz. Com efeito, o Código Penal, em seu art. 79, permite ao juiz especificar na sentença outras condições a que fica subordinada a suspensão condicional da pena, desde que adequadas ao fato e à situação pessoal do condenado. Trata-se de **condições facultativas**.

Atenção!

Não se admite o "sursis" incondicional. Ou seja: a execução da pena privativa de liberdade não poderá ser suspensa sem que ao condenado tenham sido impostas determinadas e específicas condições para cumprimento.

23.6 Período de prova

O período de prova da suspensão condicional da pena é aquele em que o condenado deverá submeter-se às condições definidas. Como **regra geral**, o período de prova do "sursis" varia entre dois a quatro anos (CP, art. 77, *caput*). Há, contudo, algumas exceções, a saber:

a) **etário e humanitário (ou profilático):** o período de prova varia entre quatro a seis anos, desde que a condenação, contudo, seja superior a dois anos e não exceda a quatro anos. Justifica-se esse entendimento para evitar tratamento penal mais gravoso ao condenado maior de setenta anos de idade ou acometido por problema de saúde que justifique a benesse (princípio da razoabilidade).

b) **Decreto-lei nº 3.688/1941 (Lei das Contravenções Penais):** o período de prova varia entre um a três anos (art. 11).

c) **Lei Federal nº 7.170/1983 (Lei dos crimes contra a segurança nacional, a ordem política e social):** o período de prova varia entre dois a seis anos (art. 5°, *caput*).

Atenção!

Nos termos do que dispõe o art. 158 da Lei de Execuções Penais, o período de prova começará a fluir a partir da audiência admonitória, em cuja solenidade lerá o juiz a sentença ao condenado, advertindo-o das consequências de nova infração penal e do descumprimento das condições impostas (LEP, art. 160). Se o condenado, intimado pessoalmente ou por edital com prazo de 20 (vinte) dias, não comparecer injustificadamente à audiência admonitória, a suspensão ficará sem efeito e será executada imediatamente a pena (LEP, art. 161).

23.7 Revogação

Em caso de revogação do benefício, a pena privativa de liberdade até então suspensa será executada em sua integralidade. Vale dizer: **o período de prova não será computado como pena cumprida**, ainda que tenha o condenado cumprido com as condições estabelecidas nesse intervalo de tempo. A revogação poderá ser obrigatória ou facultativa, a depender da circunstância que lhe tenha dado causa.

23.7.1 Causas de revogação obrigatória

Três são as causas de revogação obrigatória da suspensão condicional da pena, a saber:

a) **se o beneficiário, durante o período de prova, é condenado, em sentença irrecorrível, por crime doloso (CP, art. 81, inciso I)**: sobrevindo condenação definitiva (transitada em julgado) por crime doloso durante o período de prova, quer tenha sido praticado antes ou durante esse intervalo de tempo, o juiz deverá revogar o benefício. Para fins de revogação da benesse, interessa, a bem da verdade, que o trânsito em julgado do decreto condenatório por conta da prática de crime doloso ocorra durante o período de prova.

Atenção!

De acordo com a doutrina majoritária, o "sursis" não deverá ser revogado na hipótese de superveniência de condenação definitiva por crime doloso durante o período de prova cuja pena aplicada tenha sido somente a de multa.

Atenção!

Assim dispõe a **Súmula n° 18 do Superior Tribunal de Justiça:** "*A sentença concessiva do perdão judicial é declaratória da extinção da punibilidade,* *não subsistindo qualquer efeito condenatório*". A partir daí, construiu a doutrina o entendimento de que a superveniência de sentença concessiva do perdão judicial durante o período de prova não autoriza a revogação do "sursis".

b) **se o beneficiário, durante o período de prova, frustra, embora solvente, a execução de pena de multa ou não efetua, sem motivo justificado, a reparação do dano (CP, art. 81, inciso II):** acaso o condenado frustre a execução da pena de multa, não obstante seja solvente, ou deixa de reparar o dano injustificadamente, o juiz deverá revogar o benefício.

c) **se o beneficiário, durante o período de prova, descumpre a condição do § 1º do art. 78 do Código Penal (CP, art. 81, inciso III):** acaso o condenado não cumpra com a condição inscrita no art. 78, § 1º, do Código Penal (prestação de serviços à comunidade ou submissão à limitação de fim de semana), o juiz deverá revogar o benefício.

23.7.2 Causas de revogação facultativa

Duas são as causas de revogação facultativa da suspensão condicional da pena, a saber:

a) **se o beneficiário, durante o período de prova, descumpre qualquer outra condição imposta (CP, art. 81, § 1º, primeira parte):** acaso o condenado não cumpra com quaisquer das condições inscritas no art. 78, § 2º, do Código Penal, ou com quaisquer das condições judiciais que eventualmente tenham sido impostas, o juiz poderá revogar o benefício.

b) **se o beneficiário, durante o período de prova, é irrecorrivelmente condenado por crime culposo ou por contravenção penal à pena privativa de liberdade ou restritiva**

de direitos (CP, art. 81, § 1°, segunda parte): sobrevindo condenação definitiva (transitada em julgado) por crime culposo ou contravenção penal com aplicação de pena privativa de liberdade ou restritiva de direitos durante o período de prova, quer tenha sido praticada a infração penal antes ou durante esse intervalo de tempo, o juiz poderá revogar o benefício. Para fins de revogação da benesse, interessa, a bem da verdade, que o trânsito em julgado do decreto condenatório por conta da prática de crime culposo ou contravenção penal ocorra durante o período de prova.

Atenção!

Incidindo quaisquer das causas de revogação facultativa, o juiz poderá, ao invés de revogar o "sursis", prorrogar o período de prova até o máximo, se esse não foi fixado (CP, art. 81, § 3°), ou exacerbar as condições (CPP, art. 707, parágrafo único).

23.8 Cassação

A suspensão condicional da pena será cassada nas seguintes hipóteses:

a) se o condenado, intimado pessoalmente ou por edital com prazo de 20 (vinte) dias, não comparecer injustificadamente à audiência admonitória (LEP, art. 161);

b) se o condenado, na audiência admonitória, recusar as condições atinentes ao benefício; e

c) se o provimento de recurso da acusação for manejado para contestar a concessão da benesse na sentença condenatória ou para aumentar a pena aplicada (cujo montante desautoriza o benefício).

> **Atenção!**
>
> Revogação e cassação são conceitos distintos e inconfundíveis. Fala-se em revogação do "sursis" se já iniciado o período de prova; e em cassação do "sursis" se ainda não iniciado o período de prova.

23.9 Prorrogação do período de prova

O período de prova do "sursis" é o período fixado (de acordo com o balizamento legal) para que o condenado submeta-se às condições definidas. São duas as hipóteses em que o período de prova será prorrogado, a saber:

a) **prorrogação legal:** se o beneficiário estiver sendo processado pela prática de outro crime ou contravenção penal, o período de prova será automaticamente prorrogado, independentemente de decisão judicial, até o julgamento definitivo desse novo processo penal (CP, art. 81, § 2º). Nota-se que, durante o período de prorrogação automática, o condenado não estará obrigado a cumprir com as condições estabelecidas.

b) **prorrogação judicial:** nas hipóteses em que a revogação do "sursis" for facultativa, o juiz, ao invés de revogar a benesse, poderá prorrogar o período de prova até o máximo, se esse não foi o fixado na sentença (CP, art. 81, § 3º). Nesse caso, a prorrogação pressupõe decisão judicial, não sendo, portanto, automática.

23.10 Extinção da pena

Terminado o período de prova sem que tenha sido revogado o "sursis", o juiz declarará extinta, por sentença, a pena imposta em desfavor do agente. Trata-se de sentença de natureza meramente declaratória, já que a pena é tida por extinta no dia em que terminou o período de prova (e não na data da sentença que declarou a sua extinção). De fato, assim dispõe o art. 82 do Código Penal: *"Expirado o prazo sem que tenha havido revogação, considera-se extinta a pena privativa de liberdade"*.

23.11 Suspensão condicional da pena ("sursis") versus suspensão condicional do processo ("sursis" processual)

A **suspensão condicional do processo ("sursis" processual)** é um instituto despenalizador criado pela Lei Federal nº 9.099/1995, cujo diploma normativo, em seu art. 89, assim dispôs: *"Nos crimes em que a pena mínima cominada for igual ou inferior a um ano, abrangidas ou não por esta Lei, o Ministério Público, ao oferecer a denúncia, poderá propor a suspensão do processo, por dois a quatro anos, desde que o acusado não esteja sendo processado ou não tenha sido condenado por outro crime, presentes os demais requisitos que autorizariam a suspensão condicional da pena"*.

Na **suspensão condicional do processo**, uma vez aceita a proposta pelo acusado, o juiz determinará a suspensão do feito criminal prematuramente (logo após o recebimento da peça inicial), mediante a imposição de determinadas e específicas condições que devem ser adimplidas pelo réu (art. 89, § 1º e § 2º). A ação penal não atingirá sequer a etapa instrutória (não há enfrentamento meritório). Não haverá, portanto, sentença condenatória. Se o benefício for revogado, a ação penal retomará a sua marcha normal de prosseguimento (instrução, julgamento etc.). Por outro lado, se cumpridas as condições estabelecidas, o juiz declarará, por sentença, extinta a punibilidade do fato imputado ao acusado (art. 89, § 5º).

Na **suspensão condicional da pena**, o feito criminal percorrerá todo o seu trâmite até a prolação da sentença condenatória com a consequente aplicação de pena privativa de liberdade em desfavor do agente. Ou seja: a ação penal não é suspensa. Suspende-se, isso sim, a execução da pena privativa de liberdade aplicada, mediante determinadas e específicas condições que devem ser cumpridas pelo condenado. Se o benefício for revogado, a pena privativa de liberdade será executada. Por outro lado, se cumpridas as condições estabelecidas e encerrado o período de prova, o juiz declarará, por sentença, extinta a pena infligida em desfavor do condenado.

24

Livramento condicional

24.1 Conceito

É uma benesse legal que tem por finalidade antecipar a liberdade do condenado antes mesmo do término do cumprimento da pena privativa de liberdade, desde que presentes os requisitos inscritos em lei. Trata-se da antecipação provisória da liberdade do condenado, com a obrigação, porém, de cumprir determinadas e específicas condições por um certo período (correspondente ao tempo que resta de pena a cumprir). Vale dizer: o cumprimento do saldo remanescente da pena privativa de liberdade será feito em liberdade até que a pena seja extinta (término do período de prova). Presentes os requisitos de ordem legal, frise-se, deve o magistrado conceder o livramento condicional ao agente. Trata-se, portanto, de um direito público subjetivo do condenado, e não de uma faculdade do juiz.

Atenção!

No "sursis", a pena privativa de liberdade é suspensa, ou seja, não é sequer executada; já no livramento condicional, a pena privativa de liberdade é executada, porém não em sua integralidade, pois o condenado obtém antecipadamente a sua liberdade. O "sursis" é concedido por meio da sentença ou acórdão condenatório; já o livramento condicional é concedido no decorrer da execução penal.

24.2 Requisitos legais

O benefício do livramento condicional deve ser concedido pelo juiz ao condenado sempre que estiverem presentes, cumulativamente, os requisitos de ordem legal (objetivos e subjetivos).

Vejamos, pois, os requisitos legais para a concessão da benesse:

a) **espécie da pena:** de acordo com o art. 83, *caput*, do Código Penal, a pena imposta em desfavor do agente deve ser da espécie "privativa de liberdade" (reclusão, detenção ou prisão simples).

b) **quantidade da pena:** o art. 83, *caput*, do Código Penal, ainda exige que a pena privativa de liberdade imposta em desfavor do agente seja igual ou superior a dois anos. A *contrario sensu*, o condenado à pena privativa de liberdade fixada em patamar inferior a dois anos não fará jus ao benefício do livramento condicional.

Atenção!

De acordo com o art. 84 do Código Penal: *"As penas que correspondem a infrações diversas devem somar-se para efeito do livramento"*.

c) **cumprimento de determinada fração de pena:** vejamos as frações:
- se o condenado não for reincidente em crime doloso e tiver bons antecedentes, exige-se que tenha cumprido

mais de um terço da pena privativa de liberdade. Trata-se do **livramento condicional simples** (CP, art. 83, inciso I).

- se o condenado for reincidente em crime doloso, é necessário que tenha cumprido **mais da metade** da pena privativa de liberdade. Trata-se do **livramento condicional qualificado** (CP, art. 83, inciso II).
- se condenado por crime hediondo, prática de tortura, tráfico ilícito de entorpecentes e drogas afins, tráfico de pessoas e terrorismo, desde que não seja reincidente específico em crimes dessa natureza, exige a lei o cumprimento de **mais de dois terços** da pena privativa de liberdade. Trata-se do **livramento condicional específico**. Nota-se que o **condenado reincidente específico** em crimes hediondos e assemelhados ou reincidente específico em crime de tráfico de pessoas **não fará jus** ao benefício do livramento condicional, por expressa proibição legal (CP, art. 83, inciso V), cuja vedação, frise-se, é constitucional.

Atenção!

A Lei Federal nº 13.344/2016 deu nova redação legal ao art. 83, inciso V, do Código Penal, tendo ali incluído o crime de tráfico de pessoas (CP, art. 149-A) dentre aqueles que exigem um maior lapso temporal para a concessão do livramento condicional. O crime de tráfico de pessoas, muito embora não seja considerado hediondo ou assemelhado (não se encontra elencado no rol taxativo veiculado pela Lei Federal nº 8.072/1990), passou a receber o mesmo tratamento jurídico dispensado às infrações dessa natureza, no que diz respeito ao instituto do livramento condicional.

Atenção!

A Lei Federal nº 13.964/2019 ("Lei Anticrime"), ao dar nova redação legal ao art. 112 da Lei de Execuções Penais, **vedou** a concessão do benefício do livramento condicional aos condenados (sejam primários ou reincidentes) por crime hediondo ou equiparado com resultado morte. Exemplo: crimes de homicídio qualificado (CP, art. 121, § 2º), extorsão qualificada pela morte (CP, art. 158, § 2º), latrocínio (CP, art. 157, § 3º, *in fine*) etc.

d) **reparação do dano**: para fazer jus ao benefício, exige a lei que o condenado tenha reparado o dano causado pela infração, salvo comprovada impossibilidade de fazê-lo (CP, art. 83, inciso IV).

e) **condições subjetivas (pessoais) favoráveis**: para que o condenado faça jus à benesse, deverá estar comprovado: *a)* bom comportamento durante a execução da pena; *b)* não cometimento de falta grave nos últimos 12 (doze) meses; *c)* bom desempenho no trabalho que lhe foi atribuído; e *d)* aptidão para prover a própria subsistência mediante trabalho honesto.

Atenção!

Esses requisitos subjetivos estão elencados no art. 83, inciso III, do Código Penal, cujo dispositivo teve nova redação legal a partir da Lei Federal nº 13.964/2019 ("Lei Anticrime"). A inovação trazida pela nova legislação diz respeito especificamente ao requisito subjetivo atinente ao **"não cometimento de falta grave nos últimos 12 (doze) meses"**. Os outros três requisitos, frise-se, já se encontravam previstos no Código Penal.

Atenção!

Tratando-se de condenado por crime doloso cometido com violência ou grave ameaça à pessoa, o benefício somente será concedido se houver a comprovação de mais um requisito de ordem subjetiva, a saber: condições pessoais que façam presumir que não voltará a delinquir (CP, art. 83, parágrafo único).

24.3 Competência e legitimação

Nos termos do que estabelece o art. 66, inciso III, alínea "e", da Lei Federal n° 7.210/1984, compete ao juiz da execução penal decidir sobre o pedido de livramento condicional, cujo benefício, frise-se, poderá ser vindicado: *a)* pelo sentenciado, seu cônjuge ou parente em linha reta; *b)* por proposta do diretor do estabelecimento penal; ou *c)* por iniciativa do Conselho Penitenciário (CPP, art. 712).

24.4 Condições

Deverá o juiz, na própria decisão concessiva do livramento condicional, especificar as condições a que ficará submetido o condenado durante o período de prova (CP, art. 85; e LEP, art. 132, *caput*).

24.4.1 Condições obrigatórias

São aquelas de imposição obrigatória. Por força do que dispõe o art. 132, § 1°, da Lei de Execuções Penais, deverá o magistrado impor, **obrigatoriamente**, três condições ao condenado, a saber: *a)* obter ocupação lícita, dentro de prazo razoável se for apto para o trabalho; *b)* comunicar periodicamente ao juiz sua ocupação; e *c)* não mudar do território da comarca do juízo da execução sem prévia autorização deste.

24.4.2 Condições facultativas

São aquelas de imposição facultativa. O juiz poderá impor ao liberado condicional, **de acordo com a sua discricionariedade**, outras obrigações que entenda serem adequadas e pertinentes ao caso posto à apreciação. Com efeito, o art. 132,

§ 2°, da Lei de Execuções Penais, veiculou, em rol meramente exemplificativo, condições que podem ser aplicadas a critério do julgador, a saber: *a)* não mudar de residência sem comunicação ao juiz e à autoridade incumbida da observação cautelar e de proteção; *b)* recolher-se à habitação em hora fixada; e *c)* não frequentar determinados lugares.

24.5 Revogação

A revogação poderá ser obrigatória ou facultativa, a depender da circunstância que lhe tenha dado causa. De todo modo, num caso ou noutro, deverá o magistrado ouvir o condenado antes de prolatar a decisão revogatória do benefício (LEP, art. 143).

24.5.1 Causas de revogação obrigatória

Duas são as causas de revogação obrigatória do livramento condicional, a saber:

a) **se o liberado vem a ser condenado a pena privativa de liberdade, em sentença irrecorrível, por crime cometido durante a vigência do benefício (CP, art. 86, inciso I)**: sobrevindo condenação definitiva (transitada em julgado) por crime praticado durante o período de prova, o juiz deverá revogar o benefício. Os efeitos são os seguintes (CP, art. 88; e LEP, art. 142): *a)* não se computará como pena cumprida o tempo em que esteve solto o liberado; e *b)* proibição de concessão de novo livramento em relação à mesma pena (para a obtenção do benefício no que diz respeito à segunda pena, o condenado deverá ter cumprido integralmente, antes, a pena decorrente da primeira condenação).

b) **se o liberado vem a ser condenado à pena privativa de liberdade, em sentença irrecorrível, por crime cometido anteriormente à vigência do benefício (CP, art. 86, inciso II)**: sobrevindo condenação definitiva (transitada em julgado) por crime praticado antes do período de prova, o juiz também deverá revogar o benefício. Considerando que o condenado, nesse caso, não quebrou a confiança nele depositada pelo juízo, os efeitos dessa revogação não são tão drásticos, senão vejamos (CP, art. 88; e LEP, art. 141): *a)* cômputo do período de prova como tempo de cumprimento de pena; e *b)* possibilidade de concessão de novo livramento em relação à mesma pena, que deverá ter o seu saldo remanescente somado à pena decorrente da nova condenação para fins do cálculo da respectiva fração.

24.5.2 Causas de revogação facultativa

Duas também são as causas de revogação facultativa do livramento condicional, a saber:

a) **se o liberado deixar de cumprir qualquer das obrigações constantes da sentença concessiva do benefício (CP, art. 87)**: em caso de descumprimento de quaisquer das condições impostas, o juiz poderá revogar o benefício. Os efeitos são os seguintes (CP, art. 88): *a)* não se computará como pena cumprida o tempo em que esteve solto o liberado; e *b)* não se concederá novo livramento em relação à mesma pena.

b) **se o liberado for irrecorrivelmente condenado, por crime ou contravenção, à pena que não seja privativa de liberdade (CP, art. 87)**: sobrevindo condenação definitiva (transitada em julgado) por crime ou contravenção penal, cuja pena aplicada tenha sido restritiva de direitos ou multa, o juiz também poderá revogar o benefício. Se a infração penal tiver sido praticada durante a vigência do benefício, os efeitos da revogação serão mais rigorosos: *a)* não se computa como pena cumprida o tempo em que o condenado esteve solto; e *b)* não se concederá novo livramento em relação à mesma pena.

Por outro lado, acaso a infração penal tenha sido praticada antes da vigência do benefício, os efeitos da revogação serão mais brandos: *a)* computa-se como pena cumprida o tempo em que o condenado esteve solto; e *b)* permite-se novo livramento condicional em relação ao remanescente da pena.

Atenção!

Incidindo quaisquer das causas de revogação facultativa, o juiz poderá, ao invés de revogar o benefício, advertir o liberado ou agravar as condições impostas (LEP, art. 140, parágrafo único).

24.6 Suspensão

Considerando que a ação penal decorrente da prática de outra infração penal (cometida antes ou durante a vigência do benefício) pode perdurar mesmo depois de terminado o período de prova, sem que tenha sido definitivamente julgada (morosidade processual etc.), a Lei de Execuções Penais, em seu art. 145, conferiu ao juiz a possibilidade de suspender o curso do livramento condicional quando praticada outra infração penal pelo liberado, com a consequente determinação de sua prisão, ouvidos, antes, o Conselho Penitenciário e o Ministério Público. Não se admite a suspensão do benefício pelo descumprimento das condições impostas na sentença concessiva. Nota-se que esse dispositivo legal (LEP, art. 145) é aplicável, portanto, às hipóteses inscritas no art. 86, incisos I e II, e art. 87, *caput*, segunda parte, do Código Penal (e não à hipótese definida no art. 87, *caput*, primeira parte, do Código Penal).

24.7 Prorrogação do período de prova

O período de prova do livramento condicional é o período correspondente ao que restaria de pena a ser cumprida, em cujo intervalo temporal deverá o condenado submeter-se às condições definidas.

De acordo com o art. 89, *caput*, do Código Penal, o período de prova poderá ser prorrogado pelo juiz, por meio de decisão expressa, se o beneficiário estiver respondendo a processo penal por crime cometido na vigência do benefício. Se o crime tiver sido praticado antes da vigência da benesse, não há fala-se em prorrogação.

Muito embora exista discussão doutrinária a respeito, somos do entendimento de que essa prorrogação não é automática, dependendo, pois, de expressa decisão judicial. Note-se, porém, que o liberado não estará obrigado a cumprir com as condições do livramento durante o período prorrogatório.

A partir do trânsito em julgado da sentença proferida por ocasião do julgamento do novo crime (praticado na vigência do benefício), quatro hipóteses podem ocorrer em relação ao livramento condicional, a saber: *a)* sentença condenatória com aplicação de pena privativa de liberdade (o juiz deverá revogar o benefício – CP, art. 86, inciso I); *b)* sentença condenatória com aplicação de penas restritivas de direitos ou pena de multa (o juiz poderá revogar o benefício – CP, art. 87); *c)* sentença absolutória (o juiz declarará extinta a pena privativa de liberdade); e *d)* sentença extintiva da punibilidade (o juiz declarará extinta a pena privativa de liberdade).

24.8 Extinção da pena

Terminado o período de prova sem que tenha sido revogado o livramento condicional, o juiz declarará extinta, por sentença, a pena imposta em desfavor do agente. Trata-se de sentença de natureza meramente declaratória, já que a pena é tida por extinta no dia em que terminou o período de prova (e não na data da sentença que declarou a sua extinção). De fato, assim dispõe o art. 90 do Código Penal: "*Se até o seu término o livramento não é revogado, considera-se extinta a pena privativa de liberdade*". Alicerçado nesse dispositivo legal, consolidou o Tribunal da Cidadania o entendimento na direção de que, cumprido o prazo do livramento condicional sem suspensão, prorrogação ou a revogação do benefício pelo juiz, a pena deve ser declarada extinta. Com efeito, eis a **Súmula n° 617 do Superior Tribunal de Justiça**: "*A ausência de suspensão ou revogação do livramento condicional antes do término do período de prova enseja a extinção da punibilidade pelo integral cumprimento da pena*".

25

Efeitos da condenação

25.1 Considerações iniciais

Condenação nada mais é do que uma decisão judicial (sentença ou acórdão) impositiva de pena (ao imputável) ou medida de segurança (ao semi-imputável), em razão do reconhecimento, após o devido processo legal, da prática de um fato típico, antijurídico e culpável. É o ato de concretização da sanção penal (até a prolação do édito condenatório, a sanção penal não ultrapassa a barreira do plano abstrato). E a condenação criminal definitiva (transitada em julgado), além da imposição da sanção penal, traz uma série de outras consequências (de natureza penal e extrapenal) ao sujeito. Fala-se, portanto, em efeitos principais e secundários da condenação.

Atenção!

Comprovada a inimputabilidade do sujeito, deverá o juiz absolvê-lo, firme no art. 386, inciso VI, do Código de Processo Penal (é a chamada "absolvição imprópria", pois o julgador imporá em seu desfavor medida de segurança, e não pena). Neste caso, por tratar-se de sentença absolutória, não há falar-se em efeitos da condenação. Diferentemente, no entanto, é o caso dos semi-imputáveis, em cuja hipótese o juiz proferirá uma sentença penal condenatória com a consequente imposição de pena, podendo promover a sua substituição por medida de segurança acaso necessite o agente de especial tratamento curativo, a teor do que estabelece o art. 98 do Código Penal (decorrência do sistema vicariante adotado pelo Código Penal, já que não é possível a cumulação de pena com medida de segurança). Neste caso, por tratar-se de sentença condenatória, há falar-se em efeitos da condenação.

25.2 Classificação

A condenação criminal irrecorrível produz efeitos principais e secundários. E os efeitos secundários (de natureza penal e extrapenal) podem ser genéricos e específicos.

Vejamos o seguinte fluxograma:

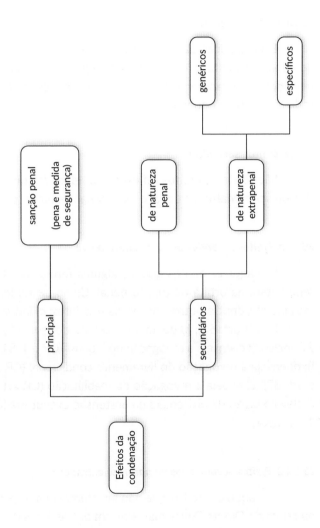

25.3 Efeitos da condenação

25.3.1 Efeito principal

É a imposição da pena (privativa de liberdade, restritivas de direitos e multa) ou da medida de segurança (semi-imputabilidade). A sanção penal é, assim, o efeito principal (direto) de toda e qualquer condenação.

25.3.2 Efeitos secundários

São todos os efeitos reflexos (indiretos) da condenação. Podem ser de natureza penal e extrapenal. Vejamos, pois.

25.3.2.1 Efeitos secundários de natureza penal

São aqueles efeitos que, de alguma forma, interferem e repercutem na órbita do direito penal. Como exemplo, podemos indicar, dentre outros tantos, os seguintes: *a)* induz a reincidência (CP, art. 63); *b)* obsta a concessão do "sursis" (CP, art. 77, inciso I); *c)* enseja a revogação do "sursis" (CP, art. 81, inciso I); *d)* enseja a revogação do livramento condicional (CP, art. 86 e art. 87); *e)* enseja a revogação da reabilitação (CP, art. 95); e *f)* eleva o prazo da prescrição da pretensão executória (CP, art. 110, *caput*).

25.3.2.2 Efeitos secundários de natureza extrapenal

São aqueles efeitos que não interferem nem repercutem na órbita do Direito Penal, mas, sim, em outras áreas do direito, tais como na esfera cível, administrativa, trabalhista, político-eleitoral etc.

Classificam-se em:

a) **genéricos**: são aqueles que não precisam estar declarados expressamente na sentença (não precisam sequer constar da sentença), pois se operam *ex lege*. **São efeitos automáticos** da condenação. Estão elencados no art. 91 do Código Penal e são os seguintes:

- **obrigação de indenizar do dano causado pelo crime**: a sentença penal condenatória transitada em julgado, bem se sabe, é um título executivo judicial (CPC, art. 515, inciso VI). E, de acordo com o art. 387, inciso IV, do Código de Processo Penal, o juiz, ao proferir sentença condenatória, fixará um valor mínimo para a reparação dos danos causados pela infração, considerando os prejuízos sofridos pelo ofendido. Assim, uma vez arbitrado o *quantum* mínimo indenizatório (título líquido), o ofendido, seu representante legal ou seus herdeiros poderão promover a sua execução no juízo cível (ação de execução *ex delicto*). Isso não impede a vítima, no entanto, de apurar o dano efetivamente suportado também no juízo cível (CPP, art. 63).

Atenção!

O Superior Tribunal de Justiça tem entendido na direção de que o juiz não poderá fixar na sentença condenatória um valor mínimo indenizatório pelos danos causados ao ofendido se não tiver sido deduzido pedido formal e expresso nesse sentido, sob pena de afronta aos preceitos constitucionais da ampla defesa e do contraditório. A formulação de pedido expresso por parte do Ministério Público ou do ofendido é *conditio sine qua non* para a fixação do valor mínimo para a reparação dos danos (STJ – AgRg no AREsp 720055/RJ – 6ª Turma – Relator Ministro Rogério Schietti Cruz – Julgamento em 26.06.2018 – Publicação em 02.08.2018). Uma parcela da doutrina, no entanto, a exemplo de *Norberto Avena*, posiciona-se em sentido diametralmente oposto, ao entender que o juiz pode, de ofício, fixar a indenização mínima a que faz menção o art. 387, inciso IV, do Código de Processo Penal, sob o fundamento de que a lei faz qualquer condicionamento.

- **confisco**: é a perda em favor da União, ressalvado o direito do lesado ou de terceiro de boa-fé:
    - **dos instrumentos do crime, desde que consistam em coisas cujo fabrico, alienação, uso, porte ou detenção constitua fato ilícito**: são os objetos usados pelo agente durante a prática da infração penal. Trata-se da chamada *instrumenta sceleris*. Frise-se que não são todos os instrumentos, mas somente aqueles consistentes em coisa cujo fabrico, alienação, uso, porte ou detenção constitua fato ilícito. Nessa perspectiva, poderá ser confiscada a arma de fogo utilizada para a prática do crime de roubo, mas não poderá ser confiscada a motocicleta usada no cometimento do crime de lesão corporal culposa na direção de veículo automotor.
    - **do produto do crime ou de qualquer bem ou valor que constitua proveito auferido pelo agente com a prática do fato criminoso**: são os produtos obtidos: *a)* diretamente com a infração penal (a motocicleta roubada, por exemplo); *b)* por especificação (a joia produzida com o ouro roubado, por exemplo etc.); e *c)* por alienação (o dinheiro em espécie proveniente da venda da motocicleta roubada, por exemplo). Trata-se da chamada *producta sceleris*.
    - **de bens ou valores equivalentes ao produto ou proveito do crime quando esses não forem encontrados ou quando se localizarem no exterior**: efeito introduzido pela Lei Federal nº 12.694/2012, cuja normativa

adicionou o § 1° e o § 2° ao art. 91 do Código Penal. Trata-se do denominado **"confisco por equivalência"** ou **"perda de bens pelo equivalente"**, já que serão confiscados não o produto do crime ou os bens ou valores que constituam proveito auferido pelo agente com a prática do crime (porque não foram encontrados ou porque se localizam no exterior), **mas, sim, bens ou valores equivalentes que integrem o patrimônio lícito** do agente condenado. E como forma de garantir este confisco, a lei prevê que as medidas assecuratórias previstas na legislação processual poderão abranger bens ou valores equivalentes do investigado ou acusado para posterior decretação de perda (CP, art. 91, § 2°). É o chamado **"sequestro por equivalência"** ou **"sequestro pelo equivalente"**.

☐ **dos bens correspondentes à diferença entre o valor do patrimônio do condenado e aquele que seja compatível com o seu rendimento lícito:** efeito introduzido pela Lei Federal n° 13.964/2019 ("Lei Anticrime"), cuja normativa adicionou o art. 91-A ao Código Penal. Trata-se do denominado **"confisco alargado"**, **"confisco ampliado"** ou **"perda alargada"**, uma nova espécie de efeito secundário (de natureza extrapenal) da sentença penal condenatória, que consiste na perda de bens considerados como produto ou proveito do crime decorrente do envolvimento comprovado do agente na prática de infrações penais em geral. Neste caso, a norma considera como sendo produto ou proveito do crime todos aqueles bens correspondentes à diferença entre o valor do patrimônio do condenado e aquele compatível com o seu rendimento lícito. Tem por principal fundamento a **despatrimonialização** do agente criminoso, razão pela qual o art. 91-A, § 1°, do

Código Penal, dispõe que serão atingidos pela medida todos os bens de sua titularidade, ou aqueles que, embora de outra titularidade, estejam em seu benefício. São dois os **pressupostos** do "confisco alargado", a saber: ***a*) condenação por infração penal cuja pena máxima cominada seja superior a 6 (seis) anos**: não se exige que a pena aplicada em concreto seja superior aos seis anos, mas, sim, que a pena máxima abstratamente prevista ao crime praticado seja superior a este patamar; e ***b*) incompatibilidade do patrimônio com a renda lícita do agente**: para a decretação do "confisco alargado" exige-se a demonstração da incompatibilidade/desproporcionalidade do patrimônio do condenado com o seu rendimento lícito, juízo central para a aplicação da medida. Parte da doutrina sustenta haver aqui uma inversão do ônus da prova. Na verdade, pensamos haver distribuição estática do ônus da prova, visto que caberá ao órgão acusador comprovar a evolução patrimonial em patamares desproporcionais à renda do agente e à defesa demonstrar que a evolução patrimonial se deu licitamente.

b) **específicos**: são aqueles que precisam estar motivadamente declarados na sentença (devem constar expressamente da sentença), pois não se operam por força de lei. **Não são efeitos automáticos** da condenação. Estão elencados no art. 92 do Código Penal e são os seguintes:

- **perda de cargo ou função pública**: é possível ao juiz decretar a perda de cargo ou função pública na sentença (efeito de natureza administrativa), desde que tenha sido aplicada pena privativa de liberdade:
  □ por tempo igual ou superior a 1 (um) ano, nos crimes praticados com abuso de poder ou violação de dever para com a Administração Pública: neste caso, exige-

-se que o sujeito tenha praticado a infração penal no exercício de suas funções. Diz respeito, portanto, aos crimes funcionais. Exemplo: crime de peculato (CP, art. 312).
☐ por tempo superior a 4 (quatro) anos nos demais crimes.

Atenção!

A perda do mandato eletivo não mais se submete ao regramento inscrito no Código Penal desde o advento da Constituição Federal. Com efeito, a Constituição da República, em seu art. 15, inciso III, dispõe que a perda (ou suspensão) de direitos políticos é consequência da condenação criminal transitada em julgado, cujo efeito, portanto, não precisa estar declarado expressamente na sentença, ou seja, é uma consequência automática.

- **incapacidade para o exercício do poder familiar, da tutela ou da curatela nos crimes dolosos sujeitos à pena de reclusão cometidos contra outrem igualmente titular do mesmo poder familiar, contra filho, filha ou outro descendente, ou contra tutelado ou curatelado: este efeito pressupõe dois** requisitos, a saber:
    ☐ crime doloso sujeito à pena de reclusão: basta que o crime seja doloso e sujeito à pena de reclusão, pouco importando o *quantum* e o regime inicial de cumprimento. Nota-se, assim, que os crimes dolosos punidos com pena de detenção, como, por exemplo, o delito de exposição ou abandono de recém-nascido (CP, art. 134), não autorizam a declaração deste efeito na sentença condenatória.
    ☐ crime praticado contra pessoa igualmente detentora do poder familiar (a exemplo do marido que assassina a esposa), filho, filha ou outro descendente, tutelado ou curatelado.

> **Atenção!**
>
> Há discussão doutrinária a respeito do alcance (ou não) deste efeito aos demais filhos que não foram vítimas do delito. Para uns, a exemplo de *Guilherme de Souza Nucci*, este efeito restringe-se apenas à relação do condenado com o filho ofendido pela prática criminosa, de modo que o juiz somente poderá declarar a sua incapacidade para o exercício do poder familiar em relação ao vitimado (e não aos demais). Outros, porém, a exemplo de *Cleber Masson*, posicionam-se na direção que o efeito alcança a relação do condenado com todos os filhos, inclusive aqueles que não foram vitimados, de modo que o juiz poderá declarar a sua incapacidade para o exercício do poder familiar em relação a todos.

- **a inabilitação para dirigir veículo, quando utilizado como meio para a prática de crime doloso**: este efeito pressupõe dois requisitos, a saber:
    - crime doloso: basta que o crime seja doloso, pouco importando a espécie de pena cominada (reclusão ou detenção), o *quantum* e o regime inicial de cumprimento.
    - veículo automotor usado como instrumento do crime.

26

Reabilitação

26.1 Conceito

Trata-se de um instituto jurídico cuja finalidade principal não é outra senão assegurar ao agente que já cumpriu pena a sigilosidade dos registros sobre o seu processo e condenação (CP, art. 93, *caput*). A reabilitação, ao preservar o direito individual à intimidade, facilita ao condenado reinserir-se socialmente, já que estará imune de rótulos e/ou preconceitos por conta de sua vida pregressa.

Atenção!

Nos termos do que dispõe o art. 93, parágrafo único, do Código Penal, a reabilitação também tem por finalidade extinguir os efeitos secundários extrapenais específicos da condenação, vedada, porém: *a)* a reintegração do condenado ao cargo, função pública ou mandato eletivo (CP, art. 92, inciso I); e *b)* a declaração de capacidade do condenado para o exercício do poder familiar, da tutela ou da curatela (CP, art. 92, inciso II).

Atenção!

O art. 202 da Lei Federal nº 7.210/1984 assim dispõe: *"Cumprida ou extinta a pena, não constarão da folha corrida, atestados ou certidões fornecidas por autoridade policial ou por auxiliares da Justiça, qualquer notícia ou referência à condenação, salvo para instruir processo pela prática de nova infração penal ou outros casos expressos em lei"*. Trata-se, aqui, de sigilo automático (decorrente de lei), pelo que independe da reabilitação. Enquanto esse sigilo pode ser quebrado por pedido da autoridade judiciária ou da autoridade policial, a sigilosidade decorrente da reabilitação somente pode ser quebrada por requisição (ordem) do juiz criminal (CPP, art. 748).

26.2 Requisitos

São quatro os requisitos da reabilitação, a saber:

a) decurso de dois anos do dia em que for extinta, de qualquer modo, a pena, ou terminar sua execução, computando-se o período de prova da suspensão e o do livramento condicional, se não sobrevier revogação (CP, art. 94, *caput*);

b) domicílio no país durante esses dois anos (CP, art. 94, inciso I);

c) demonstração efetiva e constante de bom comportamento público e privado durante esses dois anos (CP, art. 94, inciso II); e

d) ressarcimento do dano causado pelo crime ou demonstração da absoluta impossibilidade de fazê-lo, até o dia do pedido, ou exibição de documento que comprove a renúncia da vítima ou novação da dívida (CP, art. 94, inciso III).

26.3 Competência, legitimação e processamento

Compete ao juízo da condenação (aquele de primeiro grau em que tramitou o processo criminal, ainda que o decreto condenatório tenha sido confirmado ou exarado pela Superior Instância em grau recursal), e não ao juízo da execução penal, decidir sobre o pedido de reabilitação, cuja pretensão, frise-se, somente poderá ser deduzida pelo condenado.

O juiz poderá ordenar as diligências que entender necessárias para a apreciação do pedido e deverá ouvir o Ministério Público antes da prolação da decisão (CPP, art. 745), cujo *decisum*, frise-se, é impugnável por intermédio do recurso de apelação criminal, quer tenha concedido ou não a reabilitação (CPP, art. 593, inciso II). Nota-se, porém, que, da decisão concessiva da reabilitação haverá, ainda, recurso de ofício (CPP, art. 746).

Atenção!

Ainda que tenha sido negada a reabilitação, um novo pedido poderá ser deduzido pelo condenado a qualquer tempo, desde que instruído com novos elementos comprobatórios dos requisitos necessários (CP, art. 94, parágrafo único). Consagrou a legislação, portanto, a possibilidade de renovação do pedido.

26.4 Revogação

Nos termos do que dispõe o art. 95 do Código Penal, a reabilitação será revogada, de ofício ou a requerimento do Ministério Público, se o reabilitado for condenado, como reincidente, por decisão definitiva, à pena que não seja de multa.

26.5 Reabilitação e reincidência

Partindo da premissa de que a reabilitação não extingue nem rescinde a sentença condenatória transitada em julgado, de se concluir que o reabilitado será considerado reincidente acaso venha a praticar um novo crime, desde que tenha não decorrido, por evidente, período superior a cinco anos, contado da data do cumprimento ou extinção da pena (CP, art. 64, inciso I).

27

Medida de segurança

27.1 Conceito

A medida de segurança é a resposta do Estado ao autor de um fato típico e ilícito, porém não culpável. Trata-se da resposta estatal terapêutica destinada ao agente inimputável ou semi-imputável, com a finalidade de curá-lo ou de deixá-lo apto ao convívio social (na hipótese de doença incurável), daí porque tem um caráter preventivo e profilático.

Atenção!

Pena e medida de segurança são espécies de sanção penal inconfundíveis e bem distintas. Vejamos, pois, as principais diferenças: *a)* a pena pressupõe culpabilidade; a medida de segurança pressupõe periculosidade; *b)* a pena tem natureza retributiva e preventiva (prevenção geral e prevenção especial); a medida de segurança tem natureza apenas preventiva (prevenção especial); *c)* a pena é destinada aos agentes imputáveis e semi-imputáveis que não precisam de tratamento curativo; a medida de segurança é destinada aos agentes inimputáveis e semi-imputáveis que imprescindem de tratamento curativo; e *d)* a pena tem a sua duração determinada; a medida de segurança é de duração indeterminada (o seu tempo de duração está atrelado à cessação de periculosidade do agente).

27.2 Periculosidade

A medida de segurança, como já dito alhures, pressupõe a periculosidade do agente, isto é, a efetiva probabilidade de vir a praticar novamente uma infração penal.

No que diz respeito ao **inimputável** (CP, art. 26, *caput*), a sua periculosidade é presumida pela lei, pelo que está dispensada, assim, a necessidade de comprovação concreta de que é perigoso socialmente **(periculosidade presumida)**. Comprovada a inimputabilidade do sujeito (causa excludente da imputabilidade e, portanto, da culpabilidade), o juiz deverá absolvê-lo, firme no que propõe o art. 386, inciso VI, do Código de Processo Penal. Trata-se da chamada "absolvição imprópria", pois que/ pois o julgador aplicará em seu desfavor medida de segurança, e não pena (prolação de sentença penal absolutória imprópria).

Já em relação ao **semi-imputável** (CP, art. 26, parágrafo único), a sua periculosidade não é presumida pela lei, pelo que deve, assim, restar-se efetivamente demonstrado de que é perigoso socialmente **(periculosidade real)**. Comprovada a semi-imputabilidade do sujeito, não há falar-se em exclusão de sua imputabilidade, mas, sim, em causa de diminuição de pena (redução de um a dois terços). Nota-se que o juiz, nesse caso, deverá condená-lo, com a consequente imposição de pena (prolação de sentença penal condenatória). No entanto, considerando que o Código Penal adotou o **sistema vicariante ou unitário** (e não o sistema duplo binário ou duplo trilho), acaso necessite o agente de especial tratamento curativo (quando provada a sua periculosidade), **poderá o julgador substituir a pena privativa de liberdade por medida de segurança** (internação ou tratamento ambulatorial), pelo prazo mínimo de 1 (um) ano a 3 (três) anos, a teor do que estabelece o art. 98 do Código Penal.

27.3 Espécies

São duas as espécies de medida de segurança, a saber:

a) **detentiva**: é a internação em hospital de custódia e tratamento psiquiátrico ou, à falta, em outro estabelecimento adequado (CP, art. 96, inciso I). É, pois, de natureza privativa de liberdade.
b) **restritiva**: é sujeição a tratamento ambulatorial (CP, art. 96, inciso II).

Atenção!

Nos termos do que dispõe o art. 97, *caput*, do Código Penal, a medida de segurança a ser determinada pelo juiz dependerá da espécie de pena privativa de liberdade cominada em abstrato à infração penal praticada. Com efeito, se estiver prevista a pena de reclusão, o juiz deverá impor, obrigatoriamente, a medida de segurança detentiva. Na hipótese de previsão da pena de detenção, o juiz poderá escolher (margem de discricionariedade) entre uma ou outra (internação ou tratamento ambulatorial). No entanto, apesar da taxatividade do texto legal, **os Tribunais Superiores (STF e STJ) têm flexibilizado o rigor da norma**, admitindo a aplicação da medida de segurança restritiva, ainda que o fato seja punido com pena de reclusão, nas hipóteses excepcionais de comprovada e manifesta desnecessidade de internação hospitalar do agente. A propósito, assim já decidiu o Superior Tribunal de Justiça: *"Para uma melhor exegese do art. 97 do CP, à luz dos princípios da adequação, da razoabilidade e da proporcionalidade, não deve ser considerada a natureza da pena privativa de liberdade aplicável, mas sim a periculosidade do agente, cabendo ao julgador a faculdade de optar pelo tratamento que melhor se adapte ao inimputável".* (STJ – EREsp 998128/MG – 3ª Seção – Relator Ministro Ribeiro Dantas – Julgamento em 27.11.2019 – Publicação em 18.12.2019).

27.4 Prazo de duração

De acordo com o art. 97, § 1º, do Código Penal, o **prazo mínimo** de duração da medida de segurança (internação ou tratamento ambulatorial) será de 1 (um) a 3 (três) anos.

Encerrado o período mínimo fixado pelo juiz na sentença, o agente será submetido à perícia médica, a fim de verificar a respeito da permanência (ou não) de sua periculosidade. E a partir daí podem surgir duas hipóteses, a saber:

a) **conclusão médica de permanência da periculosidade**: o juiz manterá a internação ou o tratamento ambulatorial, devendo a perícia médica ser repetida de ano em ano, ou a qualquer tempo, se assim determinar o juiz da execução penal (CP, art. 97, § 2º); ou

b) **conclusão médica de cessação da periculosidade**: o juiz determinará a desinternação ou a liberação do tratamento ambulatorial, sempre condicional **(desinternação ou liberação condicional)**, já que será restabelecida a situação anterior se o agente, antes do decurso de 1 (um) ano, praticar fato indicativo de persistência de sua periculosidade, que, frise-se, não precisa ser necessariamente uma infração penal (CP, art. 97, § 3º). Superado esse prazo de 1 (um) ano sem que tenha cometido qualquer fato indicativo de periculosidade, o juiz deverá declarar extinta a punibilidade do agente.

O **prazo máximo** de duração da medida de segurança (internação ou tratamento ambulatorial) é indeterminado, perdurando enquanto não for averiguada, mediante perícia médica, a cessação da periculosidade do agente (CP, art. 97, § 1º). Todavia, não obstante a clareza do texto legal, **os Tribunais Superiores (STF e STJ) têm flexibilizado o rigor da norma**, descartando um prazo máximo indeterminado, sob o fundamento de que a medida de segurança, por ser espécie de sanção penal, não pode ter duração eterna e perpétua. Vejamos, pois, os entendimentos:

a) **Supremo Tribunal Federal**: a medida de segurança não deve superar os 30 (trinta) anos, já que esse é o tempo máximo previsto para o cumprimento de uma pena privativa de liberdade. Por conta da modificação legislativa decorrente da Lei Federal n° 13.964/2019 ("Lei Anticrime"), entendemos que a Corte Suprema, por óbvio e pelas mesmas razões, passe a considerar, como prazo máximo de duração da medida de segurança, 40 (quarenta) anos (CP, art. 75, *caput*).

b) **Superior Tribunal de Justiça**: a medida de segurança não deve superar o limite máximo da pena prevista em abstrato ao crime cometido, firme nos postulados constitucionais da proporcionalidade e da igualdade, como forma de dispensar tratamento jurídico isonômico aos imputáveis e inimputáveis. Com efeito, assim dispõe a **Súmula n° 527 do Tribunal da Cidadania:** *"O tempo de duração da medida de segurança não deve ultrapassar o limite máximo da pena abstratamente cominada ao delito praticado".*

27.5 Conversão da medida de segurança restritiva em detentiva

Nos termos definidos pelo art. 97, § 4°, do Código Penal, poderá o juiz, em qualquer fase do tratamento ambulatorial, determinar a internação do agente, desde que essa medida seja necessária para fins curativos. Consagrou expressamente a lei, assim, a possibilidade de conversão da medida de segurança restritiva em detentiva.

> **Atenção!**
>
> E a respeito da possibilidade de conversão da medida de segurança detentiva em restritiva (**"desinternação progressiva"**)? O Código Penal é silente. No entanto, a doutrina e a jurisprudência, inclusive a dos Tribunais Superiores (STF e STJ), em sua maioria, têm entendido pela possibilidade da conversão da internação em tratamento ambulatorial durante o prazo de duração da medida, como forma de auxiliar o agente em seu processo de reinserção e readaptação social, desde que, evidentemente, a internação não se mostre mais necessária para os fins terapêuticos.

27.6 Prescrição

Muito embora inexista disposição legal específica a respeito da matéria, a medida de segurança, seja de internação ou de tratamento ambulatorial, está sujeita sim à prescrição (da pretensão punitiva e da pretensão executória). À medida de segurança, por ser espécie do gênero sanção penal, incide a causa extintiva da punibilidade inscrita no art. 107, inciso IV, do Código Penal (prescrição). E a prescrição da medida de segurança, frise-se, deve ser calculada pela pena máxima abstratamente prevista para o crime praticado pelo agente, nos lapsos detalhados no art. 109 do Código Penal.

27.7 Extinção da punibilidade

Nos termos que dispõe o art. 96, parágrafo único, do Código Penal, se incidir quaisquer das causas extintivas da punibilidade (*abolitio criminis*, prescrição etc.), não se imporá medida de segurança nem subsistirá a que tenha sido imposta, pelo que deverá o juiz, portanto, declarar extinta a sua punibilidade.

27.8 Direitos do internado

A respeito dos direitos do internado, assim dispõe o art. 99 do Código Penal: "*O internado será recolhido a estabelecimento dotado de características hospitalares e será submetido a tratamento*". Assim, por força de lei, não se admite o recolhimento do sujeito submetido a medida de segurança detentiva em estabelecimento penitenciário, cadeia pública etc.

28

Extinção da punibilidade

28.1 Introito

Com a prática da infração penal, nasce para o Estado, automaticamente, o *jus puniendi* – direito público subjetivo ou concreto de punir –, isto é, a possibilidade jurídica de impor ao autor do ilícito penal uma sanção penal. Punibilidade, pois, nada mais é do que a consequência imediata do comportamento criminoso desenvolvido. Em síntese: é a possibilidade de punir o autor de um fato típico, antijurídico e culpável (concepção tripartida) com a consequente imposição de sanção penal (pena ou medida de segurança). Nota-se, assim, que a punibilidade não é um dos elementos integrantes do crime, mas, sim, a sua consequência natural.

No que diz respeito ao exercício do direito público subjetivo de punir do Estado (direito de punir em concreto), **há duas distintas fases**, a saber:

a) **pretensão punitiva**: é a fase em que o Estado pretende obter o título executivo (sentença condenatória). Esta pretensão é deduzida no bojo da ação penal de conhecimento (apuração da infração penal com a consequente aplicação da sanção penal).

b) **pretensão executória**: é a fase em que o Estado pretende executar o título executivo (sentença condenatória). Esta pretensão é deduzida no bojo da ação de execução penal (execução da sanção penal imposta).

O *jus puniendi* estatal, entretanto, pode se extinguir por uma série de razões previstas na legislação penal. Fala-se, assim, em causas extintivas da punibilidade.

28.2 Causas extintivas da punibilidade

28.2.1 Conceito

Entende-se por causas extintivas da punibilidade aquelas causas que extinguem o direito de punir (*jus puniendi*) do Estado.

28.2.2 Classificação

As causas extintivas da punibilidade classificam-se em:

a) **legais**: são aquelas que estão expressamente inscritas em lei. Nota-se que o art. 107 do Código Penal veicula, em rol meramente exemplificativo (e não exaustivo), doze causas legais extintivas da punibilidade. Há outras, porém, com previsão na Parte Especial do Código Penal e na legislação penal extravagante. Exemplo: art. 312, § 3°, do Código Penal (no crime de peculato culposo, a reparação do dano, desde que efetivada antes do trânsito em julgado da sentença condenatória, extingue a punibilidade).

b) **supralegais**: são aquelas que não estão previstas em lei. Exemplo: Súmula n° 554 do Supremo Tribunal Federal, cuja interpretação, *a contrario sensu*, nos permite concluir que o pagamento do cheque sem fundos antes de recebida a denúncia extingue a punibilidade.

28.2.3 Espécies

Vejamos, pois, as causas extintivas da punibilidade inscritas no rol (exemplificativo) do art. 107 do Código Penal, à exceção da prescrição, que será estudada em capítulo posterior e específico.

28.2.3.1 Morte do agente

Por força de norma constitucional, nenhuma pena passará da pessoa do condenado (CF, art. 5°, inciso XLV). A responsabilidade penal é personalíssima e, portanto, intransmissível. Logo, é bem fácil concluir que a morte do agente, qualquer que seja o instante procedimental (indiciado, réu, sentenciado etc.), extinguirá a punibilidade, ou seja, o direito de punir estatal, já que o Estado não poderá voltar-se contra os seus sucessores.

Atenção!

A legislação processual penal exige, para que o juiz possa declarar a extinção da punibilidade, que a morte do agente esteja comprovada por meio da competente certidão de óbito (CPP, art. 62). Daí pergunta-se: **e se a sentença judicial declaratória da extinção da punibilidade já transitada em julgado estiver alicerçada em uma certidão de óbito falsa?** Há divergência. Para uns, a exemplo de *Damásio Evangelista de Jesus* e *Julio Fabbrini Mirabete*, nada poderá ser feito a não ser intentar-se uma ação penal contra o autor do falso pela prática da respectiva infração penal, já que a legislação pátria inadmite a revisão criminal *pro societate*. Para outros, porém, a exemplo de *Luiz Flávio Gomes* e

Alice Bianchini, trata-se de decisão judicial inexistente (logo, sem valor jurídico), já que sustentada em documento falso, não havendo falar-se em coisa julgada em sentido estrito (a decisão judicial extintiva da punibilidade será desfeita – revogada – e o processo penal retomará a sua marcha normal de prosseguimento). Esta última posição, frise-se, também é a dos Tribunais Superiores (STJ e STF).

28.2.3.2 Anistia

28.2.3.2.1 Conceito

É o esquecimento jurídico pelo Estado da infração penal praticada (clemência estatal). Diz respeito, portanto, a fatos (e não a pessoas).

28.2.3.2.2 Competência

Cabe ao Congresso Nacional, com a sanção do Presidente da República, editar lei federal ordinária para concessão da anistia (CF, art. 21, inciso XVII, e art. 48, inciso VIII).

28.2.3.2.3 Efeito

A lei anistiadora é de natureza penal e produzirá os seguintes efeitos:

a) **irrevogabilidade**: a lei anistiadora não poderá ser posteriormente revogada. Assim, tendo sido concedida, não pode ser revogada a anistia.

b) **retroatividade (*ex tunc*)**: a lei anistiadora alcançará fatos pretéritos, ou seja, infrações penais já praticadas. Esses ilícitos serão esquecidos, ou seja, apagados, com a consequente extinção de todos os efeitos penais da condenação (principal e secundários), remanescendo, contudo, os efeitos secundários de natureza extrapenal.

28.2.3.2.4 Classificação

A anistia pode ser assim classificada:

a) **própria ou imprópria**: fala-se em **anistia própria** quando for concedida antes do trânsito em julgado da sentença condenatória. E em **anistia imprópria** quando for concedida após o trânsito em julgado da sentença condenatória.

b) **geral (absoluta) ou especial (relativa)**: fala-se em **anistia absoluta** quando a lei não exclui qualquer pessoa de seu âmbito de aplicação, ou seja, estende-se indistintamente a todos aqueles que praticaram determinado fato indistintamente. E em **anistia especial** quando a lei exclui determinada categoria de pessoas de seu âmbito de aplicação, ou seja, não se estende indistintamente a todos aqueles que praticaram determinado fato. Imagine-se, por exemplo, uma lei de anistia que exclua de seu raio de incidência os agentes reincidentes.

c) **condicionada ou incondicionada**: fala-se em **anistia condicionada** quando a lei condiciona a produção de seus efeitos ao cumprimento de determinado encargo pelo agente. E em **anistia incondicionada** quando a lei não impõe qualquer condicionamento para a produção de seus efeitos.

d) **comum ou especial**: fala-se em **anistia comum** quando a lei se refere a crimes não políticos (crimes comuns). E em **anistia especial** quando a lei se refere a crimes políticos.

28.2.3.2.5 Crimes insuscetíveis de anistia

Por força de norma constitucional (CF, art. 5°, inciso XLIII), são insuscetíveis de anistia os seguintes crimes: *a)* tortura; *b)* tráfico ilícito de entorpecentes e drogas afins; *c)* terrorismo; e *d)* hediondos.

28.2.3.3 Indulto

28.2.3.3.1 Conceito

É o perdão dado pelo Estado a um grupo de condenados (perdão coletivo estatal). Diz respeito, portanto, a pessoa (e não a fatos).

28.2.3.3.2 Competência

Compete privativamente ao Presidente da República conceder o indulto (CF, art. 84, inciso XII), cuja prerrogativa é materializada por meio de decreto (presidencial). Trata-se de competência privativa delegável, pois poderá ser delegada aos Ministros de Estado, ao Procurador-Geral da República ou ao Advogado-Geral da União, que deverão observar, evidentemente, os limites traçados na respectiva delegação (CF, art. 84, parágrafo único). É concedido espontaneamente (de ofício), independentemente de provocação.

28.2.3.3.3 Efeito

O indulto extingue apenas o efeito principal da condenação (sanção penal), mas não os efeitos secundários (de natureza penal e extrapenal), razão pela qual a sua concessão pressupõe, necessariamente, sentença condenatória transitada em julgado. Parte da doutrina, no entanto, a exemplo de *Luiz Flávio Gomes e Alice Bianchini*, tem entendido pela possibilidade de concessão do indulto mesmo antes da definitividade da sentença condenatória, desde que o *decisum* já tenha transitado em julgado para a acusação.

28.2.3.3.4 Classificação

O indulto classifica-se em total (pleno) ou parcial (restrito). Fala-se em **indulto total** quando o decreto extingue a sanção penal por completo (em sua integralidade). E em **indulto parcial** quando o decreto apenas promove a redução ou a comutação (substituição por uma outra mais branda) da sanção penal.

28.2.3.3.5 Crimes insuscetíveis de indulto

Por força de norma legal (Lei Federal n° 8.072/1990, art. 2°, inciso I), são insuscetíveis de indulto os seguintes crimes: *a)* tortura; *b)* tráfico ilícito de entorpecentes e drogas afins; *c)* terrorismo; e *d)* hediondos.

28.2.3.4 Graça

28.2.3.4.1 Conceito

É o perdão dado pelo Estado a um determinado condenado (perdão individual estatal). É o **indulto individual**. Diz respeito, portanto, a pessoa (e não a fatos).

28.2.3.4.2 Competência

Compete privativamente ao Presidente da República conceder a graça (CF, art. 84, inciso XII), cuja prerrogativa é materializada por meio de decreto (presidencial). Trata-se de competência privativa delegável, pois poderá ser delegada aos Ministros de Estado, ao Procurador-Geral da República ou ao Advogado-Geral da União, que deverão observar, evidentemente, os limites traçados na respectiva delegação (CF, art. 84, parágrafo único). É concedida mediante provocação (e não de ofício), cujo requerimento poderá ser feito pelo próprio condenado ou então por iniciativa do Ministério Público, do Conselho Penitenciário ou da autoridade administrativa responsável pela unidade prisional (LEP, art. 188).

28.2.3.4.3 Efeito

A graça extingue apenas o efeito principal da condenação (sanção penal), mas não os efeitos secundários (de natureza penal e extrapenal), razão pela qual a sua concessão pressupõe, necessariamente, sentença condenatória transitada em julgado. Parte da doutrina, no entanto, a exemplo de *Luiz Flávio Gomes e Alice Bianchini*, tem entendido pela possibilidade de concessão do indulto individual mesmo antes da definitividade da sentença condenatória, desde que o *decisum* já tenha transitado em julgado para a acusação.

28.2.3.4.4 Classificação

A graça classifica-se em total (plena) ou parcial (restrita). Fala-se em **graça total** quando o decreto extingue a sanção penal por completo (em sua integralidade). E em **graça parcial** quando o decreto apenas promove a diminuição ou a comutação (substituição por uma outra mais branda) da sanção penal.

28.2.3.4.5 Crimes insuscetíveis de graça

Por força de norma constitucional (CF, art. 5º, inciso XLIII), são insuscetíveis de graça os seguintes crimes: *a)* tortura; *b)* tráfico ilícito de entorpecentes e drogas afins; *c)* terrorismo; e *d)* hediondos.

28.2.3.5 Abolitio criminis

Ocorre *abolitio criminis* quando uma lei posterior deixa de considerar como infração penal um comportamento que até então era tipificado pela lei anterior, ou seja, é a lei posterior extintiva de um crime ou de uma contravenção penal (lei supressiva de incriminação). Daí falar-se em descriminalização. Por ser uma lei mais benéfica, possui efeito retroativo, cuja consequência é a extinção da punibilidade (CP, art. 107, inciso III). De acordo com o art. 2º, *caput*, do Código Penal, "ninguém pode ser punido por fato que lei posterior deixa de considerar crime, cessando em virtude dela a execução e os efeitos penais da sentença condenatória". Vale dizer: uma vez operada a *abolitio criminis*, todos os efeitos penais da condenação (principal e secundários) são extintos (apagados), remanescendo, contudo, os efeitos secundários de natureza extrapenal. Exemplo: o crime de adultério, tipificado no art. 240 do Código Penal, foi abolido pela Lei Federal nº 11.106/2005, cuja conduta, desde então, não é mais considerada um ilícito penal.

Atenção!

Abolitio criminis e continuidade normativo-típica são fenômenos jurídicos inconfundíveis, senão vejamos. Na *abolitio criminis*, a conduta é descriminalizada (suprimida material e formalmente do ordenamento jurídico). O comportamento humano deixa de ser considerado como sendo uma infração penal. Exemplo: crimes de rapto consensual e adultério. Na **continuidade normativo-típica**, a conduta não é descriminalizada, ou seja, não é suprimida do ordenamento jurídico. O que ocorre é apenas uma mudança do "endereço" da tipicidade, de modo que o conteúdo normativo (penal) é preservado e deslocado para outro dispositivo legal. O já revogado art. 214 do Código Penal criminalizava o crime de atentado violento ao pudor, cujo comportamento, a partir do advento da Lei Federal nº 12.015/2009, passou a encontrar adequação típica no art. 213 do mesmo diploma legal (alteração apenas da "ilha de tipicidade"). A Lei Federal nº 13.654/2018 não descriminalizou o roubo com emprego de arma de fogo, já que essa conduta, antes tipificada no art. 157, § 2º, inciso I, do Código Penal, agora está criminalizada no § 2º-A do mesmo dispositivo legal, cujo comando fora adicionado pela referida legislação. Não há falar-se, portanto, em *abolitio criminis* no que se refere ao roubo com o emprego de arma de fogo, mas, sim, em continuidade normativa típica, já que a conduta permaneceu sendo considerada criminosa por força de outro dispositivo legal.

28.2.3.6 Decadência

É a perda do direito de ofertar queixa-crime ou oferecer representação criminal pelo decurso do prazo legal. Fere de morte, assim, o *jus persequendi* (direito de ação, isto é, de perseguir o autor da infração penal). Trata-se de instituto, portanto, cuja incidência é limitada às ações penais privadas e públicas condicionadas à representação do ofendido. Não há falar-se em decadência, assim, em ações penais públicas, incondicionadas e condicionadas à requisição do Ministro da Justiça.

Para o exercício do direito de queixa e de representação criminal, a legislação penal e processual penal estabeleceram, como regra geral, o prazo de 6 (seis) meses, contado do dia em que o ofendido veio a saber quem é o autor do crime, e não do dia da consumação delitiva (CP, art. 103; e CPP, art. 38). Este prazo, frise-se, é: *a)* **decadencial** (logo, não se suspende, interrompe ou prorroga); e *b)* **de natureza penal** (logo, inclui-se, em sua contagem, o dia do início, na forma do art. 10 do Código Penal).

Atenção!

Tratando-se de crime de imprensa perseguido por meio de ação penal pública condicionada, o prazo decadencial para o exercício do direito de representação é de 3 (três) meses, contado do dia da publicação ou transmissão (Lei Federal n° 5.250/1967, art. 41, § 1°).

Atenção!

Tratando-se de ação penal privada subsidiária da pública, o prazo decadencial de 6 (seis) meses para oferecimento de queixa subsidiária é contado do dia em que se esgotou o prazo para oferecimento da denúncia pelo Ministério Público (CP, art. 103).

> **Atenção!**
>
> Tratando-se de crime de induzimento a erro essencial e ocultação de impedimento (CP, art. 236), cuja infração penal é processada por meio de ação penal privada personalíssima, o prazo decadencial de 6 (seis) meses para oferecimento de queixa é contado a partir do trânsito em julgado da sentença anulatória do casamento (CP, art. 236, parágrafo único).

> **Atenção!**
>
> Tratando-se de crimes contra a propriedade imaterial perseguidos por meio de ação penal privada, o prazo decadencial para o exercício do direito de queixa é de 30 (trinta) dias, contado a partir da homologação do laudo pericial (CPP, art. 529).

28.2.3.7 Perempção

É a perda do direito de prosseguir com a ação penal por ter sido o seu autor inerte, negligente ou desidioso. A perempção nada mais é do que uma sanção de natureza processual, cujas hipóteses estão previstas no art. 60 do Código de Processo Penal. Trata-se de instituto, portanto, cuja incidência é limitada às ações penais privadas propriamente ditas (ou exclusivamente privadas) e personalíssimas. Não há falar-se em perempção, assim, em ações penais públicas (incondicionadas ou condicionadas) e privadas subsidiárias da pública (nesse caso, a titularidade da ação será retomada pelo Ministério Público).

28.2.3.8 Renúncia

É um ato voluntário por intermédio do qual o ofendido simplesmente abdica do direito de queixa, ou seja, o ofendido abre mão do direito de deflagrar a ação penal privada. Somente há falar-se em renúncia ao direito de queixa, assim, se ainda não intentada a ação penal, porquanto não se pode renunciar direito já exercido efetivamente. É um ato, pois, pré-processual.

As principais características da renúncia são:

a) **unilateralidade**: é um ato unilateral, de modo que produzirá os seus efeitos (extinção da punibilidade) independentemente da anuência do autor da infração penal.

b) **irretratabilidade**: é um ato que não admite retratação.

c) **indivisibilidade**: é um ato indivisível. Assim, na hipótese de concurso de pessoas, a renúncia ao direito de queixa feita em favor de um agente se estenderá aos demais (CPP, art. 49).

Por fim, de acordo com o art. 104, *caput*, do Código Penal, a renúncia pode ser:

a) **expressa**: a renunciação do direito de queixa é materializada mediante declaração escrita e assinada pelo ofendido, por seu representante legal ou procurador com poderes especiais (CPP, art. 50).

b) **tácita**: a renunciação decorre da prática de ato incompatível com a vontade de exercer o direito de queixa (CP, art. 104, parágrafo único, primeira parte). Exemplo: o ofendido convida o autor da infração penal para ser padrinho de casamento. Nota-se que o recebimento de indenização pelo ofendido não revela a prática de ato incompatível com a vontade de exercer o direito (CP, art. 104, parágrafo único, parte final). Porém, se se tratar de infração de menor potencial ofensivo, a composição dos danos civis feita entre ofendido e autor do fato (recebimento de indenização), desde que homologada judicialmente, implicará em renúncia (tácita) ao direito de queixa (Lei Federal n° 9.099/1995, art. 74, parágrafo único). É forçoso concluir, portanto, que a regra geral inscrita no Código Penal aplicar-se-á apenas às infrações penais que não sejam de menor potencial ofensivo.

Atenção!

Até o advento da Lei Federal n° 9.099/1995, a renúncia era um instituto cuja incidência limitava-se às ações penais privadas propriamente ditas (ou exclusivamente privadas) e personalíssimas. Nota-se, porém, que a Lei dos Juizados Especiais Criminais estendeu a aplicação do instituto à ação penal pública condicionada à representação do ofendido (que apura infrações penais de menor potencial ofensivo), exatamente porque previu expressamente na direção de que a composição dos danos civis, desde que homologada judicialmente, acarretará na renúncia (tácita) ao direito de representação criminal.

28.2.3.9 Perdão do ofendido

É um ato voluntário por intermédio do qual o ofendido simplesmente perdoa o autor da infração penal com a consequente desistência da ação penal. Trata-se de instituto cuja incidência é limitada às ações penais privadas propriamente ditas (ou exclusivamente privadas) e personalíssimas (CP, art. 105). Somente há falar-se em perdão do ofendido, assim, depois de já intentada a ação penal, desde que, porém, e desde que ocorra antes do trânsito em julgado da sentença condenatória (CP, art. 106, § 2°). É um ato, pois, processual.

As principais características do perdão do ofendido são:

a) **bilateralidade**: é um ato bilateral, de modo que somente produzirá os seus efeitos (extinção da punibilidade) se houver aceitação por parte do autor da infração penal (CP, art. 106, inciso III). Isso porque a lei garante ao agente processado (querelado) o direito à comprovação de sua inocência.
b) **irretratabilidade**: é um ato que não admite retratação.
c) **indivisibilidade**: é um ato indivisível. Assim, na hipótese de concurso de pessoas, o perdão concedido a um dos querelados aproveitará a todos, sem que produza, todavia, efeito em relação ao que o recusar (CP, art. 106, inciso I; e CPP, art. 51).
d) **personalíssimo**: é um ato pessoalíssimo. Assim, na hipótese de pluralidade de ofendidos, a concessão do perdão por um não prejudicará o direito dos outros (CP, art. 106, inciso II).

Por fim, de acordo com o art. 106, *caput*, do Código Penal, o perdão do ofendido pode ser:

a) **expresso**: o perdão do ofendido é materializado mediante: *a)* declaração expressa nos autos (processual), em cuja hipótese o querelado será intimado a dizer, dentro de 3 (três) dias, se o aceita, devendo, ao mesmo tempo, ser cientificado de que o seu silêncio importará aceitação (CPP, art. 58, *caput*); e *b)* declaração assinada pelo querelante, por seu representante legal ou procurador com poderes especiais (extraprocessual), cuja aceitação do querelado também deverá constar de declaração por ele assinada, por seu representante legal ou procurador com poderes especiais (CPP, art. 59).
b) **tácito**: o perdão do ofendido decorre da prática de ato incompatível com a vontade de prosseguir na ação (CP, art. 106, § 1º). É sempre extraprocessual (fora do processo). Exemplo: o querelante convida o querelado para ser padrinho de batismo de seu filho.

28.2.3.10 Retratação do agente

Retratação é o ato ou efeito de retratar-se. O agente desdiz aquilo que havia dito anteriormente (é a retirada de seu pronunciamento anterior). Trata-se de um ato personalíssimo, de modo que a retratação feita por um dos querelados não se estenderá aos demais.

O Código Penal admite a retratação nos seguintes crimes: *a)* calúnia (CP, art. 143); *b)* difamação (CP, art. 143); e *c)* falso testemunho ou falsa perícia (CP, art. 342, § 2°).

28.2.3.11 Perdão judicial

É o ato por intermédio do qual o juiz, não obstante reconheça a prática da infração penal e a sua respectiva autoria, deixa de aplicar a pena na sentença em razão de justificadas circunstâncias excepcionais, desde que, no entanto, esteja expressamente autorizado por lei. O perdão judicial, portanto, somente será cabível naquelas hipóteses explicitamente inscritas em lei. Não se trata, assim, de uma providência jurisdicional discricionária. Exemplo: nos crimes de homicídio culposo e lesão corporal culposa, o juiz poderá deixar de aplicar a pena se as consequências da infração atingirem o próprio agente de forma tão grave que a sanção penal torne-se desnecessária (CP, art. 121, § 5°, e art. 129, § 8°). Note-se, por fim, que a sentença concessiva do perdão judicial não será considerada para efeitos de reincidência (CP, art. 120).

Atenção!

Discute-se em doutrina a respeito da **natureza jurídica da sentença concessiva do perdão judicial**, pelo que há três distintos posicionamentos, a saber: *i)* para uns, a exemplo de *Basileu Garcia*, trata-se de uma sentença absolutória, sob o fundamento de que não há condenação sem a consequente imposição de pena; *ii)* para outros, a exemplo de *Damásio Evangelista de Jesus*, trata-se de uma sentença condenatória, sob o fundamento de que art. 120 do Código do Penal assim permite concluir (a ressalva legal de que não poderá ser considerada para efeitos de reincidência deixa claro a sua natureza condenatória, já que a recidiva pressupõe condenação anterior); e *iii)* para uma outra parte da doutrina, a exemplo de *Luiz Flávio Gomes e Alice Bianchini*, trata-se de uma sentença declaratória da extinção da punibilidade. Este último posicionamento, frise-se, está consagrado na **Súmula n° 18 do Superior Tribunal de Justiça**: "*A sentença concessiva do perdão judicial é declaratória da extinção da punibilidade, não subsistindo qualquer efeito condenatório*".

28.2.4 Autonomia

Assim dispõe o art. 108 do Código Penal: "*A extinção da punibilidade de crime que é pressuposto, elemento constitutivo ou circunstância agravante de outro não se estende a este. Nos crimes conexos, a extinção da punibilidade de um deles não impede, quanto aos outros, a agravação da pena resultante da conexão*".

O conteúdo jurídico deste dispositivo legal pode ser assim sintetizado:

a) a extinção da punibilidade do crime principal não se estende ao crime acessório. Exemplo: o crime de receptação (acessório) será punível ainda que extinta a punibilidade em relação ao crime de furto (principal).

b) a extinção da punibilidade do crime que funciona como elementar de outro não se estende a esse. Exemplo: o crime de latrocínio será punível ainda que extinta a punibilidade em relação a qualquer de seus delitos integrantes (roubo e homicídio).

c) a extinção da punibilidade do crime que funciona como circunstância agravante (majorante ou qualificadora) de outro não se estende a esse. Exemplo: o crime de furto qualificado pelo rompimento de obstáculo será punível ainda que extinta a punibilidade em relação ao crime de dano.

d) nos crimes conexos, a extinção da punibilidade de um deles não impede, quanto aos outros, a agravação da pena resultante da conexão. Exemplo: o agente mata o marido para assegurar a execução de um outro crime (o estupro da esposa). Nesse caso, o crime de homicídio qualificado pela conexão teleológica será punível, ainda que extinta a punibilidade em relação ao crime praticado contra a liberdade sexual.

28.2.5 Causas extintivas da punibilidade versus escusas absolutórias

A distinção entre umas e outras é bastante simples. Nas causas extintivas, o fato, a princípio, é punível, cuja punibilidade, porém, é posteriormente extinta por força de alguma circunstância (morte do agente, anistia etc.). Ou seja: nasce para o Estado o direito público subjetivo (ou concreto) de punir, que, no entanto, é posteriormente extinto. Já nas escusas absolutórias, a exemplo do art. 181, incisos I e II, do Código Penal, o fato, desde logo, não é punível. Ou seja: sequer nasce para o Estado o direito público subjetivo (ou concreto) de punir.

29

Prescrição penal

29.1 Conceito

Entende-se por prescrição penal a perda pelo Estado de seu direito de punir (*jus puniendi*) ou de executar a pena (*jus punitionis*), por ter deixado de exercê-lo dentro do prazo legal.

Atenção!

Por força de norma constitucional, são **imprescritíveis** os crimes: *a)* de racismo; e *b)* referentes à ação de grupos armados, civis ou militares, contra a ordem constitucional e o Estado Democrático (CF, art. 5º, incisos XLII e XLIV).

Recentemente o STF entendeu que além do racismo previsto na Lei nº 7.716/1989, também é imprescritível a injúria racial prevista no art. 140, § 3º, do Código Penal (HC 154.248. Plenário. Julgamento em 28.10.21).

29.2 Natureza jurídica

Trata-se de uma causa extintiva da punibilidade. Logo, é um instituto de natureza exclusivamente penal (e não de natureza processual penal). Na contagem dos prazos prescricionais, portanto, deve ser sempre incluído o dia do início, na forma como dispõe o art. 10 do Código Penal. E por ser matéria de ordem pública, frise-se, a prescrição pode ser arguida e reconhecida a qualquer tempo e grau de jurisdição, inclusive de ofício (CPP, art. 61).

29.3 Espécies

A prescrição penal comporta duas distintas espécies. Fala-se em **prescrição da pretensão punitiva** quando o Estado perde o direito de punir ante o decurso do tempo sem o seu exercício, cuja espécie subdivide-se em: *a)* propriamente dita (pura); *b)* intercorrente (superveniente); e *c)* retroativa. E em **prescrição da pretensão executória** quando o Estado perde o direito de executar a pena pelo decurso do tempo sem o seu exercício.

29.4 Prescrição da pretensão punitiva

29.4.1 Considerações iniciais

Com previsão no art. 109, *caput*, do Código Penal, pode ocorrer somente **antes do trânsito em julgado da sentença condenatória**. Se reconhecida e declarada após a prolação de sentença condenatória (porém não transitada em julgado), extinguirá os efeitos principais e secundários da condenação (de natureza penal e extrapenal). Regula-se pelo máximo da pena privativa de liberdade cominada ao crime (pena máxima em abstrato), verificando-se o seu prazo em:

Máximo da pena privativa de liberdade	Prazo prescricional
Menos de 1 ano	3 anos
Igual a 1 ano até 2 anos	4 anos
Mais de 2 anos até 4 anos	8 anos
Mais de 4 anos até 8 anos	12 anos
Mais de 8 anos até 12 anos	16 anos
Mais de 12 anos	20 anos

Deve-se atentar para o cálculo da pena máxima cominada em abstrato à infração penal. Via de regra, considerando o sistema trifásico de aplicação de pena (CP, art. 68), a primeira e segunda fases são irrelevantes para tanto, uma vez que não alteram os patamares mínimos ou máximos previstos nos preceitos secundários das normas penais. Já no tocante às operações realizadas na terceira fase, em que o juiz considera as causas de aumento ou de diminuição, o que resulta na fixação de pena aquém do mínimo ou além do máximo legal, devem as majorantes e minorantes serem levadas em conta no cálculo do prazo prescricional.

Atenção!

As atenuantes da menoridade relativa e da senilidade (CP, art. 65, inciso I), assim como a agravante da reincidência (CP, art. 61, inciso I), influenciam no cálculo do prazo prescricional, senão vejamos: *a)* são **reduzidos de metade** os prazos de prescrição se o agente era, ao tempo do crime, menor de 21 (vinte e um) anos, ou, na data da sentença, maior de 70 (setenta) anos (CP, art. 115). Nota-se que esta circunstância interfere nos prazos da prescrição da pretensão punitiva e da prescrição da pretensão executória; e *b)* é **aumentado de um terço** o prazo da prescrição da pretensão executória se o condenado for reincidente (CP, art. 110, *caput*, parte final). Nota-se que esta circunstância, porém, em nada interfere no prazo da prescrição da pretensão punitiva. Eis a **Súmula n° 220 do Superior Tribunal de Justiça**: "*A reincidência não influi no prazo da prescrição da pretensão punitiva*".

Atenção!

O maior prazo prescricional penal previsto na legislação vigente é de 30 (trinta) anos, aplicado para os crimes em que é cominada a pena de morte, nos termos do que prevê o art. 125, inciso I, do Código Penal Militar.

29.4.2 Termo inicial do prazo prescricional

Nos termos do que dispõe o art. 111 do Código Penal, a prescrição da pretensão punitiva (antes do trânsito em julgado da sentença final) começa a correr:

a) **do dia em que o crime se consumou**: considera-se consumado o crime quando nele se reúnem todos os elementos de sua definição legal (CP, art. 14, inciso I). Assim, no que diz respeito ao início do prazo prescricional, o Código Penal adotou a teoria do resultado (e não a teoria da ação), pois elegeu como critério o dia da consumação da infração penal.

b) **no caso da tentativa, do dia em que cessou a atividade criminosa**: considera-se tentado o crime quando, iniciada a sua execução, não se consuma por circunstâncias alheias à vontade do agente (CP, art. 14, inciso II).

c) **nos crimes permanentes, do dia em que cessou a permanência**: é aquele crime cujo momento consumativo prolonga-se no tempo por vontade do agente, não se aperfeiçoando, assim, em um único instante (crime de consumação prolongada). Exemplo: crime de extorsão mediante sequestro (CP, art. 159), cuja infração penal consuma-se a partir do momento em que a vítima é privada de sua liberdade e continuará consumando-se enquanto não cessada essa conduta criminosa. Logo, o prazo prescricional passará a correr no dia em que o ofendido alcançar a liberdade.

d) **nos crimes de bigamia e de falsificação ou alteração de assentamento do registro civil, da data em que o fato se tornou conhecido**: tratando-se dessas específicas infrações penais, o prazo prescricional somente começará a fluir a partir do dia em que o Estado, representado por suas autoridades públicas (membro do Ministério Público, autoridade judiciária ou autoridade policial), tomou conhecimento dos fatos.

e) **nos crimes contra a dignidade sexual de crianças e adolescentes previstos no Código Penal ou em legislação especial, da data em que a vítima completar 18 (dezoito) anos, salvo se a esse tempo já houver sido proposta a ação penal**: alicerçada no art. 227, § 4º, da Constituição Federal, a Lei Federal nº 12.650/2012 ("Lei Joanna Maranhão") introduziu este dispositivo ao Código Penal com a finalidade de aumentar o raio de proteção aos menores vítimas de violência sexual, que, por vezes, pelas mais variadas razões (medo, constrangimento etc.), demoram bastante tempo para relatar a ocorrência criminosa. Nesses crimes, portanto, o prazo prescricional somente começará a correr a partir do dia em que o ofendido alcançar a maioridade civil, salvo se ação penal já tiver sido deflagrada antes, em cuja hipótese o prazo prescricional terá por início a data da propositura da ação.

29.4.3 Causas suspensivas do prazo prescricional

Com a incidência de uma causa de suspensão, o prazo prescricional paralisar-se-á. Porém, uma vez cessada a causa suspensiva, o prazo retomará o seu curso, devendo ser considerado em seu cômputo o período anteriormente decorrido. A ideia central das causas suspensivas da prescrição é de que não deve transcorrer o prazo prescricional se inexiste inércia ou desídia estatal. Nos termos do que dispõe o art. 116 do Código Penal, o prazo da prescrição da pretensão punitiva (antes do trânsito em julgado da sentença final) não corre:

a) **enquanto não resolvida, em outro processo, questão de que dependa o reconhecimento da existência do crime**: diz respeito às questões prejudiciais (CPP, art. 92 e art. 93). Exemplo: o juiz criminal deve sobrestar o processo penal que apura crime de bigamia até que a controvérsia a respeito da validade ou nulidade do primeiro casamento seja solucionada no juízo cível. Enquanto a ação penal estiver suspensa, não correrá o prazo prescricional (o termo inicial da suspensão será o despacho que suspender a ação penal, ao passo que o termo final será o despacho que determinar a retomada de seu trâmite).

b) **enquanto o agente cumpre pena no exterior**: considerando a impossibilidade de extradição do agente, prevê a lei que o prazo prescricional não correrá enquanto estiver cumprindo pena no exterior. A Lei Federal nº 13.964/2019 ("Lei Anticrime") deu nova redação legal ao dispositivo ao promover a substituição da expressão "estrangeiro" por "exterior". Inovação apenas formal, sem repercussão jurídica, pois não alterou o conteúdo da norma.

c) **na pendência de embargos de declaração ou de recursos aos Tribunais Superiores, quando inadmissíveis**: dispositivo introduzido ao Código Penal pela Lei Federal nº 13.964/2019 ("Lei Anticrime"), implica na paralisação do lapso prescricional durante todo o tempo em que esses recursos estiverem aguardando julgamento pelos Tribunais Superiores, cujo efeito, porém, está condicionado às suas inadmissibilidades. Assim, haverá o transcurso normal do lapso prescricional acaso os recursos sejam admitidos, ainda que no mérito sejam improvidos. Este dispositivo é uma reação do legislador contra a interposição de recursos meramente protelatórios, geralmente com pedidos impertinentes, destinados ao retardamento injustificado do processo com o propósito manifesto de aferir vantagens indevidas pelo decurso do tempo.

Como sustentado por um dos autores em outra oportunidade:

> Por óbvio que, por absoluta falta de subsunção à regra nova, não há que se falar em suspensão da prescrição se o recurso é julgado improcedente visto que neste caso houve prévio juízo positivo de admissibilidade, situação não contemplada na nova regra legal justamente porque neste caso não há propósito espúrio, mas genuína irresignação recursal (SOUZA; LINS, 2021).

d) **enquanto não cumprido ou rescindido o acordo de não persecução penal**: dispositivo também introduzido ao Código Penal pela Lei Federal nº 13.964/2019 ("Lei Anticrime"). Aqui, o prazo prescricional é paralisado enquanto o acordo de não persecução penal (CPP, art. 28-A) não é integralmente finalizado ou rescindido, já que a sua vigência pode consumir significativo período enquanto são cumpridas as prestações ajustadas. Trata-se de providência salutar, porque evita que o acordo de não persecução seja utilizado com propósito meramente protelatório e com vistas à obtenção da prescrição.

Atenção!

O rol de causas suspensivas da prescrição da pretensão punitiva constante do art. 116 do Código Penal **não é exaustivo**. Nota-se, assim, que **há outras causas suspensivas previstas em diplomas normativos diversos**, dentre as quais destacamos: *a)* o curso do prazo prescricional ficará suspenso se o acusado, citado por edital, não comparecer nem constituir advogado (CPP, art. 366); *b)* o curso do prazo prescricional ficará suspenso enquanto se aguarda o cumprimento de citação por carta rogatória de acusado que esteja em lugar sabido no estrangeiro (CPP, 368); e *c)* o curso do prazo prescricional não correrá durante o prazo do "sursis" processual (Lei Federal nº 9.099/1995, art. 89, § 6º).

29.4.4 Causas interruptivas do prazo prescricional

Com a incidência de uma causa de interrupção, o prazo prescricional interromper-se-á e voltará a correr por inteiro ("do zero"). Nos termos do que dispõe o art. 117 do Código Penal, cujo **rol é exaustivo**, o prazo da prescrição da pretensão punitiva (antes do trânsito em julgado da sentença final) interrompe-se:

a) **pelo recebimento da denúncia ou da queixa**: considera-se interrompido o prazo prescricional no momento que o escrivão recebe os autos com o despacho judicial de recebimento da peça inicial. Somente há falar-se em interrupção do prazo prescricional, frise-se, se o despacho de recebimento da peça acusatória for válido e proveniente de juízo competente.

Atenção!

O recebimento da peça inicial pode ocorrer em segundo grau de jurisdição (na hipótese de provimento de recurso em sentido estrito interposto contra decisão que não recebera a denúncia ou queixa, na forma do art. 581, inciso I, do Código de Processo Penal). Neste sentido é a **Súmula nº 709 do Supremo Tribunal Federal**: *"Salvo quando nula a decisão de primeiro grau, o acórdão que provê o recurso contra a rejeição da denúncia vale, desde logo, pelo recebimento dela".*

Atenção!

O recebimento do aditamento à denúncia ou à queixa não interrompe novamente o prazo prescricional, exceto se for acrescentado um novo crime, quando a interrupção ocorrerá apenas em relação a esse novo delito.

b) **pela pronúncia**: considera-se interrompido o prazo prescricional no dia em que a decisão de pronúncia é publicada em cartório (se posteriormente anulada, estará afastado o efeito interruptivo). Em caso de provimento de recurso de apelação criminal interposto contra a sentença de impronúncia (com a consequente pronúncia do acusado), considera-se interrompido o prazo prescricional no dia da sessão de julgamento do recurso pela Instância Superior.

Atenção!

A pronúncia será considerada causa interruptiva ainda que o Tribunal do Júri decida pela desclassificação do crime doloso contra a vida para outra infração penal de natureza diversa. Eis a **Súmula nº 191 do Superior Tribunal de Justiça**: *"A pronúncia é causa interruptiva da prescrição, ainda que o Tribunal do Júri venha a desclassificar o crime".*

c) **pela decisão confirmatória da pronúncia**: considera-se interrompido o prazo prescricional no dia da sessão de julgamento do recurso em sentido estrito pela Instância Superior (e não no dia da publicação do respectivo acórdão).

d) **pela publicação da sentença ou acórdão condenatórios recorríveis**: considera-se interrompido o prazo prescricional no dia em que:
- a sentença condenatória é publicada, ou seja, na data em que o juiz entrega a sentença em mão do escrivão, que lavrará o respectivo termo (CPP, art. 389).
- o acórdão condenatório é publicado no dia da sessão pública de julgamento, e não na data de sua veiculação nos meios de comunicação oficial. Frise-se que a prescrição da pretensão punitiva, em segundo grau de jurisdição, interrompe-se na data da sessão de julgamento do recurso, e não no dia da publicação do respectivo acórdão (STF – RHC 125078 – 1ª Turma – Relator Ministro Dias Toffoli – Julgamento em 03.03.2015 – Publicação em 08.04.2015).

Atenção!

Predominava o entendimento de que o acórdão que confirmava a condenação ou que diminuía a pena imposta na sentença não eram condenatórios, mas, sim, declaratórios, e por isso não eram considerados como marco interruptivo do prazo prescricional. Acontece, porém, que, mais recentemente, o Supremo Tribunal Federal passou a entender em sentido diametralmente oposto, isto é, de que **o acordão confirmatório de sentença condenatória, e aquele que reduz a pena, são sim marco interruptivo da prescrição**, já que substituem a decisão de piso recorrida e revelam pleno exercício da função persecutória (o Estado não está inerte). E mais: ante a ausência de qualquer distinção pelo Código Penal entre acordão condenatório inicial e acórdão condenatório confirmatório da sentença, nenhuma razão há para tratamento jurídico desigual. Neste sentido no STF: Plenário. HC 176473/RR, Rel. Min. Alexandre de Moraes, julgado em 27/04/2020 (Info 990). STJ também aderiu a este entendimento: 5ª Turma. AgRg no AREsp 1.668.298-SP, Rel. Min. Felix Fischer, julgado em 12/05/2020 (Info 672).

> **Atenção!**
>
> O acórdão proferido nas ações penais de competência originária do Supremo Tribunal Federal não interrompe o prazo prescricional, pois que é irrecorrível.

29.4.5 Comunicabilidade das causas interruptivas

O art. 117, § 1º, do Código Penal, dispõe a respeito da comunicabilidade das causas interruptivas da prescrição da pretensão punitiva em duas distintas hipóteses, a saber:

a) **concurso de pessoas**: a interrupção da prescrição produz efeitos relativamente a todos os autores do crime. Não obstante a redação do texto legal (que usa o termo "autores"), compreende-se aí incluídos também os partícipes da infração penal. Exemplo: Fulano e Ciclano são denunciados pelo Ministério Público como incursos no crime de roubo simples. Fulano é condenado e Ciclano é absolvido. A publicação da sentença (parcialmente) condenatória, no entanto, interromperá o prazo prescricional também em relação ao agente absolvido, porquanto as causas interruptivas da prescrição se comunicam.

b) **crimes conexos**: nos crimes conexos, que sejam objeto do mesmo processo, estende-se aos demais a interrupção relativa a qualquer deles. Exemplo: o agente é denunciado pela prática dos crimes de lesão corporal e ameaça no âmbito doméstico e familiar contra a mulher. Ao final do processo, é condenado pelo crime de lesão corporal e absolvido pelo delito de ameaça. A publicação da sentença (parcialmente) condenatória, no entanto, também interromperá o prazo prescricional referente ao crime de ameaça.

29.4.6 Espécies

Como já dito alhures, a prescrição da pretensão punitiva subdivide-se em:

a) **prescrição da pretensão punitiva propriamente dita (pura)**: é aquela que ocorre a partir de um termo inicial (CP, art. 111) e antes da data da publicação da sentença penal condenatória. É verificada, portanto, quando ainda não há uma pena aplicada, de modo que o prazo prescricional será calculado pela pena máxima em abstrato. Assim, se entre os marcos interruptivos tiver ultrapassado lapso temporal superior ao prazo prescricional calculado, verificar-se-á a prescrição da pretensão punitiva propriamente dita. Exemplo: imaginemos que um crime de furto simples tenha sido praticado (e consumado) no dia 7 de janeiro de 2020 (termo inicial). Considerando que a pena máxima cominada em abstrato ao delito de furto simples é de 4 anos de reclusão, calcula-se o prazo prescricional em 8 anos (CP, art. 109, inciso IV), de modo que o recebimento da denúncia pelo juiz (marco interruptivo) deverá ser no máximo até o dia 6 de janeiro de 2028. Se ultrapassado este prazo sem que a peça inicial tenha sido recebida pelo juízo, verificar-se-á a prescrição da pretensão punitiva propriamente dita.

b) **prescrição da pretensão punitiva intercorrente (superveniente)**: com previsão no art. 110, § 1°, do Código Penal, é aquela que ocorre entre a data da publicação da sentença condenatória (desde que haja o trânsito em julgado para a acusação) e a data de seu trânsito em julgado (para ambas as partes). Vale dizer: o prazo prescricional é contado da publicação da sentença condenatória para frente. Por isso, superveniente. É verificada, portanto, quando já há uma pena aplicada, de modo que o prazo prescricional será calculado pela pena em concreto. Exemplo: o juiz prolata sentença condenatória e fixa a pena no patamar de 1 (um) ano de reclusão por conta do cometimento do crime de furto simples, cuja sentença foi publicada no dia 7 de janeiro de 2020 (termo inicial). Sem recurso por parte do Ministério Público, operou-se o trânsito em julgado para a acusação, O réu, no entanto, porquanto inconformado, apelou à Superior Instância. Considerando que a pena aplicada foi de 1 (um) ano de reclusão (e que não poderá ser mais aumentada, por conta do princípio da proibição da reformatio in pejus), calcula-se o prazo prescricional em 4 (quatro) anos (CP, art. 109, inciso V). Se a sentença não transitar em julgado para a defesa até o dia 6 de janeiro de 2024, verificar-se-á a prescrição da pretensão punitiva intercorrente.

c) **prescrição da pretensão punitiva retroativa**: com previsão no art. 110, § 1º, do Código Penal, é aquela que ocorre entre a data da publicação da sentença condenatória (desde que haja o trânsito em julgado para a acusação) e a data do recebimento da denúncia ou da queixa (não poderá, em nenhuma hipótese, ter por termo inicial data anterior à da denúncia ou queixa). Vale dizer: o prazo prescricional é contado da publicação da sentença condenatória para trás. Por isso, retroativa. É verificada, portanto, quando já há uma pena aplicada, de modo que o prazo prescricional será calculado pela pena em concreto. Exemplo: o juiz prolata sentença condenatória e fixa a pena no patamar de 1 (um) ano de reclusão por conta do cometimento do crime de furto simples, cuja sentença foi publicada no dia 7 de janeiro de 2020 (termo inicial). Sem recurso por parte do Ministério Público, transitou em julgado para a acusação, O réu, no entanto, porquanto inconformado, apelou à Superior Instância. Considerando que a pena aplicada foi de 1 (um) ano de reclusão (e que não poderá ser mais aumentada, por conta do princípio da proibição da reformatio in pejus), calcula-se o prazo prescricional em 4 (quatro) anos (CP, art. 109, inciso V). Se tiver decorrido mais de 4 (quatro) anos entre a data do recebimento da denúncia e a data da publicação da sentença condenatória, verificar-se-á a prescrição da pretensão punitiva retroativa.

Atenção!

Às infrações penais praticadas antes da vigência da Lei Federal n° 12.234/2010, cuja normativa deu nova redação legal ao art. 110, § 2°, do Código Penal, é possível o reconhecimento da prescrição da pretensão punitiva retroativa em período anterior ao recebimento da denúncia ou da queixa (do recebimento da peça inicial até a data da consumação delitiva). A Lei Federal n° 12.234/2010, por tratar-se de lei penal mais severa, não retroage e, portanto, não se aplica aos fatos anteriores à sua vigência (CF, art. 5°, inciso XL).

29.5 Prescrição da pretensão executória

29.5.1 Considerações iniciais

Com previsão no art. 110, *caput*, do Código Penal, pode ocorrer somente **depois do trânsito em julgado da sentença condenatória**. Se reconhecida e declarada, extinguirá somente o efeito principal da condenação (sanção penal), remanescendo, pois, os efeitos secundários (de natureza penal e extrapenal). Regula-se pela pena imposta na sentença (pena em concreto), verificando-se nos mesmos prazos fixados no art. 109 do Código Penal. Exemplo: tendo sido fixada uma pena de quatro anos de reclusão, qualquer que tenha sido o crime, o prazo da prescrição da pretensão executória é de 8 (oito) anos se o condenado for primário, e de 10 (dez) anos e 8 (oito) meses se for reincidente (CP, art. 110, *caput*, parte final).

29.5.2 Termo inicial do prazo prescricional

Nos termos do que dispõe o art. 112 do Código Penal, a prescrição da pretensão executória (depois do trânsito em julgado da sentença final) começa a correr:

a) **do dia em que transita em julgado a sentença condenatória para a acusação**: a prescrição da pretensão executória, como já dito, pressupõe o trânsito em julgado da sentença condenatória para ambas as partes, porém o seu termo inicial retroage à data do trânsito em julgado para a acusação.

Atenção!

Há intensa crítica doutrinária a respeito do termo inicial do prazo prescricional definido pelo art. 112, inciso I, do Código Penal. Por força do princípio constitucional da presunção de inocência ou da não culpabilidade, o Estado somente está autorizado a executar a pena após o trânsito em julgado para ambas as partes, já que incabível a execução provisória da condenação. Acontece, porém, que, da forma como previsto em lei, o prazo prescricional começa a correr antes mesmo de que seja possível ao Estado exercer a sua pretensão executória, pois depende do trânsito em julgado da sentença condenatória também para a defesa. Em síntese: o Estado não pode executar a pena até o dia do trânsito em julgado para a defesa, porém, uma vez operada a definitividade do édito condenatório, considerar-se-á, no prazo prescricional, aquele período em que o Estado nada poderia fazer. Nessa perspectiva de ideias, seria mais justo e adequado, portanto, que o prazo da prescrição da pretensão executória se iniciasse apenas no dia do trânsito em julgado da sentença condenatória para ambas as partes, pois somente a partir deste momento é que surgiria o título penal passível de ser executado pelo Estado. Não é, pois, o que determina a lei (CP, art. 112, inciso I). O Superior Tribunal de Justiça, instado por vezes a manifestar-se acerca da discussão, é bastante categórico no sentido de que o termo inicial da prescrição da pretensão executória, por força de lei, retroage à data do trânsito em julgado para a acusação, não acolhendo a tese de que deveria iniciar-se a partir da definitividade da sentença condenatória para ambas as partes, cujas principais razões de decidir são as seguintes: *a)* ausência de previsão legal e afronta expressa ao texto de lei; e *b)* exigir o trânsito em julgado para ambas as partes como termo inicial da contagem do prazo prescricional seria inaugurar um novo marco interruptivo da prescrição da pretensão executória, não previsto no rol taxativo do art. 117 do Código Penal, de modo a ferir de morte o princípio da reserva legal. As mais recentes decisões do Tribunal da Cidadania, portanto, são no sentido de que o marco inicial para a contagem da prescrição da pretensão executória é a data do trânsito em julgado da sentença condenatória para a acusação (STJ – EDcl no AgRg no AREsp 797211/PR – 5ª Turma – Rel. Min. Ribeiro Dantas – Julgamento em 12.09.2017 – Publicação em 22.09.2017).

b) **do dia em que transita em julgado a decisão que revoga a suspensão condicional da pena**: transitada em julgado a decisão revogatória do "sursis", inicia-se o prazo para o Estado executar a pena privativa de liberdade, que até então encontrava-se suspensa.

c) **do dia em que transita em julgado a decisão revogatória do livramento condicional**: transitada em julgado a decisão revogatória do livramento condicional, inicia-se o prazo para o Estado executar a pena privativa de liberdade (remanescente), cujo prazo prescricional será regulado de acordo com o tempo que resta da pena (CP, art. 113).

d) **do dia em que se interrompe a execução, salvo quando o tempo da interrupção deva computar-se na pena**: considera-se interrompida a execução no dia: *a)* da fuga (se o condenado estiver em cumprimento de pena no regime fechado ou semiaberto); *b)* do abandono (se o condenado estiver em cumprimento de pena no regime aberto); e *c)* do descumprimento (se o condenado estiver em cumprimento de penas restritivas de direito). Nessas hipóteses, o prazo prescricional também será regulado de acordo com o tempo que resta da pena (CP, art. 113). Em caso de superveniência de doença mental durante o cumprimento de pena, considera-se interrompida a execução, porém este período interruptivo será computado como pena cumprida, já que o condenado será consequentemente recolhido a hospital de custódia e tratamento psiquiátrico ou, à falta, a outro estabelecimento adequado (CP, art. 41).

29.5.3 Causas suspensivas do prazo prescricional

Com a incidência de uma causa de suspensão, o prazo prescricional paralisar-se-á. Porém, uma vez cessada a causa suspensiva, o prazo retomará o seu curso, devendo ser considerado em seu cômputo o período anteriormente decorrido. Nos termos do que dispõe o art. 116, parágrafo único, do Código Penal, o prazo da prescrição da pretensão executória (depois do trânsito em julgado da sentença final) não corre **enquanto o condenado está preso por outro motivo**. Com efeito, se o Estado ainda não pode determinar ao condenado o cumprimento da pena, porquanto está preso por outro motivo, não seria adequado impossibilitá-lo de exercer, no futuro, o seu direito de punir (a sua omissão, aqui, não é voluntária, mas, sim, compulsória).

Atenção!

O rol de causa suspensiva da prescrição da pretensão executória constante do art. 116, parágrafo único, do Código Penal, **não é exaustivo**. Tanto é assim que o Supremo Tribunal Federal já decidiu na direção de que **não flui o prazo prescricional durante o período de suspensão condicional da pena** (STF – HC 91562 – 2ª Turma – Relator Ministro Joaquim Barbosa – Julgamento em 09.10.2007 – Publicação em 30.11.2007).

29.5.4 Causas interruptivas do prazo prescricional

Com a incidência de uma causa de interrupção, o prazo prescricional interromper-se-á e voltará a correr por inteiro ("do zero"). Nos termos do que dispõe o art. 117 do Código Penal, cujo **rol é exaustivo**, o prazo da prescrição da pretensão executória (depois do trânsito em julgado da sentença final) interrompe-se:

a) **pelo início do cumprimento da pena**: considera-se interrompido o prazo prescricional no dia em que o condenado inicia o cumprimento da pena. Nota-se que, se esteve preso legalmente o condenado por um único dia, isso já é suficiente para a interrupção do prazo prescricional (STJ – RHC 4275/RJ – 5ª Turma – Relator Ministro Edson Vidigal – Julgamento em 06.12.1995 – Publicação em 05.02.1996).

b) **pela continuação do cumprimento da pena**: considera-se interrompido o prazo prescricional no dia em que o acusado reinicia o cumprimento da pena, ou seja, na data de sua recaptura pelo Estado.

c) **pela reincidência**: prevalece o entendimento (doutrina e jurisprudência) no sentido de que se considera interrompido o prazo prescricional no dia do cometimento do novo crime pelo condenado (e não na data do trânsito em julgado de eventual sentença condenatória por conta da prática desse novo delito).

29.5.5 Incomunicabilidade das causas interruptivas

O art. 117, § 1°, do Código Penal, dispõe serem incomunicáveis as causas interruptivas da prescrição da pretensão executória. De fato, por serem de natureza personalíssima, são naturalmente intransmissíveis aos demais autores e partícipes da infração penal.

29.6 Prescrição das penas restritivas de direito

Aplicam-se às penas restritivas de direito os mesmos prazos previstos para as privativas de liberdade (CP, art. 109, parágrafo único).

29.7 Prescrição da pena de multa

Nos termos do que dispõe o art. 114 do Código Penal, a prescrição da pena de multa ocorrerá em 2 (dois) anos, quando a multa for a única cominada ou aplicada; ou no mesmo prazo estabelecido para prescrição da pena privativa de liberdade, quando a multa for alternativa ou cumulativamente cominada, ou cumulativamente aplicada. E no que diz respeito às causas interruptivas e suspensivas da prescrição da pena de multa, aplicam-se as normas da legislação relativa à dívida ativa da Fazenda Pública (CP, art. 51).

29.8 Prescrição virtual (em perspectiva, projetada ou antecipada)

De construção doutrinária e jurisprudencial, cujos fundamentos são a falta de interesse e economia processual, a prescrição da pretensão punitiva pela pena em perspectiva (prescrição virtual) consiste basicamente no reconhecimento adiantado da prescrição retroativa, tomando-se por base a hipotética pena a ser fixada em futura e eventual sentença condenatória. O ideário da prescrição retroativa antecipada está ínsito na possibilidade de antevisão do *quantum* de pena a ser concretizado em remota sentença de condenação. Com efeito, traçando o Código Penal diretrizes objetivas e subjetivas a serem observadas pelo magistrado quando da individualização da pena, poder-se-ia antever se a pena seria fixada próximo ao mínimo ou ao máximo abstratamente previstos para o tipo incriminador. Vale dizer: levando-se em consideração o sistema trifásico de aplicação da pena, seria possível vislumbrar, ao menos aproximadamente, a pena a ser concretamente aplicada em caso de édito condenatório, de modo a possibilitar, assim, uma antecipada análise da pena, com inevitáveis reflexos no interesse de agir. Nota-se, por fim, que os Tribunais Superiores (STF e STJ) posicionam-se no sentido da inaplicabilidade da tese da prescrição virtual, ante a falta de previsão legal. A propósito, eis a **Súmula n° 438 do Superior Tribunal de Justiça**: "*É inadmissível a extinção da punibilidade pela prescrição da pretensão punitiva com fundamento em pena hipotética, independentemente da existência ou sorte do processo penal*".

29.9 Prescrição da medida de segurança

A legislação penal não cuida expressamente da prescrição de medida de segurança. Porém, por ser espécie de sanção penal, entende-se que se sujeita às regras previstas no Código Penal atinentes aos prazos prescricionais, às causas interruptivas etc. De acordo com os Tribunais Superiores (STF e STJ), a prescrição da medida de segurança imposta em sentença absolutória imprópria deve ser regulada pela pena máxima abstratamente prevista para o delito.

29.10 Prescrição da medida socioeducativa

A despeito de sua natureza preventiva e reeducativa, é inegável que a medida socioeducativa também veicula um caráter repressivo e sancionatório (retributivo), razão pela qual se aplica o instituto da prescrição penal aos atos infracionais praticados por menores de idade. A propósito, eis a **Súmula n° 338 do Superior Tribunal de Justiça:** *"A prescrição penal é aplicável nas medidas socioeducativas".*

29.11 Prescrição e concurso de crimes

Por força do que dispõe o art. 119 do Código Penal, no caso de concurso de crimes, deve-se considerar cada crime isoladamente na contagem do prazo prescricional, desprezando-se, portanto, os acréscimos decorrentes da somatória ou da exasperação. Eis a **Súmula n° 497 do Supremo Tribunal Federal:** *"Quando se tratar de crime continuado, a prescrição regula-se pela pena imposta na sentença, não se computando o acréscimo decorrente da continuação".*

30

Ação penal

30.1 Conceito

Ação penal nada mais é do que o direito de postular ao Estado-Juiz seja aplicado o Direito Penal objetivo a um determinado caso concreto. Em outras palavras: é o direito de pedir ao Poder Judiciário que profira uma decisão a respeito de um fato juridicamente considerável sob a perspectiva do Direito Penal.

30.2 Classificação

A doutrina tem dado relevância ao critério classificatório fundamentado na titularidade do direito de exercício da ação penal. Nessa perspectiva, a ação penal classifica-se em pública e privada. Será pública, quando a legitimação ativa pertencer ao Ministério Público, podendo ser incondicionada ou condicionada. E privada, quando a legitimação ativa pertencer ao particular, podendo ser propriamente dita (ou exclusivamente privada), personalíssima ou subsidiária da pública.

Vejamos o seguinte fluxograma:

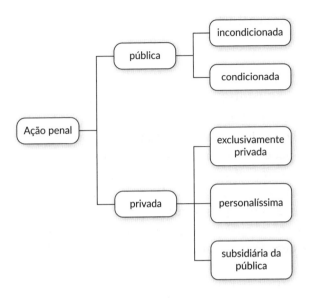

Atenção!

E como descobrir se o crime será processado por intermédio de ação penal pública ou de ação penal privada? O Código Penal, em seu art. 100, *caput*, e § 1º, traz as respostas. Se a lei for silente a respeito da espécie de ação penal, entende-se que o crime será de ação penal pública incondicionada. O delito será de ação penal pública condicionada apenas nas hipóteses em que a lei exigir a prévia representação do ofendido ou requisição do Ministro da Justiça. Nesse caso, a lei deixa explícito o seguinte: "somente se procede mediante representação" ou "somente se procede mediante requisição do Ministro da Justiça". Exemplo: crime de ameaça (CP, art. 147, parágrafo único). E será de ação penal privada somente naquelas hipóteses em que a lei reclamar o oferecimento de queixa-crime. Nesse caso, a lei deixa expresso o seguinte: "somente se procede mediante queixa". Exemplo: crime de introdução ou abandono de animais em propriedade alheia (CP, art. 167).

30.3 Ação penal pública

30.3.1 Introito

Nos termos do que dispõe o art. 129, inciso I, da Constituição Federal, compete ao Ministério Público promover, privativamente, a ação penal pública. Ação penal pública, assim, é aquela cuja persecução penal é iniciada pelo Ministério Público com o oferecimento de denúncia, cuja peça inicial acusatória deverá conter a exposição do fato criminoso, com todas as suas circunstâncias, a qualificação do acusado ou esclarecimentos pelos quais se possa identificá-lo, a classificação do crime e, quando necessário, o rol das testemunhas (CPP, art. 41).

Atenção!

Até o advento da vigente ordem constitucional, o próprio juiz, por meio de portaria, poderia dar início à ação penal para apurar contravenção penal (CPP, art. 26) e os crimes de homicídio culposo e lesão corporal culposa (Lei Federal nº 4.611/1965, art. 1º). Tratava-se do denominado **processo judicialiforme** (ação penal *ex officio* ou ação penal sem demanda). Esses dispositivos legais, frise-se, não foram recepcionados pela Constituição da República de 1988, já que, em seu art. 129, inciso I, declarou ser privativa do Ministério Público a promoção da ação penal pública.

30.3.2 Ação penal pública incondicionada (ou plena)

É a espécie de ação penal pública cujo exercício não está subordinado a qualquer condicionamento, pelo que poderá ser deflagrada pelo Ministério Público independentemente da vontade de quem quer que seja. Assim, desde que presentes as provas a respeito da existência material do fato criminoso e dos indícios suficientes de autoria delitiva, o Ministério Público (órgão oficial do Estado: princípio da oficialidade) promoverá a ação penal com o consequente oferecimento da peça acusatória (denúncia).

30.3.3 Ação penal pública condicionada (ou semipública)

É a espécie de ação penal pública cujo exercício está subordinado a determinado condicionamento, pelo que somente poderá ser deflagrada pelo Ministério Público se houver prévia manifestação de vontade do ofendido (representação criminal) ou requisição do Ministro da Justiça. Trata-se de uma condição objetiva de procedibilidade, sem a qual a ação penal não poderá ser iniciada. Assim, ainda que presentes as provas a respeito da existência material do fato criminoso e dos indícios suficientes de autoria delitiva, o Ministério Público apenas poderá promover a ação penal com o consequente oferecimento da peça acusatória (denúncia) se estiver autorizado para tanto.

30.3.3.1 Representação criminal

30.3.3.1.1 Conceito

Trata-se da manifestação de vontade exteriorizada pelo ofendido (ou de seu representante legal) no sentido de que seja o agente infrator processado penalmente. Vale dizer: é a **autorização** dada pela vítima ao Ministério Público para que promova a ação penal pública (**condição objetiva de procedibilidade**). E esta manifestação de vontade (representação), frise-se, muito embora não reclame qualquer formalidade específica (ausência de rigor legal), deve ser manifesta e inequívoca.

A representação criminal, porém, em nada vinculará o Ministério Público, de modo que não estará o órgão oficial do

Estado obrigado a deflagrar, necessariamente, a partir daí, a ação penal. Isso porque cabe ao Ministério Público, como *dominus litis*, formular um juízo de valor acerca do conteúdo do fato que se lhe apresenta para concluir se existem (ou não) elementos suficientes para alicerçar a acusação formal (provas a respeito da existência material do crime e indícios suficientes de autoria delitiva). A ação penal não é exercício de temeridade, mas, sim, um instrumento estatal em defesa da sociedade. E o Ministério Público, o seu titular por excelência, cuja destinação bem revela o seu caráter (CF, art. 127), é instituição que não se coaduna com acusações frias, gratuitas e desprovidas de um lastro probatório mínimo.

30.3.3.1.2 Legitimidade

O direito de representação será exercido, por excelência, pelo ofendido, pessoalmente ou por procurador com poderes especiais (CPP, art. 39), acaso seja maior de dezoito anos e mentalmente capaz.

Tratando-se de ofendido menor de dezoito anos ou mentalmente incapaz, o direito de representação poderá ser exercido por seu representante legal. Se o ofendido não tiver representante legal ou colidirem os interesses deste com os daquele, o direito de representação poderá ser exercido por curador especial nomeado pelo juiz, de ofício ou a requerimento do Ministério Público (aplicação, por analogia, do art. 33 do Código de Processo Penal). Nota-se que o curador especial, todavia, não estará obrigado a representar contra o autor do crime, cabendo-lhe avaliar, pois, a conveniência ou não dessa medida, de acordo com os interesses do ofendido.

Por fim, no caso de morte do ofendido ou quando declarado ausente por decisão judicial, estarão legitimados para o exercício do direito de representação, nessa ordem: cônjuge (ou companheiro); ascendente; descendente; e irmão (CPP, art. 24, § 1º), cuja hipótese, frise-se, é de substituição processual (atuação em nome próprio, porém na defesa de interesse alheio).

Atenção!

Se a vítima for pessoa jurídica (fundações, associações ou sociedades legalmente constituídas), a representação deverá ser feita por quem os respectivos contratos ou estatutos sociais da empresa houverem designado, ou, quando silentes, pelos diretores ou sócios-gerentes (CPP, art. 37).

30.3.3.1.3 Prazo

Para o exercício do direito de representação criminal, a legislação penal e processual penal estabeleceram, como regra geral, o prazo de 6 (seis) meses, contado do dia em que o ofendido veio a saber quem é o autor do crime, e não do dia da consumação delitiva (CP, art. 103; e CPP, art. 38). Este prazo, frise-se, é: ***a) decadencial*** (logo, não se suspende, interrompe ou prorroga); e ***b) de natureza penal*** (logo, inclui-se, em sua contagem, o dia do início, na forma do art. 10 do Código Penal).

Atenção!

Tratando-se de ofendido menor de dezoito anos ou mentalmente incapaz, o prazo decadencial fluirá apenas para o seu representante legal. Atingida a maioridade penal ou curada a enfermidade mental, passará a fluir, a partir daí, o prazo de 6 (seis) meses também para a vítima oferecer a representação. A propósito, eis a **Súmula nº 594 do Supremo Tribunal Federal**: *"Os direitos de queixa e de representação podem ser exercidos, independentemente, pelo ofendido ou por seu representante legal"*. Nesse caso, há dois titulares para o exercício do direito de representação criminal, cada qual com o seu respectivo prazo (um para o representante legal e outro para o ofendido).

Atenção!

A retratação da calúnia, feita antes da sentença, acarreta a extinção da punibilidade do agente independente de aceitação do ofendido. Isso porque O art. 143 do CP autoriza que a pessoa acusada do crime de calúnia ou de difamação apresente retratação e, com isso, tenha extinta a punibilidade. A retratação não é ato bilateral, ou seja, não pressupõe aceitação da parte ofendida para surtir seus efeitos na seara penal, porque a lei não exige isso. O Código, quando quis condicionar o ato extintivo da punibilidade à aceitação da outra parte, o fez de forma expressa, como no caso do perdão ofertado pelo querelante depois de instaurada a ação privada. O art. 143 do CP exige apenas que a retratação seja cabal, ou seja, deve ser clara, completa, definitiva e irrestrita, sem remanescer nenhuma dúvida ou ambiguidade quanto ao seu alcance, que é justamente o de desdizer as palavras ofensivas à honra, retratando-se o ofensor do malfeito (STJ. Corte Especial. APn 912/RJ, Rel. Min. Laurita Vaz, julgado em 03/03/2021 (Info 687)).

30.3.3.1.4 *Retratabilidade*

A representação será irretratável depois de oferecida a denúncia pelo Ministério Público (CP, art. 102; e CPP, art. 25). Isso significa dizer que o ofendido, depois de ter representado criminalmente em desfavor do agente, poderá rever o seu posicionamento e retratar-se, de modo a evitar a deflagração da ação penal, desde que assim o faça até a entrega da denúncia em cartório pelo promotor de justiça. Considera a lei que, após a oferta da peça acusatória pelo órgão oficial do Estado, a ação penal já não mais está subordinada ao interesse privado e daí se desvincula por completo.

Atenção!

É admitida a retratação da retratação da representação? Há discussão doutrinária a respeito. Para uns, a exemplo de Julio Fabbrini Mirabete, Guilherme de Souza Nucci e Norberto Avena, é possível que o ofendido se retrate de sua retratação, desde que não evidenciada má-fé, e assim o faça dentro do prazo decadencial de 6 (seis) meses, contado da ciência da autoria delitiva. Para outros, porém, a exemplo de Fernando da Costa Tourinho Filho e Frederico Marques, não é possível, sob o fundamento de que a retratação da representação traduz renúncia ao direito de ação e, portanto, dá azo à extinção da punibilidade.

Atenção!

Muito embora pelo texto expresso de lei a representação seja irretratável após o oferecimento da denúncia pelo Ministério Público, **há jurisprudência mitigando essa regra no âmbito dos juizados especiais criminais** e admitindo a possibilidade de retratação do ofendido mesmo depois de já ofertada a peça inicial acusatória, sob o fundamento de que a finalidade conciliadora dos juizados especiais criminais torna incompatível a aplicação do art. 25 do Código de Processo Penal **(prevalência do princípio da pacificação social)**. A retratação, nessa hipótese, representaria a desistência do direito de ação, com a consequente extinção da punibilidade (TJ/RS – RCr 0026616-60.2016.8.21.9000 – Turma Recursal Criminal – Relator Desembargador Luís Gustavo Zanella Piccinin – Julgamento em 26.09.2016 – Publicação em 06.10.2016).

30.3.3.1.5 Eficácia objetiva

A representação criminal possui eficácia objetiva (e não subjetiva), pois se refere ao fato criminoso propriamente dito ("representação pelo fato"), e não especificamente ao seu autor ("representação pelo agente"). Portanto, em caso de concurso de pessoas, a representação criminal ofertada pelo ofendido em desfavor de um a todos alcançará, já que não lhe é facultado selecionar, a seu livre-arbítrio, quem deseja ver processado. Nessa perspectiva de ideias, é fácil concluir que a retratação da representação feita pelo ofendido em relação a qualquer dos agentes também se estenderá aos demais (aplicação, por analogia, do art. 49 do Código de Processo Penal).

30.3.3.1.6 Destinatário

Nos termos do que dispõe o art. 39 do Código de Processo Penal, a representação criminal será direcionada ao juiz, ao órgão do Ministério Público ou à autoridade policial.

30.3.3.2 Requisição do Ministro da Justiça

30.3.3.2.1 Conceito

Trata-se da manifestação de vontade exteriorizada pelo Ministro da Justiça, fundamentada em um juízo político de conveniência, no sentido de que seja o agente infrator processado penalmente. Vale dizer: é a **autorização** dada pelo Ministro da Justiça ao Ministério Público para que promova a ação penal pública **(condição objetiva de procedibilidade)**.

Não é uma ordem propriamente dita (não é uma determinação), mas, sim, uma simples autorização para que o Ministério Público possa atuar (representação política). E esta requisição do Ministro da Justiça em nada vinculará o Ministério Público, de modo que não estará o órgão oficial do Estado obrigado a deflagrar, necessariamente, a partir daí, a ação penal. Caberá ao Ministério Público, portanto, como *dominus litis*, analisar se a hipótese comporta ou não o oferecimento de denúncia. Por fim, nota-se que são pouquíssimos os crimes que reclamam esta condição de procedibilidade. Como exemplo, podemos indicar os seguintes: *a)* crime contra a honra praticado contra chefe de governo estrangeiro (CP, art. 141, inciso I, c/c art. 145, parágrafo único); *b)* crime contra a honra praticado contra o Presidente da República (CP, art. 141, inciso I, c/c art. 145, parágrafo único); e *c)* crime praticado por estrangeiros contra brasileiro fora do Brasil (CP, art. 7°, § 3°, alínea "b").

30.3.3.2.2 Legitimidade

A requisição deverá ser feita pelo Ministro da Justiça.

30.3.3.2.3 Prazo

A legislação não estabeleceu um prazo determinado para o exercício da requisição pelo Ministro da Justiça, entendendo-se, portanto, que assim poderá agir a qualquer tempo enquanto não estiver extinta a punibilidade (prescrição etc.).

30.3.3.2.4 Retratabilidade

Ante o silêncio da lei a respeito, discute-se em doutrina acerca da possibilidade ou não de retratação da requisição pelo Ministro da Justiça. Para uns, a exemplo de *Denilson Feitoza, José Alberto Romeiro* e *Norberto Avena*, esta requisição é sim retratável, já que se trata de um ato administrativo e, como tal, sujeito ao juízo político de conveniência e oportunidade, desde que realizada antes do oferecimento da denúncia. Para outros, porém, a exemplo de *Fernando da Costa Tourinho Filho*, não é admitida a retratação. A uma, porque a lei previu a retratabilidade apenas da representação do ofendido, e não da requisição do Ministro da Justiça (CPP, art. 25). E a duas, porque é um ato administrativo recheado de seriedade, decorrente de profunda análise e reflexão, não se coadunando, pois, com a retratação.

30.3.3.2.5 Eficácia objetiva

A requisição do Ministro da Justiça possui eficácia objetiva (e não subjetiva), pois também se refere ao fato criminoso propriamente dito, e não especificamente ao seu autor. Portanto, em caso de concurso de pessoas, a requisição alcançará todos os envolvidos.

30.3.3.2.6 Destinatário

A requisição do Ministro da Justiça será direcionada ao juiz, ao órgão do Ministério Público ou à autoridade policial. Trata-se de interpretar extensivamente o art. 39 do Código de Processo Penal.

30.4 Ação penal privada

30.4.1 Introito

Ação penal privada é aquela cuja persecução penal é iniciada pelo particular (ofendido ou seu representante legal) com o oferecimento de queixa-crime, cuja peça inicial acusatória deverá conter a exposição do fato criminoso, com todas as suas circunstâncias, a qualificação do acusado ou esclarecimentos pelos quais se possa identificá-lo, a classificação do crime e, quando necessário, o rol das testemunhas (CPP, art. 41).

30.4.2 Legitimidade

O direito de queixa será exercido, por excelência, pelo ofendido, acaso seja maior de dezoito anos e mentalmente capaz (CPP, art. 30, primeira parte, do Código de Processo Penal).

Tratando-se de ofendido menor de dezoito anos ou mentalmente incapaz, o direito de queixa poderá ser exercido por seu representante legal (CPP, art. 31, segunda parte, do Código de Processo Penal). Se o ofendido não tiver representante legal ou colidirem os interesses deste com os daquele, o direito de queixa poderá ser exercido por curador especial nomeado pelo juiz, de ofício ou a requerimento do Ministério Público (CPP, art. 33). Nota-se que o curador especial, todavia, não estará obrigado a deflagrar a ação penal privada contra o autor do crime, cabendo-lhe avaliar, pois, a conveniência ou não dessa medida, de acordo com os interesses do ofendido. Por fim, no caso de morte do ofendido ou quando declarado ausente por decisão judicial, estarão legitimados para o exercício do direito de queixa, nessa ordem: cônjuge (ou companheiro); ascendente; descendente; e irmão (CPP, art. 31), cuja hipótese, frise-se, é de substituição processual (atuação em nome próprio, porém na defesa de interesse alheio).

Atenção!

O art. 34 do Código de Processo Penal foi revogado (revogação tácita) a partir do advento do novo Código Civil (Lei Federal n° 10.406/2002), cujo diploma normativo, em seu art. 5°, conferiu capacidade plena para o maior de dezoito anos. Vale dizer: se o ofendido for menor de dezoito anos, caberá ao seu representante legal o exercício do direito de queixa; se maior de dezoito anos, será o titular exclusivo deste direito. Não há mais falar-se, portanto, em legitimidade concorrente.

Atenção!

Se a vítima for pessoa jurídica (fundações, associações ou sociedades legalmente constituídas), a queixa-crime deverá ser oferecida por quem os respectivos contratos ou estatutos sociais da empresa houverem designado, ou, quando silentes, pelos diretores ou sócios-gerentes (CPP, art. 37).

30.4.3 Espécies

Como já dito alhures, há três tipos de ação penal privada, senão vejamos:

a) **ação penal privada propriamente dita ou exclusivamente privada (CP, 100, § 2°)**: ação penal privada por excelência, é aquela que admite a substituição processual, ou seja, em caso de morte do ofendido ou quando declarado ausente por decisão judicial, o direito de oferecer queixa ou de prosseguir na ação passará ao seu cônjuge ou companheiro, ascendente, descendente ou irmão (CP, art. 31).

b) **ação penal privada personalíssima**: é aquela que somente pode ser deflagrada pelo ofendido. A titularidade do direito de queixa é exclusiva (direito personalíssimo e intransmissível). Portanto, a queixa não poderá ser ofertada pelo representante legal do ofendido e também não se admitirá a substituição processual, ou seja, em caso de morte da vítima ou quando declarada ausente por decisão judicial, os seus sucessores não poderão propor nem prosseguir na ação, operando-se, por via de consequência, a extinção da punibilidade do agente infrator. Em nosso ordenamento jurídico, o único crime perseguido por meio de ação penal privada personalíssima é o de induzimento a erro essencial e ocultação de impedimento (CP, art. 236).

c) **ação penal privada subsidiária da pública (CP, art. 100, § 3°)**: fundamentada no art. 5°, inciso LIX, da Constituição Federal, é aquela que poderá ser proposta pelo particular (por meio da chamada queixa subsidiária) acaso não seja intentada pelo Ministério Público no prazo legal. Como regra geral, o prazo para oferecimento de denúncia, estando o réu preso, será de 5 (cinco) dias; e de 15 (quinze) dias, se o réu estiver solto (CPP, art. 46). Somente será admitida esta ação penal privada se o órgão oficial do Estado não se manifestar, de alguma forma, dentro do prazo legal. É forçoso concluir, assim, que não se admitirá a queixa subsidiária se o promotor de justiça ordenou o arquivamento do inquérito policial ou requisitou a realização de diligências à autoridade policial, já que, nessas hipóteses, não há falar-se em inércia do Ministério Público. Nota-se, por fim, que esta ação, muito embora seja proposta por particular (e por isso denominada de ação penal privada), não perde a sua natureza pública, razão pela qual deverá o Ministério Público intervir obrigatoriamente em todos os seus termos (interveniência adesiva obrigatória), sob pena de nulidade (CPP, art. 29).

Atenção!

Diferentemente do que sustenta parte da doutrina, a exemplo de *Cleber Masson*, somos do entendimento de que a **ação penal privada concorrente** não é uma espécie autônoma de ação penal privada, senão uma simples hipótese de legitimação ativa concorrente. Expliquemos melhor. Nos crimes contra a honra praticados contra o funcionário público em razão de suas funções, é facultado ao servidor ofendido decidir entre ofertar queixa-crime ou representação criminal. Eis a **Súmula n° 714 do Supremo Tribunal Federal**: "*É concorrente a legitimidade do ofendido, mediante queixa, e do Ministério Público, condicionada à representação do ofendido, para a ação penal por crime contra a honra de servidor público em razão do exercício de suas funções*". Trata-se, pois, de uma alternativa posta à disposição do ofendido: se optar pelo exercício do direito de queixa, falar-se-á em ação penal exclusivamente privada; e se optar pelo exercício do direito de representação, em ação penal pública condicionada.

30.4.4 Prazo

Para o exercício do direito de queixa, a legislação penal e processual penal estabeleceram, como regra geral, o prazo de 6 (seis) meses, contado do dia em que o ofendido veio a saber quem é o autor do crime, e não do dia da consumação delitiva (CP, art. 103; e CPP, art. 38). Este prazo, frise-se, é: *a)* **decadencial** (logo, não se suspende, interrompe ou prorroga); e *b)* **de natureza penal** (logo, inclui-se, em sua contagem, o dia do início, na forma do art. 10 do Código Penal).

Vejamos, porém, as seguintes exceções:

a) tratando-se de ação penal privada subsidiária da pública, o prazo decadencial de 6 (seis) meses para oferecimento de queixa subsidiária é contado do dia em que se esgotou o prazo para oferecimento da denúncia pelo Ministério Público (CP, art. 103).

b) tratando-se de crime de induzimento a erro essencial e ocultação de impedimento (CP, art. 236), cuja infração penal é processada por meio de ação penal privada personalíssima, o prazo decadencial de 6 (seis) meses para oferecimento de queixa é contado a partir do trânsito em julgado da sentença anulatória do casamento (CP, art. 236, parágrafo único).

c) tratando-se de crimes contra a propriedade imaterial perseguidos por meio de ação penal privada, o prazo decadencial para o exercício do direito de queixa é de 30 (trinta) dias, contado a partir da homologação do laudo pericial (CPP, art. 529).

30.5 Ação penal nos crimes complexos

Assim dispõe o art. 101 do Código Penal: "*Quando a lei considera como elemento ou circunstâncias do tipo legal fatos que, por si mesmos, constituem crimes, cabe ação pública em relação àquele, desde que, em relação a qualquer destes, se deva proceder por iniciativa do Ministério Público*". Em síntese: se um dos crimes integrantes da figura criminal unitária complexa for processado por meio de ação penal pública, por ação desta natureza também será perseguido o crime complexo, ainda que o seu outro delito componente seja processado por ação penal privada.

CÓDIGO PENAL	
– Decreto-lei nº 2.848, de 7 de dezembro de 1940 –	
Redação anterior	Redação dada pela "Lei Anticrime"
Art. 25. Entende-se em legítima defesa quem, usando moderadamente dos meios necessários, repele injusta agressão, atual ou iminente, a direito seu ou de outrem.	Art. 25. Entende-se em legítima defesa quem, usando moderadamente dos meios necessários, repele injusta agressão, atual ou iminente, a direito seu ou de outrem. **Parágrafo único. Observados os requisitos previstos no *caput* deste artigo, considera-se também em legítima defesa o agente de segurança pública que repele agressão ou risco de agressão a vítima mantida refém durante a prática de crimes.**
Art. 51. Transitada em julgado a sentença condenatória, a multa será considerada dívida de valor, **aplicando-se-lhes** as normas da legislação relativa à dívida ativa da Fazenda Pública, inclusive no que concerne às causas interruptivas e suspensivas da prescrição.	Art. 51. Transitada em julgado a sentença condenatória, a multa será executada **perante o juiz da execução penal** e será considerada dívida de valor, **aplicáveis** as normas relativas à dívida ativa da Fazenda Pública, inclusive no que concerne às causas interruptivas e suspensivas da prescrição.
Art. 75. O tempo de cumprimento das penas privativas de liberdade não pode ser superior a **30 (trinta)** anos. § 1º. Quando o agente for condenado a penas privativas de liberdade cuja soma seja superior a **30 (trinta)** anos, devem elas ser unificadas para atender ao limite máximo deste artigo.	Art. 75. O tempo de cumprimento das penas privativas de liberdade não pode ser superior a **40 (quarenta)** anos. § 1º Quando o agente for condenado a penas privativas de liberdade cuja soma seja superior a **40 (quarenta)** anos, devem elas ser unificadas para atender ao limite máximo deste artigo.

CÓDIGO PENAL	
\- Decreto-lei n° 2.848, de 7 de dezembro de 1940 -	
Redação anterior	Redação dada pela "Lei Anticrime"
Art. 83. O juiz poderá conceder livramento condicional ao condenado a pena privativa de liberdade igual ou superior a 2 (dois) anos, desde que:	Art. 83. O juiz poderá conceder livramento condicional ao condenado a pena privativa de liberdade igual ou superior a 2 (dois) anos, desde que: ....
III – comprovado **comportamento satisfatório** durante a execução da pena, bom desempenho no trabalho que lhe foi atribuído e aptidão para prover à própria subsistência mediante trabalho honesto;	III – comprovado: **a) bom comportamento** durante a execução da pena; **b) não cometimento de falta grave nos últimos 12 (doze) meses**; c) bom desempenho no trabalho que lhe foi atribuído; e d) aptidão para prover à própria subsistência mediante trabalho honesto;
	Art. 91-A. Na hipótese de condenação por infrações às quais a lei comine pena máxima superior a 6 (seis) anos de reclusão, poderá ser decretada a perda, como produto ou proveito do crime, dos bens correspondentes à diferença entre o valor do patrimônio do condenado e aquele que seja compatível com o seu rendimento lícito. **§ 1° Para efeito da perda prevista no caput deste artigo, entende-se por patrimônio do condenado todos os bens:** **I – de sua titularidade, ou em relação aos quais ele tenha o domínio e o benefício direto ou indireto, na data da infração penal ou recebidos posteriormente; e** **II – transferidos a terceiros a título gratuito ou mediante contraprestação irrisória, a partir do início da atividade criminal.**

CÓDIGO PENAL	
\- Decreto-lei n° 2.848, de 7 de dezembro de 1940 -	
Redação anterior	Redação dada pela "Lei Anticrime"
	§ 2° O condenado poderá demonstrar a inexistência da incompatibilidade ou a procedência lícita do patrimônio.
	§ 3° A perda prevista neste artigo deverá ser requerida expressamente pelo Ministério Público, por ocasião do oferecimento da denúncia, com indicação da diferença apurada.
	§ 4° Na sentença condenatória, o juiz deve declarar o valor da diferença apurada e especificar os bens cuja perda for decretada.
	§ 5° Os instrumentos utilizados para a prática de crimes por organizações criminosas e milícias deverão ser declarados perdidos em favor da União ou do Estado, dependendo da justiça onde tramita a ação penal, ainda que não ponham em perigo a segurança das pessoas, a moral ou a ordem pública, nem ofereçam sério risco de ser utilizados para o cometimento de novos crimes.
Art. 116. Antes de passar em julgado a sentença final, a prescrição não corre:	Art. 116. Antes de passar em julgado a sentença final, a prescrição não corre:
II - enquanto o agente cumpre pena no **estrangeiro**.	II - enquanto o agente cumpre pena no **exterior**;
	III - na pendência de embargos de declaração ou de recursos aos Tribunais Superiores, quando inadmissíveis; e
	IV - enquanto não cumprido ou não rescindido o acordo de não persecução penal.

Referências

ALEXY, Robert. *Derecho e razón prática*. México: Fontamara, 1993.

BITENCOURT, Cezar Roberto. *Código Penal comentado*. 9. ed. São Paulo: Saraiva, 2015.

BRITO, Alexis Couto de. *Execução penal*. 5. ed. São Paulo: Saraiva, 2019.

BRUNO, Anibal. *Direito penal*. 3. ed. Rio de Janeiro: Forense, 1967.

BUSATO, Paulo César. *Direito penal*: parte geral. 5. ed. São Paulo: Atlas, 2020. v. 1.

CAPEZ, Fernando. *Coleção Curso de direito penal*. Parte geral. 24. ed. São Paulo: Saraiva, 2020. v. 1.

CUNHA, Rogério Sanches. *Manual de direito penal*: parte geral (arts. 1º ao 120). 8. ed. Salvador: JusPodivm, 2020.

CUSSAC, José L. González; BUSATO, Paulo Cesar; CABRAL, Rodrigo Leite Ferreira. *Compêndio de direito penal brasileiro*. Parte geral. Valencia: Tirant lo blanch, 2017.

DELMANTO, Celso *et al*. *Código Penal comentado*. 8. ed. São Paulo: Saraiva, 2010.

ESTEFAM, André; GONÇALVES, Victor Eduardo Rios. *Direito penal esquematizado*: parte geral. 9. ed. São Paulo: Saraiva. 2020.

FERRAJOLI, Luigi. *Direito e razão*: teoria do garantismo penal. São Paulo: Revista dos Tribunais, 2002.

GIMBERNAT ORDEIG. Enrique. *Conceito e método da ciência do direito penal*. Trad. José Carlos Gobbis Pagliuca. São Paulo: Revista dos Tribunais, 2002.

GOMES, Luiz Flavio; MOLINA, Antonio García-Pablos. *Direito penal*: parte geral. 2. ed. São Paulo: Revista dos Tribunais, 2009.

GRECO, Rogério. *Código Penal comentado*. 11. ed. Niterói: Impetus, 2017.

GUARAGNI, Fabio André. *As teorias da conduta em direito penal*: um estudo da conduta humana do pré-causalismo ao funcionalismo pós-finalista. 2. ed. São Paulo: Revista dos Tribunais, 2009.

JESUS, Damásio de. *Direito penal*: parte geral. Atual. André Estefam. 37. ed. São Paulo: Saraiva, 2020. v. 1.

FABRETTI, Humberto Barrionuevo; SMANIO, Gianpaolo Poggio. *Direito penal*: parte geral. São Paulo: Atlas, 2019.

HASSEMER, Winfried. *Introdução aos fundamentos do direito penal*. Trad. Pablo Rodrigo Alfen da Silva. Porto Alegre: Sergio Fabris, 2005.

HUNGRIA, Nélson. *Comentários ao Código Penal*. Rio de Janeiro: Forense, 1958. v. 1. t. 1

HUNGRIA, Nelson; FRAGOSO, Heleno Cláudio. *Comentários ao Código Penal*: arts. 1º ao 10. 5. ed. Rio de Janeiro: Forense, 1976. v. 1.

LIMA, Rogério Montai de. *Guia prático da sentença penal condenatória e roteiro para o procedimento no tribunal do júri*. Rio de Janeiro: Forense; São Paulo: Método, 2012.

MASSON, Cleber. *Direito penal*: parte geral (arts. 1º a 120). 14. ed. Rio de Janeiro: Forense; São Paulo: Método, 2020. v. 1.

MELLO, Celso Antônio Bandeira de. *Elementos de direito administrativo*. São Paulo: Revista dos Tribunais, 1991.

MIRABETE, Julio Fabbrini. *Manual de direito penal*. 21. ed. São Paulo: Atlas, 2003.

MONTEIRO, Washington de Barros. *Curso de direito civil*: parte geral. 18. ed. São Paulo: Saraiva, 1979.

NUCCI, Guilherme de Souza. *Manual de direito penal*. 16. ed. Rio de Janeiro: Forense, 2020.

PACELLI, Eugênio; CALLEGARI, André. *Manual de direito penal*: parte geral. 4. ed. São Paulo: Atlas, 2018.

PRADO, Luiz Regis. *Curso de direito penal brasileiro*. 17. ed. Rio de Janeiro: Forense, 2019.

RAGUÉS I VALLÈS, Ramon. *Whistleblowing*: una aproximación desde el derecho penal. Madrid: Marcial Pons, 2013.

ROXIN, Claus. *Derecho Penal, Fundamentos. La estructura de la teoría del delito*, trad. Diego-Manuel Luzón Pena, Miguel Díaz y García Conlledo y Javier de Vicente Remensal. Madrid: Civitas, 1997. t. I.

ROXIN, Claus. *Derecho penal*: parte general. Trad. Diego-Manuel Luzón Peña, Miguel Días y Garcia Conlledo e Javier de Vicente Remesal. Madrid: Civitas, 1997. t. 1.

SCHMITT, Ricardo Augusto. *Sentença penal condenatória*: teoria e prática. 8. ed. Salvador: Juspodivm, 2013.

SILVA SÁNCHEZ, Jesús-María. *A expansão do direito penal*: aspectos da política criminal nas sociedades pós-industriais. Trad. Luiz Otávio de Oliveira Rocha. São Paulo: Revista dos Tribunais, 2002.

SOUZA, Renee do Ó.; CUNHA, Rogério Sanches. *Lei Anticorrupção Empresarial*. 3. ed. Salvador: Juspodivm, 2020.

SOUZA, Renee do Ó.; CUNHA, Rogério Sanches; PINTO, Ronaldo Batista. *Crime organizado*. 5. ed. Salvador: Juspodivm, 2020.

SOUZA, Renee do Ó.; LINS, Caroline de Assis e Silva Holmes. A Lei 13.964/2019 e as modificações no Código Penal. *Lei Anticrime*: comentários à Lei 13.964/2019. 2. ed. Belo Horizonte: D'Plácido, 2021.

TAVARES, Juarez. *Fundamentos de teoria do delito*. Florianópolis: Tirant lo Blanch, 2018.

WELZEL, Hans. *O novo sistema jurídico-penal*. 2. ed. Trad. Luiz Regis Prado. São Paulo: Revista dos Tribunais, 2009.